U0016947

中國大歷史

黃仁宇 著

為甚麼稱為「中國大歷史」？

——中文版自序

　　macro-history這名詞刻下看來由我創用。如果有前人用過，則恕我查訪未周。其實此間之出處與是非已無關宏旨，因為這名詞縱是新穎，已乏創意。經濟學家以貨幣之流通影響到物質與僱傭之最基本的原則統稱之為「宏觀經濟學」（macro-economics），而以內部較精密之觀察有如涉及物價指數與商業週期等詳情稱為「微視經濟學」（micro-economics）由來已久，亦從未有人出面自稱為始作俑者。宏觀與微視亦不過放寬視界與計及精微之不同。改稱大小，轉用於歷史，顯係模倣而非發明。

　　至於我自己將宏觀及放寬視野這一觀念導引到中國歷史研究裡去，倒確經過一段長期間的周折。

　　大部原因出自命運之安排。我年輕時在國軍服務十年，解甲退伍之後，負笈於海外，可謂「學書未成先習劍，用劍無功再讀書」。有了這樣一段顛簸之經驗，自己尚在憧憬於近身所見聞的事蹟之真意義，而一旦授有學位，作為人師，在美國學

子之前講解中國歷史，深覺得不能照教科書朗誦，尤其每次複習與考試之後，不免捫心自問：他們或她們須要理解井田制度到何程度？與他們日後立身處世有何用場？難道他們或她們必須知道與Han Fei Tzu同受業者有Li Ssu其人，他曾鼓勵Shih-huang-ti焚書，後又為宦官Chao Kao所構殺？Empress Wu的一生事蹟僅是「穢亂春宮」？對我的學生講，除了用她與沙俄的Catherine the Great比較，或與清朝的Empress Dowager比較，這段知識尚有何實用之處？

當然我無從將數千年的歷史內凡一人一時一事提出與今日之西方處處啣接，講到午前之用場與黃昏之用處，提供建築師與會計師應參考的地方，這樣一來更感到綜合的重要。

在1960年代，我就覺得我們應當廣泛的利用歸納法將現有的史料高度的壓縮，先構成一個簡明而前後連貫的綱領，和西歐史與美國史有了互相比較的幅度與層次，才談得上進一步的研究。

其實我們自己對中國現代史的看法，亦復如此。到目前為止，我們對蔣介石、毛澤東與鄧小平的看法亦無非出自個人之愛憎。可是他們代表廣大的群眾運動，所得的成果又大都已成為既成事實，不可逆轉，那我們就應當考慮這些群眾運動之積極性格及其前後連貫的出處，不能全以本人之恩怨當作歷史之轉捩點了。

1970年，我得到哈佛大學東亞研究所的一筆研究費，前往麻省劍橋研究明代的財政稅收，受費正清教授的督導。費教授

對我個人和我家庭的善意照顧，我已在其他書刊裡敘及。可是在治學方法上，我們卻也有根本不能融洽之處。他重分析，我主張綜合；他堅持以二十年為研究的範圍，我動輒牽涉一個世紀或一個朝代；他用演繹法，我用歸納法。後來《明代十六世紀之財政與稅收》書成，未交哈佛出版，而送至英國劍橋付梓，不得已也。

此中有一個明顯的例子，作《財政與稅收》時，我曾用明代方志三十九種，內中無不包括當日徭役稅收的標準名詞，有如「里甲」、「均徭」、「驛傳」與「民壯」。如果用以分析，讀者可以一眼看出當中毫無體系，可算雜亂叢蕪，互相矛盾，我們可以斥之為官僚制度之無能，也可能責之為腐化。可是經過一段綜合之後，所見又不同了。明代稅收章程一方面包括著一種中央體制，一方面又顧及地方實況，內中有永久法則，亦有臨時條款，總之即不明白區分，而係囫圇的套入，所以外表全國一致，實際當中則萬別千差。因為如此，全朝代避免整體的改組而能支持二百七十六年。但是如此之中央管制產生一種負面作用：此體系不鼓勵各地發展其特長，而製造一種人為的平衡。這種作用，是好是壞與我們今日所面臨的問題仍然有關。所以歷史學不專恃記憶，它本身也成為一種思維的方法。

日後我作《萬曆十五年》時注重官僚系統裡以儀禮代替行政，維持各品級文官的協同和諧，不顧及各區內經濟因素之公平而自由的交換，大致得益於研究明代財政與稅收之心得。

1972年我去英國劍橋襄助李約瑟博士關於《中國科學技術

史》當中一段的研究工作，有機會和這位「魁梧長者」接近。有人批評他古怪孤僻，在某些情形之下也確是如此。他的書籍與筆記就擺在學院裡四五處不同的地方，分類的方法也全在他自己腦內，如果要尋覓某種資料，他不待說完就走，學院中的草地向來就禁人通行，他在此時常用做院長之特權，不顧禁忌，以最直線的途徑大步跨踐而去，使我緊隨在後也只好跟著犯規。

　　我和他討論辯論多次之後，發覺他治學的方法，也以綜合為主，尤以他和我說及：「在我看來，歐洲的宗教改革，文藝復興，成立民族國家，進行資本主義是一成套的行動，一有都有。」那麼就有一種歸納重於分析的趨向了。他又和我說起：「即算陰陽五行，大家都認為是假科學。我們不要不加審問，劈頭就說它錯了。我們先要檢閱此中邏輯，如果是錯，我們也要追究錯在甚麼地方。」我和李公相處一年，以後又在1974、1975和1978年重去劍橋。我受他啟發的力量非一言可盡，事後想來，我寫《資本主義與廿一世紀》採用一種綜合的幅面，不隨著馬克思和韋伯的忠實信徒去走牛角尖，其設計已肇始於1970年代與李博士在劍河河畔閒步縱論古今時。

　　迄至1970年代的後期，我已將自己在課堂上的講稿逐節修正，一步一步接近於現有佈局。中國通史的原始資料不能脫離《二十四史》。可是這叢書篇幅浩繁。以北京中華書局所出標點本言之，雖醒目易讀，也有七萬六千餘頁，即一個學者不務他事專心每日讀五十頁，也要四、五年，並且當中很多天文地理孝子節婦的記錄與今人甚少關係。《資治通鑑》也用《二十

四史》作藍本，只是將分列在本紀、列傳、志各處的節目再加以不見於上篇幅之資料剪裁連綴成書，其弊也仍是過於支持傳統社會的價值。《資治通鑑》英譯為Comprehensive Mirror for Aid In Government ，再直譯回來即是：「用以資助於行政的一面完全的鏡子」，這當然不放棄傳統道德的立場，而司馬光本人就捲入了王安石改革中的漩渦，他的觀念免不了一個歷史「應當如是」演進的偏見，而不及於我們亟欲知道「何以如是」展開的因果關係。

我已經迭次在各處發表：我寫的歷史是從技術的角度看歷史，不是從道德的角度檢討歷史。這並不是說道德不重要，而是新社會的道德要靠社會的結構而決定其內涵，不如過去農業社會裡人與人之關係為單元，所有道德觀念及其尺度可以亙世紀而不變，放大眼光說來，這也是說司馬光等的道德觀念有等於歐洲文藝復興前之標準，尚未進入韋伯所說的「新教倫理」之境界。

作此書時我當然引用《二十四史》及《資治通鑑》等基本資料，也仍借重過去寫中國通史諸大師如錢穆、鄧之誠、周谷城各先生的見解，更參考西方的次級資料。但在多少情形下仍不免掛一漏萬。我自己瞭解現代中國的基點仍在晚明。1960年間我曾在教書之餘讀過《明實錄》一遍，全書133冊費時二年半，至今受益。至於本書特出之處則來自《二十四史》內之〈食貨志〉。二十四史內有食貨志十二篇，雖然內中繁簡不同，作者的見解尤不能與今人相較，但其中六篇已有西方及日本學

者詳細譯註，構成了今日治經濟史者最好的線索。迄今我最大的困難仍是無法提供一種既適切而又不浮誇「參考書目」。如果要廣泛的張羅則雖四書五經西洋經典著作都應列入（文中即已提及《易經》三次，《孟子》九次），如要簡短則雖費正清與李約瑟的基本著作也應捨棄不提。總之，既為一種大歷史，又因綜合歸納而成，則自作者束髮受教以來所誦習之文件均有影響，旁及於文理哲學報紙雜誌。

1980年我脫離教職，自此花了一段時間整理撰寫修訂此書之英文本。當中若干資料不易壓縮，曾使我一度躊躇，有如北魏亙北齊、北周至隋唐之「均田令」也前後不同，「五胡十六國」之種姓也極混亂，即南宋與金之和戰亦是前後反覆，我在稿中只介紹此為一種觀念或一種現象，因為我自己曾經整理明末財政，知道很多技術上之變數在長期歷史上之衍進無決定性之影響，不願以之煩勞我的讀者。反之則袁紹一家父祖經歷、黃巢行軍路線，因其情形特殊，引起作者與讀者共同的好奇心，其瑣屑之處也代表一種罕有的現象，則又據實寫出。此中差異乃是本書注重想像，不注重機械式的記憶。有了這樣的剪裁，我才能騰出篇幅介紹敦煌龍門石窟的外觀與內景，又在記南宋之一章得有幽閒敘至西湖景色並及「白蛇傳」。

我認為近代中國所面臨的最大一個問題乃是傳統社會不容產生現代型的經濟體制，在綜敘背景時我稱唐宋帝國帶擴展性，明清帝國帶收斂性。雖然這線索擺在很多小故事之後，明眼人一看就看透了。我剛將書寄往劍橋，不久之後就接李約瑟博士

來函：「哎呀，」他寫著，「一切靠抽稅而轉移！」最近香港行政局議員錢果豐博士（私人方面我們是世交）也在香港電台接受訪問時推薦此書，提到盛唐之後中國再無有效的稅收制度打開局面。可見得他們已先有和我相同的共識，所以一經說破，引起共鳴。

可是不久之前也有一位書評者在報刊裡寫出：不論我寫的歷史是否涉及古今中外，我總在把中國寫成一個資本主義的國家。

這個說法使我想起一段故事：數年之前尼克森講到他見毛澤東時，他恭維毛：「主席，你寫了幾本小冊子，竟使整個中國改觀。」

毛立即抗議：「我怎麼能使中國改觀，我不過使北京一二十里的地方，這邊那裡稍微扭轉一子罷了！」

毛澤東猶且如是，我怎敢想望由我的文字使中國改變？況且歷史從業員的工作只是報導已經發生的情事之前因後果，不及於籌劃未來，事實倒是這樣的：我剛將《中國大歷史》整頓組織就緒，時值1981年間，正不知如何收篇，而鄧小平、胡耀邦與趙紫陽（我稱他們為XYZ領導集團，取各人名字中之首一字母）正在提倡「摸石頭過河」，關於他們改革的新聞，經常在美國報紙雜誌裡出現。這種趨勢和徵象與我私下想像中國歷史和和西洋文化匯合，以商業組織代替過去農業組織之體系，逐漸進入以數目字管理的諸條件符合。這種種條件不由我創意，而源於英國研究十七世紀的專家克拉克（Sir George N.

Clark），他認為英國在光榮革命後進入這境界。將一個農業國家蛻變而為一個工商業國家不是一件容易事，我常用的一個隱喻：有等於一隻走獸蛻化而為飛禽。以英國的農業基礎，社會習慣和法規傳統而能使銀行開設於鄉鎮之間，土地能隨意典買抵當，各地創建付費公路（turnpike），人口能自由移動，十七世紀之前已是不可思議。只因為日子久了，我們以為英國歷來如此，想像不到要將這樣一個國家當作一個城市國家那樣的處理，以貨幣作管制全民的工具，不可能避免一段奮鬥。本書有十頁左右的篇幅介紹西歐國家進入這境界的程序。中國是否已進入這境界，讀者一望可知，至於中國應稱目下的體制為資本主義或社會主義，我主張讓摩登學究去爭辯。

話說回頭，1980年代最初的幾年，我雖有以上的愚見，還不敢申張，直到大陸上「承包到戶」的政策普遍施行，使人民公社不復成為生產的單位，情勢確是不能逆轉，才將本書結論作較肯定的說法寫出，再加以背景上有幾十年的籌謀思慮，那也就不能說我和出版者沒有愼重將事了。

為甚麼稱為「中國大歷史」？

中國過去一百五十年內經過人類歷史上規模最大的一次革命，從一個閉關自守中世紀的國家蛻變而為一個現代國家，影響到十億人口的思想信仰、婚姻教育與衣食住行，其情形不容許我們用尋常尺度衡量。本書作者不是哥倫布，他沒有發現新大陸。可是他像一個普通船員一樣隨著哥倫布航行四次，親歷牙買加、宏都拉斯諸地，回到西班牙，說及確有一個新大陸的

存在，聽的人還說他在胡講瞎吹，那也就怪不得他不耐煩了。

黃仁宇

一九九三年八月十八日紐普茲

目　　次

【第一章】

西安與黃土地帶

西安是中國歷史的一座重要舞台，
許多人物事件在此牽連、搬演。作
者經由它，引領我們進入時光，看
看歷史是怎麼發生的。在現今考古
仍舊無法證明夏代以前的歷史記載
是否確實時，有甲骨文和殷墟遺址
佐證的商朝，便成為敍述中國歷史
的起點。

西安的位置接近中國的地理中心，現在已成了旅遊者注目的焦點。撇開其他的條件不說，它是中國歷史上十一個朝代的都城所在，最早的還可以追溯到秦朝統一中國之前。它在歷史上所享有的盛名，遠超過任何其他政治中心。不過，令人遺憾的是，由於內憂外患，古老的建築早已蕩然無存，只有廢墟還保留了一些昔日的雄偉氣象。

在現今西安市的東邊，也有好幾處有名的歷史遺跡。距離西安城不到五哩的地方是半坡村，它至少有六千年之久，是目前中國境內所發現的最大的新石器時代遺址。從墓葬的形象看來，半坡村的社會當屬母系社會。

西安是十一個朝代的都城所在

西安城東北不及二十哩的地方有華清池。據說八世紀的一位唐代皇帝（玄宗，713-755在位）所寵愛的妃子（楊貴妃）曾在池中沐浴。唐玄宗本身就是一位藝術氣息濃厚的人物，據說中國的戲劇是他創始的，而他所愛的女人，更是「資質豐艷，善歌舞」。華清池也因她在此一濯芳澤而享名千載，但是他們的故事卻以悲劇結束。西元755年（天寶十四年），一位鎮守邊關的將領（安祿山）以「清君側」為名，起兵造反。叛軍逼近京城，皇帝一行往西逃向四川，到了馬嵬驛的地方，護衛的將士要求皇帝對楊貴妃作出斷然處置，否則不肯用命。在這情形之下，即令是天子，也只好讓他寵愛的妃子當場被縊死。一位向來沉湎於歡樂的君主，從此意懶心灰，自逃亡至退位之後，

他的殘年，充滿著寂寞和悔恨的情調。一位時代去他不遠的詩人——白居易，以極帶想像力的筆調，描寫唐明皇（後人給他的稱呼）終夜不眠，看著宮前螢蟲飛來飛去，階下落葉也無心找人打掃的心情。這樣的憂恨纏綿只有越陷越深，非人世間任何因素可能稍一舒慰。這首〈長恨歌〉，也隨著流傳千古，直到1920年和1930年間，仍舊為小學生所習誦。也可見得即使是君主制度下的教育，在開口閉口不離道德之餘，並沒有完全忽視情緒和抒情主義。要是全然的不近人情，則不會讓這樣的一首詩歌，傳教學習，直到民國時代，還去打擾年少公民的未成熟心情了。有了華清池和楊貴妃的故事，我們也可以存著信心，不論經過任何意識形態之薰陶，也不論古今中外，人類共同的情緒，有如一座大水庫，永不會枯竭。

　　去華清池的溫泉不遠，有1936年西安事變蔣介石蒙難的地方。當年12月12日，「少帥」張學良的部隊衝入委員長行營，要求他停止對共產黨的「圍剿」，以便一致對日抗戰。這兵變的目的既達，中國的政治從此改觀，間接也影響到全世界的歷史。時至今日，在某些方面講，我們仍然感覺得到這五十幾年前的事變之後果。當年「雙十二日」槍聲既息，國府的最高統帥被一個下士班長和一個士兵發現。他孑然一身，未被傷害，躲在附近驪山的一個山洞裡。今日該處有一座亭子，紀念當年歷史之展開竟讓這兩個藉藉無名的角色，去完成如此一段帶戲劇性而具有如此龐大後果之任務。

　　越是接近驪山，我們也更感覺到和歷史接近。它的影響愈

濃厚，它的展開也愈合時宜。本來我們也已經知道秦始皇帝葬在驪山，去西安約四十哩。此人被稱爲世界上最可怕的專制魔王之一。他在公元前221年統一中國之後，用焚燒詩書和活埋反對者的辦法去鞏固他的統制。他的「陶器兵馬」在1974年發現。內中包括塑製的兵俑，和實物的兵器與戰車。美國的三位總統曾來此觀光，一些兵俑器物也曾送到國外去巡迴展覽。

但是秦始皇不是中國歷史的起點，秦始皇統一全中國，距離中國文化的開始已有好幾千年了。按照一般的順序，我們應當先處理其他的幾個題目，當中首要者無過於地理背景。當旅遊者乘火車或汽車前往臨潼縣參觀驪山及華清池時，應先注意四周黃褐色的泥土，這種泥土與美國田納西州一帶耕地的土壤相似，它是中國歷史開展中的重要因素。當地周圍景物通常較路基爲高，所以這黃土不難觀察。

中國文化有多種源頭

本書成稿之日，我們沒有絕對的證據，能夠斬釘截鐵地說，中國文化完全是在本地萌生，或者說當中至少一部分受到地中海文化的影響。二十世紀初期，學者多崇尚後說，主張中國文化之起源，不僅較埃及與美索不達米亞爲遲，其使用青銅與鐵器尚比這兩處至少要遲一千年。有些學者甚至認爲中國文字可能也是埃及象形文字之變體。中國史前陶器上的文飾就和中亞及近東所發現的類似。目前這「世界文化一源說」已被中外無數學者指摘。中國的文字被認爲特創一格，即數目字亦與眾不

同，陶器上膚淺的相似之處敵不過基本的差異。中國的冶金術即使在原始的階段也表現出技術上之特色，而無模倣的跡象。中國的栽培作物更顯示出中國的農業與近東出於兩源。最近人種學家和考古學家甚至指出，即使在中國境內，文化的起源也不是一元的，從東北到珠江流域，都可找到文化起源的遺跡。

雖說鐘擺現在已經搖轉過來，中國文化獨立自創的理論顯然比較站得住腳，我們卻不能武斷地說再也沒有爭辯的餘地。我們可以作的結論是，不管它是本地獨創或是外間傳入，中國文化受地理條件的因果關係極深。不論中國當初受外間發明的影響或淺或深，都不足改變這觀點。當初期農作物受東亞大陸的土壤和氣候影響的時候，中國文化的因素就開始與當地居民結下不解緣（詳第二、第三兩章），以後也始終如此。基於這個原因，西安附近之黃土，也就更值得注意。

夏代的存在仍然存疑

二次世界大戰之後，考古學家用碳14放射性的技術，斷定中國新石器時代之遺址最初出現於公元前四千年，或者還要早。可是以文字記載的歷史，卻不能追溯到這麼久遠。根據史書的記載，最早的「朝代」為夏，它的出現若能證實無訛，也只能把中國歷史的前端擺在公元前二千年左右。可是關於「夏朝」的傳說雖多，也仍沒有考古的實證確斷它的存在。懷疑的人提出，要是這朝代確曾出現，至少應當在古物附近有文字出現。相信夏朝實有其事的人則辯說，中國文字出現於公元前二千年。

只是最初的文字寫在竹簡和絲織品之上，年久月深業已腐朽。現存關於夏代的事跡，出自口傳，再由記事者寫在竹簡之上，輾轉抄傳，所以較遲。兩方所說都有理由，也仍不能成定論。

現在能確切證明之中國歷史，始自公元前約1600年的商代，這朝代的兩座都城和約十處國王埋葬之陵寢業經發掘。不僅它的文字確切的存在，而且其字體鏤刻在獸骨之上。出土的這種「甲骨文」碎片，數以十萬計。

商代遺址在今日的河南省，歷史上稱為「關東」，我們也可稱它為「東部平原」。它和西部西安一帶的「黃土高地」構成一種東西軸心。「商」之成為一「朝代」也是名正言順。它的王室譜系全部保存無缺。國王傳位一般採兄終弟及，偶爾父死子繼。此外商人也可以視作「商民族」，因為他們壟斷冶製青銅的技術，在軍事上佔優勢，也保持著宗教上的向心力，所以能凌駕其他民族之上。他們的青銅器皿，不是兵器，就是祭器，只有極少數例外，其製造採取集中的方式由國家監督。

商文化的内容豐富

商文化表現著它和同一時期其他文化等量齊觀，卻並不一定就能代表傳統中國的特色。例如商代社會雖屬父系，但是它的貴族婦女卻享有相當自由，幾百年後，甚至幾千年後，中國婦女仍不能望其項背。商人好酒，興致高而活力充沛，他們殺人作祭祀，毫不感到罪惡，而且在甲骨文上不斷的留下人祭的紀錄。他們能派遣三千人的軍隊，作百日行軍的遠征，這樣的

軍隊尚可以由附庸國家的部隊支援。有時候作戰的目的在於掠奪取利。國王的陵寢由上至下掘土而成，上端的坑大，越至下端愈小。國王的陪葬品有戰車與馬匹，殉葬的人被斬首，頭顱和軀體整齊的排列著。而由上至下以泥土敲打而成的梯級，則顯示出殯時必有繁縟之儀節。

　　商民族雖已從事農業，卻仍保持著漁獵的傳統。他們在五百多年的歷史內，遷都的次數在六次以上，而且甲骨文上經常有狩獵的記載。商代最後的一座都城，臨近現代的安陽，考古學家在當地發現極多獸骨。農業的操作似由奴工執行，在一處坑內所置放的石製鐮刀有好幾千把。

　　甲骨文上的記載表現著商朝的國王對於天候極度關心。編訂曆日，也是王室重要的職能。在這些方面，商朝與此後以農立國的中國已保持著傳統之聯繫。而甲骨文的書法，更是與中國文化一脈相傳。

甲骨文的書法

　　當初甲骨爲巫卜之用，現存的甲骨，則是商代的史官根據原件複製作爲一種永久的紀錄。甲骨的大量出土，使當時事物逐步可考，給後人看出此間一個初具規模的國家即將發展成爲一套令人心折的文化。根據專家統計，甲骨上所記載的不同文字，爲數共約三千，其中一千字已可以辨識。這種古代書法，乍看起來變化萬千，可是因爲其由原始的天才人物設計，引用永恆不變的意義爲根柢，當中之一部分今日可能爲熟悉東亞文

物的人士一眼看出。下圖所列，其最基本的原則可謂出人意外的簡單：

	象　形		會　意		形　聲	
甲骨文	⊖	☽	✳	✺	夨	來
今體字	日	月	東	祭	亦	來

左端爲象形，日圓月彎，一經畫出，不待解釋。會意由象形稍加引申而成，例如日在樹後上升，是爲東。雙手執雞放在樽俎之內，是爲祭。還有不能圖解之觀念則可以同音字代表，如「亦」字發音與「腋」同，所以畫人之兩腋爲亦。「來」與高粱之「來」同，所以畫「來」而得來。其他「轉注」、「假借」等也不外將這些基本原則重疊而擴大的使用。值得注意的則是青銅時代的書寫方式和今日報紙雜誌的鉛字一脈相傳。

這些原則一經推廣，今日之漢字爲數二萬，又經日文與韓文採用，無疑的已是世界上最具有影響力的文字之一。它的美術性格也帶有詩意，使書寫者和觀察者同一的運用某種想像力，下至最基本之單位。上海人的滬語發音軟如法語，廣東人的粵語發音硬如德語，也能用同一文字互相會意。所以這種書寫的方式促成中國人文化上的團結，其力量不可權衡。只是既有長處也有短處，其引用起來，不管是一條弔慰的短柬或是一張實驗室的報告，同樣要從擺方塊的形式作起點。中文的前置辭和

聯繫辭少，抽象的意義只能重樓疊架構成（如本書文句中之「的」後帶「之」，「之」後又「的」）。也要將可以眼見耳聞的事物極度的延伸，才能成爲可以理解的觀念（有如「抽象」即係抽出其相，與「具體」之具有其體相對）。其爲單音字，又要寫上十個字才能代表十個音節。文人用筆，通常省略當中某些環節（例如「一將功成萬骨枯」，只有兩個子句，當中無聯繫辭，也不知道所說係理論抑是事實），雖說言簡意賅，卻不是嚴謹、正確的通信工具。

公元前一千年左右，甲骨文的字彙，飽和到大約一千個字（專家認爲其他的兩千字大致爲專有名詞），青銅技術也達到最高峰的時候，這商文化爲周所替代。周發源於西安附近，爲後起之強國，此後數千載，這黃土地帶上的一雄給中國的影響，遠超過東部平原的商。這地區自中古至近代並非中國最富庶地區，更不是最容易接近的地區。西安總攬這地帶卻注定要在中國歷史裡產生決定性的作用。以一個天馬行空的比喻來說，就如同讓德克薩斯州和奧克拉荷馬州在歷史上的功效，超過東部的麻州或賓州。這種比喻別無他意，不過強調地理因素在歷史上的重要。中國文化爲亞洲大陸產物，美國文化則離不開大西洋的傳統，此中有一個深刻的差異。

【第二章】

亞聖與始皇

武王伐紂，建立周朝，以封建方式
制定了一種合乎當時農業擴張的統
治型態，又以宗法制度使封建統治
更加穩固。八百年的統治中，影響
之深遠，常使歷史學家難於區分，
究竟某些特色是周朝的還是中國人
的性格？

　　說來也難於相信，從個人說辯的能力和長久的功效兩方面講，孟子在傳統政治上的地位要超過孔子，雖說他受業於孔子孫子的門人，因之被中國的皇帝和文人尊為「亞聖」，亦即第二個聖人。威利（Arthur Waley）在他的傑作《中國古代的三種思想》中即以孟子代表儒家，和道家與法家對立。

　　孟子的生卒日期不詳，我們只知道他活躍於公元前三百年左右。《孟子》一書，是亞聖言行的紀錄，其中最後一章，縷敘周朝立國後七百年的事蹟。他出生於山東之鄒，在西安之東約七百哩。

孟子的政治觀念

　　孟子生在中國歷史上一個極為動亂的時代。周朝的王室既已衰微，諸侯開始互相攻伐吞併，到最後只剩下一個秦國。當孟子在政壇活動的時候還有十二國。他訪問了當中的一國——齊。齊國的國王剛在軍事上大獲全勝，打敗了北方的敵國——燕。他企圖併吞燕國，又怕其他國家干涉。孟子沒有在戰略上或外交行動上給齊王任何吞併或是撤退的勸告。可是他倒主張尊重民意，因此他給讀者的印象則是，可能時，他會讓燕國國民自決。他在政治上不能接受現實也不能得到齊王朝廷的歡迎，於是只好前往其他國家，希望有機會效力，得以宣揚「王道」，可是毫無成果。

　　然則最崇慕孟子的人也不能說他在提倡現代式的民主。他所說「勞心者治人，勞力者治於人」，乃是針對以世襲貴族治

理為數以百萬計的農民的政治體系而言。即算孟子有時候好像
提及人民有一種「公意」，如果把這觀念稍微延伸，好像可以
視作「公眾的權力」，可是他所謂的自決，絕不是毫無條件的
自決。嚴格說來，其範圍不外生存的權利。他在「樂歲終身飽，
凶年免於死亡」的文句裡已經勾畫著一個最低限度的保障。其
提及生活程度，則以「五十可以衣帛，七十可以食肉」為標準。
換言之，孟子之為政治思想家，著重「君子」對多數「小人」
抱著惻隱之心，而不堅持本身之私利。他的哲學以慈悲為懷，
甚至以為這種悲天憫人的心情出自人類的天性。

值得注意的，乃是孟子和孔子一樣，認為這種施政方針始
自七百年前的周文王。《孟子》一書與孔門子弟的《論語》同
為君主時代的神聖經典，直到1905年文官考試制度停止之日，
同為皇帝開科取士的不二法門，構成中國歷史中持久不變的
「莖幹」。

以人心維持政府這一觀念，並無特別了不起之處，這觀念
也非中國人所獨有，可是不論付諸實施與否，卻被中國的統治
者當作口頭禪，前後宣唱達三千年，甚至成為公眾生活理論中
不可或缺的部分，有似其他國家的憲法精義。這樣一來，這才
值得注意了。如果說這是中國人的特徵，也還未說盡此中的奧
妙，因為其中尚有天候地理之因素在內。我們讀《孟子》時，
挑選某些章節和周朝立國後七百年的事蹟對照，則當中的關係
更為明顯。

周民族的發展

現存的資料不能使我們確定周民族的來源。他們留下來的一段簡短傳說，也和其他原始民族的傳統一樣充滿著神話與幻想，可是這傳說不斷的提及農業。周人之始祖契據說自幼就熟悉栽種食物和麻，成年之後成為商朝的農官。直到商朝末年有關周人的歷史才有相當的可靠性。這時候周民族是商所節制的部落國家之一，以西安為中心，在渭水流域擁有農業基地。到商代最後的一個國王期間，周王要不是因為他的威勢，則是由於他的仲裁力量，已開始打破局面。不少名義上受商節制的小國家，已開始向周臣服。周之勢力東漸，及於漢水，尤其威脅商在東部平原的側翼。商周武力衝突一開，周王西伯曾一度為商之階下囚，以付贖得脫。

西伯的一個兒子終能糾集多數叛商的部落國家東征，於是以周代商，事在公元前1027年或1122年。這不同的日期，由於不同的專家據史蹟考證而有此差異。讀者必須知道：中國古代史裡的日期只在公元前841年之後才能確定無誤。因為自此以後，古書裡提及天候星象的變化，可以和外間的紀錄對照。841年前的日期帶有推算性質，不能視作絕對的可靠。

叛商的領袖，成了一代英雄。他所創建的朝代，茲後連亙約八百載，可是他未曾自稱為朝代的創始者，而以此名位加在他父親西伯頭上。西伯被諡稱「文王」。其為「文」，則是溫和謙讓，有大政治家的風度。他的兒子名發，以後被諡為「武

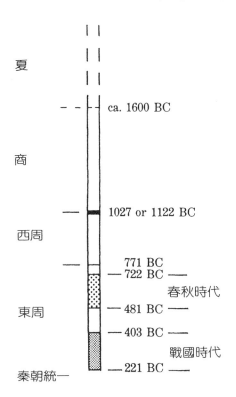

王」，以表彰其戰功，有此先例從此子孫不能在祖先面前逾越，
文治勝過武功，成爲中國政治上的傳統。只不過口頭如此歌頌，
事實發展卻不盡然。

周代的文化

　　我們可以相信周的青銅技術不及於商。從出土實物看來，
自周代商之後，青銅的製造設計大不如前。但是這黃土地帶的
統治者入主中國後，隨著就產生許多文學作品，有些至今還傳

頌不絕。父位傳子的原則從此代替了商的兄終弟及。兩個民族或國家間宗教上的差異也極為明顯，商人尚鬼，大凡一切事情之成敗，從戰爭或利或不利，到牙痛發炎，都有特殊的祖宗作祟。這種萬物有靈的信念（ animism ）自周而中斷，代之則為周代的祖先崇拜。周人認為綿延宗嗣是後代的義務。有些學者懷疑商與周具有種族的差異，可是其間的區別不可能極深，因為文字上未因更換朝代而產生劇烈的差異。此外，我們可以相信黃土地帶很可能是中國農業的發源地。早期周人流傳的民歌，就提及很多不同種類的耕作物。

整個看來周人實為中國初期各種制度的創始者，其中最具創造性的人物為周公，他是文王之子，武王之弟。時至今日，歷史家對他的規劃，沒有一致的看法。不過我們綜合古籍的敘述，無妨稱之為「間架性的設計」（ schematic design ）。這種設計以極簡單的口語道出。用一種數學的觀念，夾帶著一種幾何圖案，向真人實事籠罩過去。主要在使人口統計和土地測量的技術尚未準備妥當之際，即在一個區域廣大的國家內，造成了一種人為的政治區分。

假使以同樣的設計組織美國，則密西根湖岸所有不規則之處即可以全部忽略不計。我們可以假設它之整飭有如懷俄明州的州界般整齊。在那種理想的方式裡，縱使實際上國都偏東，我們仍可以將它與哥倫比亞區同置於地理的中心，很方便的與緬因、佛羅里達、奧勒岡、德克薩斯及亞利桑那各州等距離，就算它各為一千五百哩吧。國都又務必有近接的各州環繞，那

麼也可以讓馬里蘭州直接與俄亥俄州接壤。這還不算，各州內的縣、鄉、鎮，也算全部方整。實際上如此磚砌的設計不可能全部認眞的付諸實施，只是當日地廣人稀，有些矛盾的地方也可以馬虎不計。上層領導人只憑一種抽象觀念即可以將全部人衆組織起來。

封建與宗法

周朝的制度，向稱「封建」，英文總是譯為feudal，其實封建制度與歐洲的feudalism只有某些方面相似，而且其相似處在精神方面，而不一定在實質。大致說來兩方都是以世襲貴族掌握地方政府。周代的諸侯，有王室的家屬、商之子孫，和現有各部落國家的首長。他們按國之大小，理論上以五等面積，封為五級。這些諸侯各按所封地距國王都城的距離而有不同的功能和義務。理論上封地都處在九條大型方格的地帶裡，各與國都同心。事實上這種方格在地圖上也畫不出來，況且當時西安也不是全國的中心。可是這間架性的觀念則不難領會。

雖說有如此大刀闊斧而不合實際的觀念，周公很多的創設還是可以在事實上證明，而且下及纖細之處。其中奧妙不難解釋：他所有組織國家的方案著重在至美至善，符合自然法規（natural law）。雖說遷就融通之處所在必有，其下級則務必先竭心盡力做到理想上的境界，同時上級也不時向下級施加壓力。及至最後眞是力不從心只好任其不了了之。中國政治思想家受官僚主義影響，經常重視形式，超過實質，可算其來有

自了。年久月深,當初技術上的需要,日後也就被認爲是自然法規之一部。

　　周公另一創制是將封建與宗法關係結爲一體。每個諸侯的疆域內,必有宗廟,它成爲地區上神聖之殿宇,其始祖被全疆域人眾供奉,保持著一種準親屬的關係(所以時至今日,很多中國人的姓氏,源出於當日部落國家的名號)。在領域內不僅公侯伯子男的名位世襲,即主持國政的卿及大夫也仍由指定的世系所把持,他們在周朝成立時,即各在領地內擁有地產。他們也兼有軍事領導權。在周朝的前期,世襲的武士兼統治階層,與一般人眾有別。

　　周朝全國的耕地據說構成一種「井田制度」。一「井」,包括約四十英畝方整的土地,每邊各以三分,割成九個等方塊,每塊約四個半英畝。八家農戶各耕耘外圍的八塊方地,並共同

「井田制度」是「間架性設計」的代表。間架性設計是來自標準化的要求，這種方式影響此後三千年的中國政治。它意謂著國家和社會結構是可以人為地創造出的，同時也導致上層設計的形式遠比下層運作的實質更為重要的統治習慣。

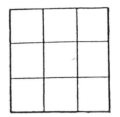

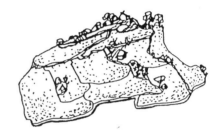

耕種當中一塊「公地」，亦即公侯所領之地。這樣的安排，不必全照規定一成不變的辦到，卻好像已在廣大的區域內施行。顯然當日農民認為在中央地區無代價的工作，有如一種公眾的義務。流傳所及，今日中文字裡公眾之「公」也與公侯之「公」無別。

　　說是周朝創造了封建制度，並不言過其實。事實上周人藉著封建，廣泛地推行了農業。因為封建又與宗法相連，才保持了全局的穩定性。這後來被稱為「儒教」的和平共存的原則，日後被孔子一再稱頌，而將它歸功於文王和周公。以上一再提及的注重形式超過實際，又盡力於儀節的種種特性也與以農立國的中國結下幾千年的不解之緣。這也就是說周朝統治中國達

八百年，不可能沒有留下永久的影響。有時即使歷史家也很難
區分究竟某種特色是周之性格抑是中國人之性格。

春秋與戰國

可是周朝王室在一個廣大的疆域內作為多數農業小國家的
宗主，實際上保持著發號施令的力量，不過約二百五十年。最
初的世紀內，新耕地不斷開拓，「蠻夷戎狄」逐漸自漁獵生活
改為耕耘，周朝責成他們進貢，朝廷對各種爭端的仲裁也頗有
力量。只是在公元前八世紀或甚至還要早時，以上種種積極因
素逐漸失效。公元前771年，國都西安被入侵的戎人毀滅，國
王被殺。王子東遷，以後的周朝在歷史上稱為東周，從此政治
上長期衰退，直到周的領域全被秦國吞併，而秦最初也是向周
臣服之國。

傳統上東周又被分為兩個階段。可是兩段之間，並不銜接。
自公元前722年至公元前481年為「春秋時代」。公元前403年
至公元前221年為「戰國時代」。如此稱呼，純係根據兩部歷
史書籍而來。《春秋》是魯國的史書，以春去秋來的方式記載
前一階段的重要事蹟。《戰國策》是一部不具作者姓名的著作，
片段敘述秦統一之前約一百八十二年各國間的軍事與外交，兩
書各有獨到精采之處。

在這兩階段間，中國社會產生了一種革命性的變化，衍進
了好幾世紀才成定局。周朝的組織是使一切事物按照固定的方
式維持一成不變的關係，可是人口激增之後，環境更變，這種

安排已無法維持。原來各國間的無人地帶，此時已不存在，各國當面接觸之後衝突時起。外交問題，也影響到內政。周王本身靠自有的地盤維持他的軍事實力，喪失了這領域之後，對諸侯的仲裁也鮮有成效，更使王室窘迫的則是各國的進貢也告終止。

　　可是全部經過，並不是只有衰退和今不如昔。很顯然的，社會的流動性起先使貴族間的等級不容易保持，繼之則連貴族與平民間的界限也被衝破。生產增加，銅錢開始流行，教育普及。迄至東周末葉，以平民出身的學者也周遊列國，說辯於諸侯之間，而尤其是進入戰國這一段歷史上號稱「百家爭鳴」的時代，各種政治哲學興起，既富有內容，又多品目，茲後二千年的中國歷史中再也無此精到之處。所謂百家爭鳴的百家，實際不過約二十家。除了儒家之外，最值得注意的是道家和法家。道家對世俗的權威無好感，認為「聖人不死，大盜不止」。他們崇信宇宙間的一元組織，願意回歸到原始的簡樸，抵抗各種侵害自由的措施，不管其為威迫或是利誘。所以道家有支持泛神主義、抒情主義和無政府主義的趨向。這些思潮對當日政治之狂瀾不能挽救，只能使明達的人退而為隱士。以後道家以一種「到自然去」的指向，策勵藝術家和詩人。他們主張的極有限度的政府，也在不少農民造反的場合裡賦予大眾性的意識，成為他們解放的宗旨。法家和歐洲十八世紀實證主義（positivist）的法理學家很相像。他們認為法律表彰著統治者的意志，不受習慣的羈絆，也不受世俗的道德所約束。但是中國的法家

在整個社會需要團結與凝固的時候展開，因此不免留下了極壞
的印象。通常他們支持獨裁者，以賞罰為不二要義，而這些獨
裁者心目中的法律則不外軍法和戒嚴法。

　　我們該如何說明周朝末年的大混亂？我們該如何解釋此中
矛盾：一方面有人在勸說所有的王侯與政治家要具有惻隱之心，
要和安徒生（Hans Christian Anderson ）一樣的慈悲為懷，
另一方面卻有人提倡只要目的純正，便不怕手段不純正，以致
施行馬基維利（Machiavelli）式的政治現實主義，弄到焚書
坑儒，而這些事蹟都發生於基督降世之前百年。

秦始皇統一全國

　　如果中國歷史和其他各國文化有唯一最重要的歧異，那就
是公元前221年秦始皇的統一全國。隨著青銅時代的終止，全
國立即展開政治的統一，這種政治上初期的早熟，創造了一個
驚人的紀錄，在此後千百年間樹立了一個中央集權的傳統。

　　傳說周武王渡黃河滅商的時候，有八百個商的附庸，參加
他的征伐。雖說我們無從證明每一個都是一個部落國家，只以
數目之衆，即表示當日自主之單位為數必多。在春秋時代，紀
錄裡留下了一百七十個國家的名目。當諸侯互相吞併的時候，
其中之一──楚，就獨自吞併了百餘國中之四十個。迄至孟子
之日，只有十二個可以在地圖上畫出，其中也只有七國可以實
際算數。這樣的兼併不斷的繼續下去，一直發展到周之封建所

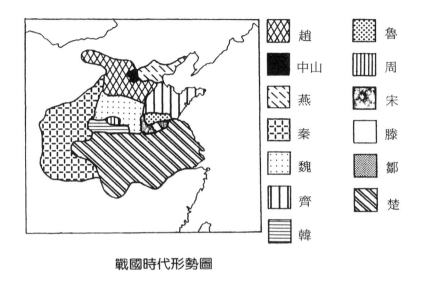

戰國時代形勢圖

劃分的各國疆域全部作廢，最後，所有土地歸一人管轄，治下
延伸到東亞大陸的一大部分。

　　在東周的五百五十年內，戰爭的方式也有很大的改變。春
秋時代軍隊人數少，戰鬥不出一日，交戰時保持騎士風度。交
戰者按儀節行事使戰鬥藝術化，符合封建時代的道德標準。一
到戰國時代，這樣文明的作風已蕩然無存，強國已有今日歐洲
各國的疆域規模。作戰起來其凶殘也不下於現代人物。一到戰
國末年，每方投入戰鬥的兵員近五十萬，實為常事。野戰之後
又包圍城市，可以連亙數月。有好幾個國家已做到全民動員的
地步。至少有一次，有一個國君命國內十五歲以上的男子全部
到一個前線的重鎮集結。當時戰死的人數和加於俘虜的殘酷事

例,不論是否經過誇傳,足以使現代的讀者戰慄。在這樣鮮血淋漓的紀錄中,不免令人懷疑許多作家提及中國人的和平性格是否名副其實。

中國因秦而統一也是世界史上的一椿大事。如此大規模螺線式的發展,其程度愈加深,速率也愈加快,在世界其他各地無此事例。很多背景上的因素無從全部縷列。可是有了現代科學的知識,我們自信可以將此中主要的原因概述有如下章。由此也可以看出為甚麼孟子提倡全國慈悲為懷這種平平之論,足以在如此的長時間內,得到如此熱烈的支持。亞聖與始皇,恐怕他們自身還沒有體會到的時候,某些客觀因素已經把他們生平事業牽連在一起了。

【第三章】

土壤、風向和雨量

易於耕種的纖細黃土、能帶來豐沛
雨量的季候風、和時而潤澤大地，
時而氾濫成災的黃河，是影響中國
命運的三大因素。它們直接或間接
的促使中國要採取中央集權式的、
農業型態的官僚體系。而紛擾的戰
國能為秦所統一，無疑的，它們也
是幕後的重要功臣。

旅遊者從西安到驪山所看到黃褐色的土壤是黃土地帶的東南邊際。這土壤纖細有如麵粉，令人設想幾百萬年前經過風力的轉運，堆積在一個廣大的地區。它的深度自五十呎到七百呎，它的下層可能是在冰河時期結束時受到極大的壓力所粉碎而成。當初一部分土壤也可能被水力沖刷而沉澱於東部，又經過長期間的堆積，才聚成今日之深度。這種現象給中國歷史的展開，有好幾重影響：因為黃土之纖細，可以供原始的工具耕耘，如木製之犁及鋤。周朝的開國，與推廣農業互為表裡，顯然是得到這種土壤特性的裨益。於是在公元前一千年，中國社會即已在文化上表現出均勻一致。它的基層細胞的組織與小塊耕地的操作結下不解緣，也表現出家族的團結。凡此都經過無數成文資料的證實，並非某一種資料強作此說。

黃土與中央集權

黃土還給中國另一種影響：黃河中游由北至南將黃土地區割成兩半，其縱長五百哩。它也在內地接受幾條支流的匯入，其結果是黃河的流水中夾帶著大量的泥沙。通常河流的水內夾帶著百分之五的泥沙已算相當的多，南美洲的亞馬遜河夏季裡可能高至百分之十二，而黃河的流水曾經有過百分之四十六的紀錄。其中一條支流曾在一個夏天達到了難於相信的含沙量百分之六十三。所以黃河經常有淤塞河床，引起堤防潰決氾濫，造成大量生命與財產損失的可能。這河流的水量在洪水期間和枯水期間幅度的變化又大，更使潛在的危機經常惡化。按理說

黃土地帶

來，有一個最好坐落於上游的中央集權，又有威望動員所有的
資源，也能指揮有關的人眾，才可以在黃河經常的威脅之下，
給予應有的安全。當周王不能達成這種任務時，環境上即產生
極大的壓力，務使中樞權力再度出現。所以中國的團結出於自
然力量的驅使。

　　《春秋》中有一段記載，提及公元前651年，周王力不能
及，齊侯乃召集有關諸侯互相盟誓，不得修築有礙鄰國的水利，
不在天災時阻礙穀米的流通。這「葵丘之盟」在約三百五十年
後經孟子提及，可是他也指出，盟誓自盟誓，會後各國仍自行

其是。《孟子》一書中提到治水的有十一次之多,可見其重要
性。其中一段更直接指責當時人以洪水衝刷鄰國的不道。我們
不難從中看出洪水與黃河暨黃土地帶牽連一貫的關係。孟子所
說天下之「定於一」,也就是只有一統,才有安定。由此看來,
地理條件和歷史的發展極有關係,尤期是當我們把地理的範圍
放寬,歷史的眼光延長時,更是如此。

　上述穀米之流通尤其值得考慮。中國地區的降雨量極有季
候性,大致全年雨量的百分之八十出現於夏季三個月內,在此
時期風向改變。並且中國的季節風所帶來之雨與旋風有關,從
菲律賓海吹來含著濕氣的熱風需要由西向東及東北之低壓圈將
之升高才能冷凝為雨。於是以百萬千萬計之眾生常因這兩種變
數之適時遭遇與否而影響到他們的生計。如果這兩種氣流不斷
的在某一地區上空碰頭,當地可能霆雨為災,而且有洪水之患。
反之,假使它們一再的避開另一地區,當地又必乾旱。前人缺
乏這種氣象的知識,只在歷史書裡提及六歲必有災荒,十二年
必有大饑饉。其實在1911年民國成立前之2117年內,共有水災
1621次和旱災1392次,其嚴重經過官方提出。亦即無間斷的平
均每年有災荒1.392次。

　在《春秋》裡經常有鄰國的軍隊越界奪取收成的記載。饑
荒時拒絕糧食之接濟尤其可以成為戰爭的導火線。《孟子》書
中提到饑荒十七次之多。在一段章句裡提及公元前320年,魏
國的國君因為他的轄地跨黃河兩岸,曾告訴亞聖當災荒嚴重時
他須命令大批人民渡河遷地就食。在這時候魯國已擴充其疆域

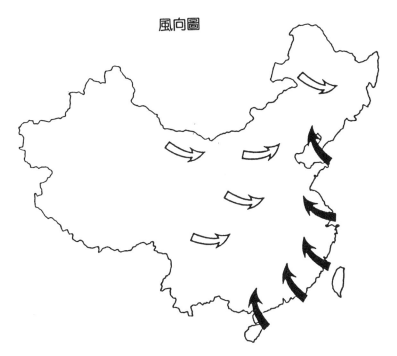

風向圖

五倍，齊國已擴充其疆域十倍。不難想像，當日各大國要較小國家佔有顯明的優勢。它們所控制的資源能夠在賑災時發生確切的功效，所以在吞併的戰爭中也得到廣泛的支持。當諸侯為了好大喜功而作戰的時候，一般民眾則隨之爭取生存。如是的競爭只有像螺旋式的使兩種因素的加入越來越多、越大。

農業與游牧

　　此外另有一種氣象上的因素也促成中央集權的發展。雖說

在某一地各年的雨量可以相差極大，但是全中國的平均雨量卻有定型。這現象不難解釋，帶著濕氣的熱風，愈吹入內地，被蒸發的程度也愈為增高。而且沿海下雨就已減少了空中的濕氣。此中值得注意的是所謂「十五吋等雨線」。這線從中國東北向西南，當中的一段與長城大致符合，更西而南則使青海與西藏和中國本部分隔。這等雨線之東南，平均每年至少十五吋的雨量是常態，符合賴德懋（Owen Lattimore）所說，「中原農業茂盛，人口繁殖」。提及線之西及北，他則說：「幾千哩內人類全然不事農桑，他們不直接的倚賴土地上的植物為生，而在他們自己及植物之間加入一種機械作用。」這也就是巧妙地說出這群人為游牧民族，他們與牲口來往於乾燥的地區，讓牛羊自覓水草。牧人的生計不能轉變為種稻人的生計。

中國的農民和塞外的牧人連亙了兩千年的鬥爭紀錄，回顧起來，欣喜的成分少，仇恨的成分多。尤其是氣候不利的時候，馬背上的剽竊者就不由自主的打算襲取種田人，後者通常有半年的積蓄。零星的侵略可能擴大為戰事，防守者則企圖報復，有時也全面出擊以圖先發制人。

在時間上講，亞述人的壁畫在公元前九世紀即描畫著騎馬的弓箭手，可是全部游牧成為一種部落習慣和隨著而來的騎兵戰術則出現較遲，並且經過一段長時間，才傳及東亞。到公元前三世紀游牧民族的威脅已相當嚴重，這時已有將北方幾個小國家所築土壁結合起來構成一座相連的城塞之必要，這項工程終使秦始皇在歷史上名傳千古。所以這種局勢的展開也指出中

十五吋等雨線

國即使在國防上也要中央集權。全國的國防線大致與十五吋的等雨線符合，這是世界上最長的國防線，不僅為無數戰士留下了辛酸的記憶，也是中國婦女流淚的淵藪。總之它在地理上構成第三個因素，注定著中國農業社會的官僚機構必須置身於一個強有力的中央體系之下。

　　孟子去秦始皇統一只五十年，他已經和法家一樣，贊成中國需要一個中央的權威。只不過始皇以殘暴的力量完成帝國的統一，而亞聖還在以好意勸說，著重道德上的移風易俗。在歷史上他們所掌握的是同一類的問題。在近距離之內，孟子好像

失敗，當他勸說戰國的君主行周文王之政時，周之封建已衰退到不可認識。井田制度早被放棄，世襲的卿大夫階級已爲官僚所替代。因爲國君能直接派遣官僚治理屬下地區，他們可以直接向人民課稅，也將他們徵發爲兵，數以萬千計。而且這種競爭風氣更受商業的影響。當時所謂商業仍在嬰兒時代，只是因爲有好幾位特殊人物超越國界的政治活動，才使之活躍而顯著。這樣的環境已不復是凡物都有一定位置和場所，或者凡事都可以用儀禮及惻隱之心對付。實際上，吞併的戰爭仍繼續進行，以至最後只有一個勝利者。

儒家與農村組織

然則從長期上講，亞聖孟子與大成至聖孔子，都已看清中國命運上注定必然爲一個龐大的農村組織，雖然要根據某些數學原則行事，但仍需人本主義（humanism）的調節。所謂儒教是以崇高的情感組成，在這種背景內自有它存在的價值。《孟子》一書中提及亞聖與他年齒稍幼的兩個哲學家意見不合。楊朱主張各人循著自己的私利觀行事，若以道德激勸，強人違反自己的意志行事，只有增加混亂，所以他說雖拔一毛以利天下不爲也。他的邏輯認爲每個人都應當按照自己的趨向，去接近歡樂，避免苦楚，這和近來西方時尚之「佔有性的個人主義」（possesive individualism）非常接近。和他觀點相反的是墨翟，墨子強調上天命令每一個人不分畛域又不待儀節約束的去兼愛他人。既有如此的強迫性存在，則任何要求也不算過分。

在行動上墨翟和他的門徒冒著性命的危險，企圖避免當日的兼併戰爭。

　　孟子對兩人都沒有好話可說。他指斥楊朱之縱容個人的私利觀，等於承認君主為不需要。另一方面墨子之兼愛，等於否定父親的特殊地位。他以絕對的態度私毫不通融的警告著：「無父無君，禽獸也。」如此不容忍的態度可能使現代讀者感到驚訝。所以務必投以歷史的眼光，才能瞭解箇中究竟。

　　戰國末期鐵器業已出現，因此上層社會的繁複程度更增加。可是幾百年後中國仍是一個農業國家，下層仍保持著均一雷同的基礎。文筆之吏仍以竹片作書束，紙張之發明尚在公元後一世紀。但需要整個帝國一體行動的諸條件，卻已迫不及待。如此一來，要在農民大眾之中構成基層組織，無過於提倡家族團結。當中的一個推論則是讓世襲君主按照父親的榜樣行事。對待其他人的好意，也務必有親疏之分，有如血緣關係之遠近。所以認為個人或憑私利觀行事，或對旁人一視同仁，可能對現代讀者富有吸引力，但在古代中國卻不合實際，首先在法律上即會產生糾紛。迄至二十世紀，中國仍缺乏對個人作人權保障的能力，遑論在基督降生之前。事實上整個君主時代中國始終維持著一部大體不變的刑法，這套刑法也按社會組織，亦即家人親疏之分責成各人安分守己，至於各人尚有何種權利，也只能由這社會體制而定。

家族組織與社會秩序

現代的法理學是長時間推衍而成的。在西方直到中世紀結束，封建公侯無力控制城市，才讓市民不受莊園法庭的管制。之後又從這城市特權，產生了公民的自由權利，自始至終這發展不待人謀。而等到最近的兩個世紀，才產生了一種自覺運動，將所有公民的自由權推廣及於全民。又直到最近幾十年來，我們才看到這種運動逐漸的達到目的。事實上也是命中注定，中國歷史上未曾產生此項運動，並非有反對這趨向的因素和它作對，而是城中紳商與官僚的衝突從未發生。歐洲漢學家白樂日（Etienne Balazs）說，中國的官僚從未失去城市的掌握。事實上中國官吏在城牆之內，權力最盛。

顯而易見的，儒家的統治者在立法時確定男人的地位高於女人，年長的高於幼輩，並且有學識地位之人高於無知之人，他們自以為凡此都與自然法規吻合。有一段長時期，這系統所產生的秩序及穩定，還曾贏得外間的讚賞。直到十九世紀初西方的商業利益挾著實力在中國沿海各處立足，才在相形之下使儒家體制的弱點徹底暴露。它自恃為十全十美的理想，畢竟假設多於實際。況且它以滿足民間最低的期望為目的，而不及最高的標準，看來乃是組織簡單、效能低下的政體，既缺彈性，也欠實力。當這些弱點暴露之際，其缺乏效率之處，尚可視作非道德。

將楊朱、墨翟和孟軻參差拼合，可以看出中國歷史裡長久的莖幹。當然，尚不止此，此後這面目及趨勢，還有相當長的

發展，牽涉到許多驚異曲折，上文不過指出，任何值得提及的事體在中國展開，通常都是以極大規模的方式展開。中國歷史上戲劇性和出人意料的地方，當然也離不開這種特性，如果當中有任何差池與過失，通常也是非同小可的差池和過失。

【第四章】

兵馬俑的幕後

秦兵馬俑的逼真、龐大，反映了要
構思和完成如此的工程，非有創意
上豐富的溝通和技術上充分的合作，
是絕對無法達成的；同時也印證了
史書上所說戰國時代高度的動員水
平，和百家爭鳴的景況。它的出土，
正為秦帝國之所以能統一天下，提
供若干重要線索。

中外學者應當對臨潼縣人民公社的工作人員表示謝意。也算是運氣好，1974年的春天，他們將埋在黃土地下二十尺達二千二百年保衛秦始皇陵寢的陶製軍隊開掘出土。縱使這一發現不能解答歷史學家關於中國天下統一的一切問題，至少在極關重要之處，提供了線索。最重要的乃是這些證據顯示中國的歷史性格與世界其他各處之初期文明迥然不同。

秦始皇
畫　像

秦始皇的崛起

在成文的歷史記載裡，秦王室的祖先按照「誰生誰」的程序一連串的記載著，有如《聖經》中的「舊約」。及至戰國之際，這些記載開始引入新奇的事蹟。即以此「肖像」為例，也好像出自諷刺畫家之手，作者必先有一種「鷹眈」的觀念，才把上唇畫如鳥嘴。大歷史家司馬遷在始皇後約一百年著書，他

所提供始皇的出身如下：在公元前約250年有秦國公子按照當日的習慣，到趙王的宮廷內為人質，以保證兩國停戰協定不被侵犯。雖然如此，兩國邊界的軍事衝突卻仍斷續發生。因之公子缺乏安全感，他不過是秦國太子二十多個兒子中之一人，也就無從被本國重視。富商呂不韋發現這情形可以從中使耍伎倆，恰巧這時候秦太子將他寵愛的姬妾升為太子妃，她雖有權勢而膝下無子。呂不韋首先以恭維的言辭和貴重的禮物交結於作為人質的公子。接著以公子私人代表的身分，遊歷秦廷，更大肆張羅，輕辭重幣的打開門面。他說服了太子妃，她要是需要保障來日之安全，不如以在趙國作人質的公子為己子，他既為人忠厚，又不預聞秦廷的政治糾紛。這謀劃成功後，為人忽視的公子日後回國恰逢秦王去世，秦太子立為秦王，昔之人質終成為了太子。

　　故事的當中，尚有一段奧妙：王子在趙國時邂逅了呂不韋一位貌美善舞的姬妾。呂慷慨的將她奉送，王子驚喜之餘沒有發覺她已經懷孕。一年之內她為王子生子，又十三年之後，這來歷不明的王子立為秦王。又二十五年之後他成為統一中國的秦始皇。他的親父富商呂不韋也在朝中為相，直到以後失勢身敗而止。

　　中國在公元前221年的統一，是歷史上重要的里程碑。毫無疑問的，此非常之事必待非常之人，可是以上人物在特殊環境裡出現，也不過是風雲聚會。本書以上幾章業已提及，幕後天候、地理、人事的因素早已醞釀了好幾個世紀。將周朝的封

建革新而由一個國王通過官僚機構直接統率全民，並非秦所特
創，況且嬴秦尚不是改制的先鋒。可是其他國家尚在片面改革
之際，秦國則實行全面的翻新。其方案不容通融假借，其執行
步驟包括貴族被廢爲平民，官吏按能力任職，井田制度一體取
消，土地得以自由買賣，土地稅按畝徵收，士兵按徵兵的程序
入伍。國家又提倡農桑而貶斥其他各業，以求全國普遍的豐衣
足食。從史書裡看來秦始皇即位之前約一百年，以上的政策都
已付諸實施。這種體制著重中央集權，能使境內人民保持一種
集體性格，稱之爲「極權主義」（totalitarianism）並不爲過

秦國的集權體制

　　秦國是一個以警察權爲主的國家。它與現代集權國家的重
要區別是後者將一個業已多元化的社會扭轉回去以遂行其狹義
之目的。嬴秦則不待社會多元化，先已構成集權體制，此外秦
之集權亦無國家主義的徵象。雖說這個國家以征服其他國家爲
職志，其所擬之消滅者僅是對方的王室與貴族，秦王本身的重
要卿相，卻全屬客籍，即統一天下之後亦然。秦之記錄裡看不
出人民因原有國籍而受親疏歧視的待遇。

　　秦之體制既成流線型，法家思想即構成其意識形態。雖然
它站在人性爲惡的立場，可是也認爲人類仍可以集體爲善。這
種信條與十九世紀德國歷史家特萊澈克（Henrich von Tre-
itschke）的理論，極爲接近。也因它的「現代」色彩，中國法
家有時令西方讀者傾折。他們的法治觀念不爲傳統習慣、古代

特權、流行的道德觀念、家人親疏，或甚至惻隱之心所左右。法律代表君主的意志，必為成文法，必須詳盡而無疑義的寫出，而且不打折扣、不分畛域的強制實施。因為他們站在唯物的立場，又以國家之富強為不二法門，因之無從創制西方式的民法。只是在基督尚未出生之前數百年，他們即在鼓吹王子犯法與民同罪，這必在當日人士之心目中造成一種平等的觀感。法家也自認為承奉自然法規，他們以為法律一經公布，從此君王有如車軸，不動而能行，百官則如車之輻條，隨著車輪運轉。以今後兩千年中國官僚政治的作風看來，這樣的擬寓不能算是全不正確。

概括言之，中國政治體系的早熟在當日不失為一種成就，可是中國人也必須為此付出代價。從外表形式看來，在基督之前有了這些設施，國家的機構便形成流線型，可是其下端粗率而無從成長發展，以日後標準看來尤其如此。直到最近中國仍缺乏一種司法體系，具有實力及獨立性格一如西方，其原因可以一直追溯到上古。儒家的法律使法律不離家族觀念，將法律與情感及紀律混淆，法家之法實為最方便的行政工具，但在其他方面則一無可取。

古代歷史家更指出，秦國與他國競爭統治中國時得到地理之便。它的東方為山川所阻塞，秦人可以開關迎敵，對方卻無法來去自由的出入秦境。秦之西南的土著文化程度低，可以任意吸收吞併。戰國之爭雄，以統一為最後目標，外圍之雄著重長久之計，必較中央諸國佔優勢，因中央諸國不斷的為彼此間

的糾紛、齟齬、陰謀、伎倆所眩惑也。直到最後幾十年內各國
要對付秦的攻勢，才圖謀互相結盟。一般很少提及，秦國實際
上得到經濟落後的好處。經濟落後才能強調農業一元，動員起
來，專一雷同，內部的凝聚力也強。這時期仍是以數量取勝的
時期，軍事技術大致在平衡狀態，沒有一個交戰國因為質量上
的優勢而使戰局改觀。

秦始皇的統一大業

　　秦始皇帝的功業與他的先驅者所採取的策略相同。標準戰
法為不斷的蠶食敵土，繼之以武裝移民。秦國的戰略家要求有
潛勢之對方將邊界上重要的防禦工事和堡壘銷毀。有時毫不猶
疑的屠殺敵境壯丁，以減低其作戰能力。外交攻勢著重於摧毀
敵國間的聯絡，使他們的抵抗軟化。多數情形下，秦軍多在敵
境作戰，而保持秦地的完整。我們相信秦軍經常讓部隊就地征
發以取糧於敵。秦始皇登極之後，好幾次天災流行，而秦軍也
趁機發展。公元前244年曾有饑饉，次年蝗蟲為患於中國西部。
公元前235年旱災，公元前230年及228年饑荒又見於紀錄。然
則始皇的戰功也算顯赫，統一之前十年內，敵對的六個國王中
有五個成為戰俘，另一個投降。所有國都全被佔領，最後秦軍
入燕以威脅齊國北方的側翼。這一場戰役結束，秦王才自稱皇
帝。

　　統一之後又採取各種鞏固步驟。六國邊界既廢，全國劃為
三十六郡。所有六國王室和貴族全部被廢，每一個郡有守（等

於省長）、尉（等於防區司令）和監（等於監察專員）各一。中國的文字在戰國時代已有分歧的趨勢，自此以篆爲標準。度量衡的單位也標準化，車軸的長度也隨著劃一。全國有聲望的家室十二萬戶，一律遷居於國都附近，以防制地方力量再起。除了秦軍所用的兵器外，其他一律沒收銷燬，鑄成十二尊龐大的金人，放置在皇宮之前，以貫徹皇帝的決心，從此中土將永遠不見兵革。

公元前213年秦皇下令焚燬若干書籍，有一位文學之臣建議仍須尊重傳統的政治。始皇將建議交臣下商討時，法家丞相李斯提出反駁，要是臣下以古論今，只有陷國家於不利，他更主張凡私人教學一律禁止，以杜絕「誹謗」。由於這次的檢討才下焚書令，同時也詔令凡在日常語言之中引證古典，或是以古代成例評議刻下的時事，都判死刑。所焚燬的書籍包括秦以外之歷史、古典作品和諸子百家的哲學，只有秦廷所載和醫藥、占卜、農桑等書籍不在焚燒之列。

翌年又有所謂「坑儒」之事。秦始皇在一般文學之臣以外，也收養了許多占星學家和煉丹的術士，在當日眼光看來，這類人物也算是半調子的科學家。當中有兩人由始皇聘任尋求長生藥物，他們沒有覓到藥物，反而散布流言，指斥始皇性情躁急，不符合長壽的條件。始皇大怒之下令衛士在都城裡挨戶搜索。上述兩個人物迄未尋獲，可是被捕者有四百六十人，他們或是與這兩人有交往，或是在賣弄相似的方術。最後這四百多人全被活埋。

秦始皇的評價

　　傳統的中國歷史家一向在褒貶品評人物，在臨到秦始皇頭上時則覺得題材之大，牽涉之多，不容易隨便處置。他的殘酷無道達到離奇之境界，如何可以不受譴責？可是他統一中國的工作，用這樣長遠的眼光設計，又用這樣精到的手腕完成，又何能不加仰慕？一個思想周密的讀者可能因秦始皇和他的隨從的野蠻行徑而感到困惱，可是在另一段文字裡，又為他不斷的努力企圖實現他超過匹夫匹婦所敢於想像的計謀，甚至冒著無限的危險，不折不撓的執行而感動。

　　歷史記載中的始皇，顯示他虛榮心重，有時尚且行止古怪。在當日一般情形之下，所述迷信的趨向很可能是事實。史書中提及他有一次因風受阻而不能渡湘水，歸罪湘君女神作祟，於是遣發三千囚徒，去砍伐山上的樹木以資報復，可見得他在和超自然的力量作對，而不是震惑於超自然的力量。他以黑色代表帝國之色彩也是超時代的獨創。從他所樹碑文看來，他除了重視域內長久的和平之外，也極端注重性道德，認為與全民的休戚有關。他有二十多個兒子和至少十個女兒。史籍上除了提及他多夫的母親之外，對他一生有關的女人隻字未提。始皇帝遊歷極為廣泛，他不僅履足於市塵，而且遍歷名山大川，他曾在夜間微服巡行國都之內。雖說始皇愛征伐，他卻從未統帥三軍。此外他是一個不畏疲勞的工作者，他預定每天必須過目的竹簡，以重量作進度，不到目標不得休息。在有關國家大計的場合他總先諮詢下屬，可是最後的決策，始終出於他本身。可

能最值得注意的是秦始皇鐵腕統治全國十二年的時間，從未發生重大的事變。這是一個泱泱大國，前後遭兵燹幾十載，而且追溯到以往的震盪局面，尚可以包括幾百年。

他遺留下的位置，沒有人能接替。他剛一去世，丞相宦官和皇子以陰謀和政變彼此殘害。一年之內，全國各郡裡揭竿而起的叛變不知凡幾。又三年後秦亡，始皇帝的親人和重要的隨從也全部喪生。

兵馬俑的規模

1974年的考古成果無從斷定秦始皇的出身係合法還是私生，也不能用來爭辯他是好人或壞人。迄今所出土的還不過是他埋葬之外圍的一部分，但其結果業已確定其規模之大，設計之宏偉，足以眩人眼目。

發掘的場所共為三英畝。據估計有七千個陶塑的兵士用實用的兵器與戰車和陶塑的馬匹防衛始皇的陵寢。全部結構一方面表現設計之大氣魄，一方面也表現著細微之處的精到認真。所塑士兵好像是根據活人為模型做製，沒有兩個一模一樣。他們臉上的表情更是千百個各具特色。他們的頭髮好像根據同一的規定修薙，可是梳時之線型，鬚髭之剪飾，髮髻之纏束仍有無限的變化，他們所穿戴的甲冑塑成時顯示是由金屬板片以皮條穿綴而成。所著之靴底上有鐵釘。兵士所用之甲，騎兵與步兵不同。顯而易見的騎兵不用防肩，以保持馬上之運轉自如。軍官所用之盔也比一般士兵用的精細，其鐵工較雅致，甲片較

小，而用裝飾性的設計構成。所有塑像的姿勢也按戰鬥的需要而定：有些嚴肅的立正，有的下跪在操強弩，有的在挽戰車，有的在準備肉搏。總之，全部正好是秦步兵一師，側翼有戰車及騎兵掩護，準備隨時與敵軍一決雌雄。目前出土的資料已夠令人讚嘆，但是專家預斷更多的陶製士兵、馬匹和戰車可能在這師的南端。更足以令人嘆爲觀止的則是始皇葬身之處的另三邊也可能有同式的整師兵馬，如此則現在所出土的只不過是全數的四分之一。

　　據歷史家司馬遷說，始皇的陵寢，經營了三十六年，役用工匠七十萬人。在地下的建築，還有宮庭的模型，全國的山川則用流沙水銀複製。緊要之處以機械的強弩保護，以防制盜墓者，不少匠役，因爲熟悉內情過多，而被活埋於陵寢之內。

　　這些傳說可能永遠無法證實。可是僅以現今的資料，參觀者也可以憑他們所見，在歷史上作一肯切的斷定。如果秦始皇完全相信超自然的力量，那麼他爲何不以大規模的人像代替數

目眾多的兵俑？爲何不用超人的神像，每座幾丈高，有如今日
猶俯視亞司旺水閘（Aswan Dam）的牛邊（Nubian）大神
像？或者製造出來三頭六臂，有如印度教的傳統？實際上陶塑
兵俑大可以成批用翻沙的模式依樣製成，有如大流士之聽政所
（Darius' Hall of Audience）前的浮雕像，甚至如康士坦
丁大帝凱旋門（Arch of Constantine）上個個千篇一律、生
氣全無的人像群。

　　如果觀察者稍用想像力，即可以閉目看出在製造這些陶塑
兵俑時，哲學家、藝術家、匠人曾與成批的占卜者以及數以百
千計的軍官在集思廣益，摩肩抵掌的研磋情景。這地下人像的
工程，自設計至施行不可能沒有全面交換意見，然後在技術上
不斷協商所能僥倖而成。從這方面講，陶製兵俑可以視作一種
歷史文件，它證實了歷史書裡所說戰國時全面動員的事蹟，它
也指出當日百家爭鳴之所述非虛。它也表明中國二千二百年的
歷史，確有垂直的莖幹存在，很多帶有中國性格的特徵在當日
即已出現。這種系統在上端必有設想而成的成分在內，而介於
合理化及非理性之間。

　　雖說我們不能崇信法家學說，認爲個人必須受團體的強迫
去爲善去惡，但這一大群以窯火烤成的彫像群卻證明了一個公
眾的目的，可由國家的意志創成。馬基維利（Machiavelli）
所提倡的普遍的利己主義（universal egoism）不能因其爲惡
即否定它之存在。威利（詳第二章）以「現實主義者」的名目
概括所有的法家自有其深意。

秦俑所展示的秦軍編組

可是觀光者看到這大批窯火烤成的像群也可能發生懷疑：既有如此的聰明才智，龐大的眼光和組織能力，詳盡的企劃工作，何以中國不能徹底利用這些長處作科技的大突破，有如文藝復興之於西歐？這些藝術與技巧之所以不能持續，可以用缺乏社會的推動力來解釋。米開蘭基羅（Michelangelo）需要教廷僱用，才能發展他的天才。羅朋司（Rubens）靠替各國國王畫畫像而生活優裕。秦國的無名藝術家不幸之處在於他們的作品是集體完成的，只能貢獻於一個君主之前，而他自己的肖像尚且把他的上唇畫如鷹嘴，而他的紀念館竟是埋在地下之陵寢。然而這批無名藝術家的遭遇，到底不是全部不幸。他們的作品，並未全部喪於塵埃，約二千二百年之後，他們的傑作出土，也有人將之修刷整理，使之重見天日，表現一個歷史上重要轉變之際的感覺和現實。

【第五章】

第一帝國：
樹立楷模

漢武帝繼承了漢高祖以來，數十年休養生息所累積的國家資源，對內以「罷黜百家，獨尊儒術」，奠下中央集權官僚體制運作的理論與方法，對外則連年發兵征討匈奴，開拓四裔，使大漢聲威遠播，國勢達於頂峰。而在一片繁華景象中，財政短絀、外戚干政的亂源卻悄然伏下。

從現實的角度看來，始皇一死，秦帝國蕩然無存。可是他統一中國的功績並不因之而湮滅。不出十年之內一個新朝代繼之勃興，茲後延續達四百年。漢朝在公元前後各經歷約二百年，全盛時管轄的人口約六千萬，足可與羅馬帝國相比擬。就是從所控制地域和存在的時間上講，兩個帝國也可以相提並論。只是中國方面內在的凝聚力，非西方所能望其項背。

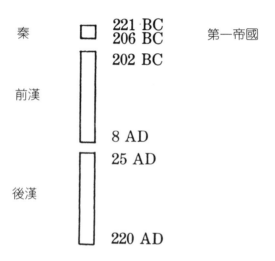

秦　　　□　221 BC　　第一帝國
　　　　　　 206 BC

　　　　　　 202 BC

前漢

　　　　　　 8 AD

　　　　　　 25 AD

後漢

　　　　　　 220 AD

這個新朝代被中國作家極度的恭維，因為這是有史以來第一次由平民所創造的功業。漢朝創業之主劉邦是秦帝國裡位卑職微的地方巡警官。他的兩個丞相，蕭何和曹參，曾任縣級的小官僚。樊噲日後為大將，當日不過是屠夫。另一大將韓信寒微時曾一度乞食，黥布與彭越曾為盜。從新朝廷布衣卿相的局面看來，以前各領域內的貴族統治力量必已全部摧毀。組織新

政權時，既不能追隨舊世族的蹤跡，也無須憑藉他們大張旗鼓。這可不是說中國社會革命的條件業已成熟，即使幾千年後中國也還沒有樹立一種民主體制。能夠確切的代表龐大而又均勻的農村基層組織，在這時候更不足論。

　　漢朝的組織者承襲了秦朝所遺下寬闊而又均勻的基層，而且以靈活的手腕避免前代的過於極端。他們所採取的政策，基本上是「進三步，退兩步」，以幾十年的經營，構成一個中央集權的官僚制度，而成為中國整個帝制時期的楷模。

漢帝國的統治政策

　　新朝代首先遇到的第一個大問題是帝國跨地過廣，不能全部由中央集體管制，於是採取了一種「斑馬式」的省級組織。有些地區秦朝所設郡縣仍原封不動的任其存在，其他地區則派遣新任命的王侯，世守為業。帝裔裡的近親，亦即劉家的叔伯、兄弟、從兄弟等封為王，功臣中之卿相則封為侯。他們的領域和直隸於中央的郡縣犬牙相錯。這種互相監督的局面避免了秦朝的過度集權，可是這也不是全面退卻，有意在長期間內再構成戰國期間的紛爭局面。這樣的安排純係一時權宜之計，從未預計長久保持。即使在創業人劉邦去世之前，已有不少侯國，因有心和無心的差錯，被削被除。劉邦的呂后及以後襲位的皇帝，遵循著這政策而且變本加厲。公元前154年，去帝國的創始已半個世紀，朝廷的舉措更是向各王國施加壓力，因而激起全面的叛變。叛亂戡平後，很多王國即被撤銷，餘存的不僅面

積減縮，而且內部的行政權也被中央政府接收。這種加強中央
統治的政策，至第五個皇帝劉徹在位期間達到極點。劉徹諡號
漢武，他在位於公元前141年至公元前87年。這五十四年的御
宇期間，在全漢朝是最長久的，對以後的影響也最深遠。

劉徹首先公布了帝制意識形態的立場。其宗旨經過綜合，
則為「罷斥百家，獨尊儒術」。實際上他和他的近臣將所謂
「儒術」擴展之後又延長，以至包括了有利於中央集權官僚政
治所必需的種種理論與實踐的步驟。孔子所提倡的自身之約束，
待人之寬厚，人本主義之精神，家人親族的團結，和禮儀上之
周到等等全部構成官僚集團行動上的規範。孟子所倡導的人民
生計與國本攸關也毫無疑問的被尊重。注重農桑貶斥商業原為
法家宗旨，也一併拿來構成武帝御製意識形態之一部。其他法
家的措施，如官方專利鹽鐵，以嚴峻刑法維持人民紀律也同樣
的被襲用。

宇宙觀與政治

更有很多信條，既不出於孔子之主張也不見於孔子語錄仍
被收納於這體系之內。武帝以皇帝身分登高山，以神秘之祭禮
祈禱，企求與神祇直接接觸。他朝中博士認為五行（木、火、
土、金、水）和東西南北中之五方、五種基本之色彩、五聲之
音階、五種個人之德性，甚至五項施政之功能都互相配合而融
會貫通。例如火，色赤，見於夏季，與用兵有關。這種觀念源
於一種信仰，它認定人世間任何「物」，不管是實際物品，或

是人與人間的一種關係和交往，都出自某種類譜上的相關價值，所以可用數學方法操縱之。其根源出於《易經》，它是一種來歷不明的古老經典。這種利用假科學說真問題的方式，跡近於迷信，暴露了當日讀書人承受了至大的壓力，他們急不得暇的務必將天地的現象予以直截的解釋，包括可以獲知之事物。漢代的朝臣不斷以這種帶著詩意的方式去貫徹他們的主張，強調良好的政府是基於倫理的和諧，甚至將天候與政治混為一談。只是如此一來，他們也將專制皇權合理化了，使之比較溫和，同時鼓舞百官的自信。他們因此覺得盈天地之道（我們稱之為自然律，natural law），都已在掌握之中。縱使天子之職位世襲，臣僚則以文筆見長，但因為彼此有了共通的認識，也能在行動中儼如一體。如此將宇宙觀及政治學混為一談，籠統的稱之為儒教，固然符合了某種目的，但其流弊則是一經擺佈，今後兩千年則再難以搖撼之。誠然，它所遺下之影響時至今日猶未衰竭。

匈奴問題

　　西方人士認為中國人之保守性緣出於環境上有一成不變之因素在。只要這些因素一日存在，中國的國家與社會則須維持其一定結構。今日很少的旅遊者履足中國而不將八達嶺的長城列入行蹤之中。秦始皇首先構造的長城，位於十五吋等雨線之北，今日早已頹廢。現存之磚牆係十五世紀所建，上面之樓，係十六世紀新添。當日火藥之使用早使類似的設防在世界其他

各處失去時效。當這綿延幾千哩的城壁展現眼前時，觀光者只要知道它曾不斷的修補翻新，就不待解說而瞭解中國邊防問題與中國文化之源起幾乎同一長遠。它與漢武帝劉徹的關係乃是這位不同於常人的君主，十五歲登極，享國五十四年，正值漢朝威勢達到最高峰時，曾企圖一舉而永遠解決游牧民族的問題。可是縱使他的軍事行動一再獲勝，他的目的卻迄未獲得。他在公元前87年去世時，他的匈奴戰爭使國庫大為虧損，這也是西漢（亦稱前漢）衰退之一大主因。

匈奴是一種操阿爾泰（Altaic）語的民族的名稱，他們在中國歷史初期為患北邊，此後千百年間，至少還有一打以上，人種上或同或異的游牧民族接踵而來。匈奴組織上的初期早熟對中國的帝制一統有連帶關係。這也就是說當中國全境一統時，游牧民族也必具有類似的結構，反之亦然。漢時匈奴已有二十四個部落的結盟，他們力之所及綿亘一千五百哩，自東北至於青海。公元前二百年，他們曾號稱以三十萬騎兵圍漢代創始者劉邦於今日之山西。上述數字可能誇大，但是無疑的，在重要戰役裡他們不難以十萬之眾，投入戰鬥，並且不必全數集結，而是在戰場上協定，分成若干縱隊。因為他們以游牧為生，在環境上占優勢，此即軍事理論家所謂「戰鬥條件與生活條件一致」。當中國人尚要組織動員、裝備、徵調、訓練之際，北方之勁敵則可以省略上面的步驟。他們的及齡壯丁早已在馬背上，他們的武器就是他們的謀生工具，他們從來不缺乏流動性。

兩方交戰時其程序極為殘酷，因為戰場就是沙漠及其周邊

的草原地帶，環境本來就蕭條。當兩方交鋒之際，絕無後撤退卻之可能，而以漢軍尤然。戰敗者固然難倖存，即戰勝者亦死傷慘重，逃脫幾全不可能。俘虜數少，而交換之俘虜尤少。投降的則依例改換身分，從此終身夷狄。漢軍戰勝時則對部落之牛羊一網打盡，視作戰利品。反之游牧民族要能伸手抓住南方漢人，其慘酷少恩，也少倖免之處。漢代的征伐無非展開一種序幕，以後這兩種文化尚要長久的在歷史中膠結，沒有一方能以永久的勝利或全面的失敗改變局面。影響所及在中國的文藝作品裡留下一大堆抒情的作品，有些愛國心長，摩拳擦掌的發出好戰喜功的聲調。也有很多在吟詠間，表現著厭戰而盼望和平的衷曲。

漢武帝只在公元前110年巡視前方一周，此外再未履足於戰場。但是在征伐匈奴時他親自作全般謀劃。他決定用兵的戰鬥序列，分配每一路軍的人員馬匹。每一戰役結束，武帝也親定賞罰。

每一次典型的戰役有十萬騎兵參加。支援的步兵及後勤部隊又多出數倍，所以每次用兵，以牽涉到五十萬人為常態。漢軍通常分三路及五路展開，以搜索接近敵方，並預先訂好集結會師的時日與地點。他們通常在本軍外圍五百哩的範圍內活動。始終不遇敵軍的情況常有之，通常情形是兩軍迎戰，爭鬥慘烈。公元前99年的戰役，中國方面之死傷率達百分之六十至七十，很少生還。公元前119年的戰役，漢軍雖獲勝，但是十四萬馬匹出塞，不到三萬南歸。武帝長久的御宇期間，前後執行這樣

的戰役八次。除此之外他也出兵朝鮮，其平西南夷，已深入今
日之越南，並且也在青海與藏人交兵。

政府徵發與農民生計

全部戰費爲數幾何？司馬遷略稱內地輸送六十四石的糧食
只有一石運達前方的說法，雖然不能在事實上認作確切無訛，
但他這句話至少暴露後勤問題的艱巨。並且武帝之戰略在於鞏
固邊防，當敵方威脅既除，便大規模移民實邊，因之耗費更多。
很多籌款的辦法因而產生，包括向商人抽資產稅，抽舟車許可
證稅，以贖鍰代刑罰，政府專利於鹽、酒及鐵，又直接參與經
商。這種種徵發，以及戰事本身都使中央集權之趨勢有進無退。
以下尚待說明，皇帝親自與聞軍政，與漢朝宮廷之政治有極大
的關係。

漢武帝是否因他的軍事行動而折斷了帝國的脊椎骨？歷史
證據不容我作這樣單簡的結論。即在匈奴戰事最高潮之際，中
國境內的繁榮並未受影響。此中矛盾也給關心中國歷史之人士
一個機緣檢討一個具有恆久性的問題：從紀錄看來，中國是世
界上唯一從公元前迄二十世紀始終直接向各個農戶抽稅的國家。
這稅收的基礎極爲廣泛而又非常脆弱，爲西方經驗所無。其中
情形以戰國時代魏國之李悝所敘最爲剴切。及至班固在公元第
一世紀作《漢書》時，猶覺得這故事中有關稅收及財政一節在
當日仍息息相關。他所說李悝的計算，有如下述：

一個農夫，帶家室共五口，治田一百畝。每畝出粟一石

半，全年收穫爲一百五十石。

土地稅十分之一，除去十五石，尚有一百三十五石。

每口食糧每月一石半，五口全年食用共消耗九十石。

一百三十五石除去九十石，尚存四十五石。

每石值錢三十文，剩餘四十五石共值一千三百五十文。

除去地方舉辦祭祀等公益三百文，可以作爲家室用度的爲一千零五十文。

衣服每人應費三百文，五口共爲一千五百文，不足四百五十文。

此外治病與喪葬之費不計，而因軍事動員之額外賦稅又不計。

李悝補救之策是由政府襄助出糶穀物。當糧食在市場剩餘時由官方收購，不足則官方拋售。在武帝時代此項政策由治粟都尉領大農（糧食部長兼代財政部長）桑弘羊主持。桑從商人出身，在此時兼替公家牟利，以籌措一部分收入，補足軍費。這辦法一經他起用，以後在很多的朝代裡，還一再的被仿傚。

上述李悝的計算成爲中國專制時代的一般準則，與長城同樣恆久不滅。其數目字可以因時期而不同，但是這公式與原則即罄歷史家記憶也莫不如此。在這種政策下，農民總是被迫去開發生田，一到耕地經營成熟，總是用精密之工作去增加生產。所以中國農民雖不受莊園管制，享有理想上之自由，每家農戶也是自耕農身分，也算得是一個小本的生意人。只是由於本地市場之窄狹，他們也經常受高利貸及各種盤剝之苦。當政府收

購或出賣糧食時，其業務非一班文學之士的官僚所能勝任，也
缺乏適當之法律足以保障程序之圓滿。簡而言之，政府經商涉
及變動的數字，而農業之管制方式，則視一切爲定型。此中之
缺乏協調，經常不斷的在中國歷史中產生悲劇。當中得注意的
是，以後有些朝代企圖部分的使其財政商業化時，總遇到強烈
的反抗。沒有一次能有長久及圓滿的結果。以漢代來說，桑弘
羊即死於非命，由此也可揣想，其規劃無成功的希望。

中央集權的程度既已如是，中國之官僚對於佃農之出現不
得不重視。政府的實力，以其能否向大批小自耕農徵取糧食及
人力爲準則。大凡地主一出現總有威脅這稅收基層之趨勢。以
上述例子看來，小自耕農亦無力再供應一個地主。只是中國的
作法通常忽視這全般情勢，仍受中央集權的影響。他們倡導小
自耕農而不滿於地主，已半將他們自己管制的方便，混雜在人
道的立場內。固然，只有均平主義而無經理上之縱深，在經濟
思想上不能算是圓滿周到。可是另一方面，既有全部集中籌謀
之必要（如對付匈奴來犯），我們也不能指斥全部措施爲「錯
誤」。可以斷言的則是，稅收與土地佔有有密切的關係，二者
也需要與中樞行政配合。如是之牽扯構成中國宏觀歷史中之一
大固定特色。

武帝期間之徵發，民不堪命是對以上情形而言，這已由司
馬遷和班固提及。漢代尚賦予省級（郡）官僚相當的權力，他
們可以選用手下的官僚，但是下端親民之官，則始終缺乏封建
體制裡領主與封域的密切關係。它的稅收爲土地上之收穫的十

五分之一（不及百分之七），人頭稅爲每個成人每年一百二十錢。再有兵役，可以令每個及齡壯丁赴前方征戍三日，或付代役金三百錢。對漢代國富而言，此稅率不能算是極苛，但是徵收時係全面的課予全民，不管農戶是否僅有田五畝。到了農村，稅則全部有條理的執行。武帝期間已有人指責，實付稅數超過法定「數倍」。此中有一蹊蹺，例如公元前108年皇帝巡視各地時，很多郡守因籌備供應不及而被責，兩個郡守甚至自殺謝罪。可見得在後勤方面講，上級已用最大的壓力加予下級，不僅到頭仍有不如意之處，而且理想與事實之間差距極大。

武帝去世後他的積極籌邊政策已被放棄。所幸不久之後匈奴也不能維持他們的團結。中國方面於公元前72年再遣發遠征軍及於草原地帶。到了公元前55年，匈奴分裂爲五部自相征伐。南匈奴隨後降漢，接受了中國的名號，使漢廷再將邊防的衛戍減少。

外戚專權

可是在這些軍事行動中已產生了一個皇帝外戚得權的成例。劉徹是一個意志堅強的人，他也深恐自己的權力落入他人之手。在他的私生活裡，他不能忘情於女色，因此而發生不少周折。在軍事行動中他對自己所寵信的將領賞賜過厚，而對其他人則處分過厲。總之，在征匈奴諸役的過程中他集結了龐大的權力，既不能使之制度化，也不便讓人代理。李廣爲能將，得人心，漢軍及匈奴對他有同樣的敬畏，可是始終不得封賞。在最後一

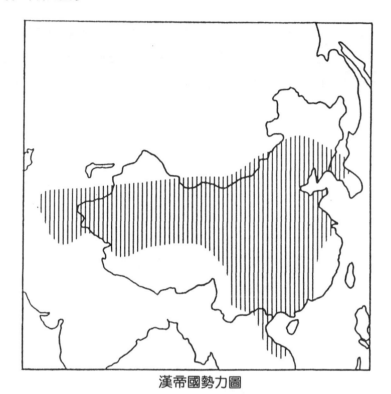

漢帝國勢力圖

次征戰之中，他被逼迂迴，終在行軍時失道。大將軍衛青，是
皇后衛子夫之異母弟，揚言要報告皇帝聽候御前處分，李廣羞
憤之餘，引刀自裁。但另一面，衛青的三個兒子尚在孩提之中，
已因父親的軍功封侯。另外一個將軍霍去病是皇后的外甥，也
始終受皇帝恩寵。各方傳聞前線將士飢不得食，霍去病行軍之
廚車南歸時猶有剩餘之珍品，皇帝也置之不問。只因霍去病英
年早逝，不及封上大將軍名號。後來此名號落在他異母弟霍光
頭上，而霍光終生未帥兵出塞，可是卻成為朝政糾紛的中心。

　　武帝既歿，霍光為攝政，輔助一個八歲的小皇帝，如此十三年，這髫齡的皇帝也未有子嗣而先歿。霍光與皇后商議之後迎立一位皇子為帝，才二十七天，他認為這皇嗣不符合他理想的尺度，廢之而更立武帝的另一個後裔。他才十八歲，旁人指出他和霍光乘坐同車之時表現著極度不安的形色。

　　可是霍光也並沒有成就無人敢與之爭的權威。公元前80年他執行了一次整肅，反對他的一派多人被處死，包括前述執行武帝財政的桑弘羊。現存的史料根據當日朝廷紀錄寫成，內中指出這些人意在謀反，企圖罷廢皇帝，而另立其他一位皇子。可見他們與霍光之衝突，可以追溯到很多小心眼的爭執和家室間的糾紛上去。

　　但是霍光的行政措施，在當時儒家思想的薰陶之下，可謂深得人心。他在執政期間對武帝好大喜功的邊防政策有了明顯的收斂。在他主持國務的二十年間，賦稅已經豁免和降低，和匈奴的談判也在開始。公元前81年朝廷主持了一次有關鹽鐵專利政策的公開辯論。之後政府放棄了酤釀的專利。

皇權的性質

　　綜合說來，漢武帝劉徹和霍光不可能一眼看穿他們自己在歷史上的作為的真意。即使千百年後，想要全部洞悉，仍至為不易。在討論他們的行為與個性之餘，很少人曾想及的則是，中國的皇位乃是世間無從合理維持的一種制度。皇帝非神，而兼二者之性格。他不合理而又非全不合理，也是腳踏兩條船。

他不能如儒家之採取人本主義，也不能如法家之全部鐵面無私，而又要兼顧兩家之長。即在專制時代的初期，皇帝已任用十三萬個官僚去治理六千萬的人民，他所能憑藉的手段極少，而他解決問題的方法，一面須通過無數的矛盾與曖昧，一面又要有威權和氣魄。

一個帶有同情心的讀者可以領悟到天子之貴為「天子」，乃是不意之間被命運派去處理一個局面。如果我們藉彼觀此，可以想見密西西比河會更換河道而趨向弗羅里達入海；一次旱災、蝗災會使愛荷華及堪薩斯全部顆粒無收；而北方與加拿大為鄰的國界大部為沙漠，當中只有很少的幾個綠洲。漢朝的皇帝以天下第一的農夫自居，不時發出通告，表示對人民生計的關懷。我們無從指斥其全部為矯揉造作。因為他們向小自耕農抽稅而倚之生存，除此之外別無他法。只是從一種比喻看來，他們所設計的制度和行政的方式，也還是倒金字塔式，上重下輕。越去權威愈遠，與原來設想之間的差誤愈多，所以權力務必凝聚在上。有時理想中的至美至善和實際情形的差異可以大得驚人。

西安朝廷中，半宗教性的安排增強了皇帝的地位。他是人世間最後的威權，他的仲裁帶著神權的判斷力量。在這種作風下，創造了一種權力政治的傳統，視一切技術問題為道德中的是非。即在今日，此種習慣仍在不少事例中出現。要是站在上端的人物不能擺脫人的弱點時，當朝中換班或政策改變之際，各項陰謀與詭計可能氾濫到無可收拾，及於宮廷內外。

霍光於公元前68年在平靜的情況下去世。但是兩年後的一次政變使他的妻兒及多數的親眷喪生。但一連串事件仍方興未艾，外戚仍在宮廷之內的政治內幕裡扮演重要的角色。大將軍僅為朝中名號，已不參與邊境之征討。傳統上這一職位總是為皇帝的姻兄或舅父把持，實際上居其職者總是一個政客，而不復為高級將領。總之他倚此名位聲勢使朝臣失色，並且威震不離宮闈之間的人主。這傳統上之成例一經樹立，以後只有繼續展開，終至王莽篡位。

王莽的改革

王莽是中國歷史中最離奇的角色之一。他一方面被指斥為篡位者、偽君子和操縱言論的好手，可是另一面也被恭維為理想主義者，甚至是一個帶革命性的人物。環境上顯示他可能有些性格接近上述評斷，可是沒有一個簡單的稱號足以將他一生行止歸納無餘。好在我們以長時間、遠視界的立場研究歷史，用不著將他詳盡的傳記搬出。

王莽是漢朝皇太后的侄子，他也將自己的女兒嫁給另一個皇帝，因而又成了皇后的父親。他自己於公元前一年為攝政之前，他的三個叔父和一個從兄已相繼以大司馬、大將軍的名號輔政達二十八年。當時漢代宮廷陳腐無生氣，如果王莽能在此時振衰去弊，他的功業可能被歷史家刮目相看。只是他誇大不實，因此他以華美的言辭所作的各種公告更帶著盲人瞎馬的成分，他的矯揉造作也更不可寬恕。

他所對付的問題不難闡釋：漢朝以龐大的農村經濟為基礎，因為這樣的結構，朝廷也只能以公眾的精神作為施政方針。只是這時候漢朝的存在已兩百年，宮殿和外戚因恩澤封侯者謂之「內廷」，和其他百官公卿之「外廷」對立。後者一般由資歷晉升，多數成員對儒家仁民愛物的觀念頗為重視。也在這同一時期之內，一般農村內的人力與田地，向來構成向帝國當兵納稅之基礎者，有逐漸落入私人手中的趨勢，時人稱之為「兼併」。這現象一出現，日後這些資源即逃出政府的掌握。這一問題也與二千年的帝制政府結下不解緣。

由於土地稅係從每一畝之田地抽納，人頭稅也以每個人為單位，照理他的易主（包括為奴隸的販買）不應當影響到稅收的多寡。可是這種情形卻出現於古代的農村之中，稅收的底冊不可能隨時修正反映到實際的情況，即同時的羅馬帝國也有類似的情形。不管當初的底冊是用何種精密的方法調查而得，以後各地都只存在一種硬性的定額。中國以戶口為單位，每每因人口遷移、財產易主而造成稅收短絀。地方政府解決這問題的捷徑，乃將應收數額轉嫁在其他戶口頭上讓他們補足原數。可是如此一來只會引起人戶逃亡，虧額更大，壞影響之所及也成螺旋式增大。原來稅率輕，處理不得法，可能令納稅人民不堪命。稅重，甚至可以逼迫良民為盜匪。除此之外只有減除稅額，只是這辦法也會在官僚機構之中造成士氣的降低。

我們無從確定王莽接手以前的情形，只是他曾說及見稅什伍，亦即所抽稅已及於生產品之一半。雖說不無誇大之辭，也

可見得局勢之嚴重。

　　但是不論他的動機如何，王莽提出改革時未曾作任何細密的準備。他盡信中國古典，真以為金字塔可以倒砌。他滿以為自己在西安執行天子之職權，其聖旨即可以在邊區遠處全部奉行。等到事與願違，他又慌忙的全面退卻。這個篡位的改革者夜以繼日地工作，他的經濟政策牽涉到耕地和奴婢的使用，二者都歸國有，不得私相買賣。他的金融政策將布匹龜殼全當作貨幣通行，與金銀與銅元保持一種複雜的兌換率。在他主持之下政府專利之物品增加，政府經商的範圍也相次擴大，還包括銀行業務。當環境要求他在名目和實質上都以天子自居的時候，他也不再矯飾，於公元9年即皇帝位。官僚組織的上層經過他成批的更換，可是基層組織除名號外，大致如故。有時候他整個變更政府機構的名目，而自以為已作實質上之改革，並依賴特務政治強制執行他的政策。

　　王莽的故事觸動了西方作家的好奇心。他們以為中國在這樣洪荒之古代，竟有如此「自由主義」的經濟政策，不免嘆為奇蹟。傾慕之餘，他們也和王莽自己一樣，忽略了當中一個重要的歷史環節：近代西方可以用數目字管理，中國傳統的官僚組織不能用數目字管理。

　　用不著多說，王莽的改革陷於失敗。當他的經濟政策毫無成果時，農民開始反叛。後來武裝部隊逐漸崇奉漢代創始者劉邦的九世孫劉秀。王莽於公元23年被殺，兩年之後劉秀稱帝，至此漢代「中興」。當時西安仍在農民軍手中，劉秀以洛陽為

國都，他的旗幟全用紅色，以與「前漢」之黃色有別。是以，前漢爲西漢，後漢爲東漢。

【第六章】

名士成爲軍閥

經過王莽篡位的短暫混亂，東漢光
武帝劉秀在農民作亂與地方軍閥割
據的局面下中興了漢帝國。爲了調
和各方的利害衝突，使彼此都能和
諧並存，他極力鼓吹天人合一自然
和諧等觀念，使東漢瀰漫著一股維
持現狀的政治哲學，然而豪強兼併
的事實終究不是意識型態所能消弭
的。終於，在黨錮之禍後，衝突的
各方將漢帝國推向敗亡的命運。

　　寫宏觀歷史，有一點不妙的地方，則是作者總是經常與戰爭結不解緣。如果筆下的題材是近千年歐洲，則作者只好在哈斯丁（Hastings）戰役之後，立即接下來講十字軍東征，隨後又有百年戰爭、薔薇花戰爭，而且宗教戰爭之後還未鬆氣，又有現代民族戰爭的登場。大概人類天性如是，歷史上重要的轉圜之點，總是避免不了武裝衝突，於是史家也別無選擇餘地。中國的歷史自不能例外，可是這當中也有不同之處。有如中國變亂時人民被荼毒的程度深，可是四海昇平之日也比其他各處來得長久。例如漢朝之前漢及後漢，各為時約二百年，幾乎與美國全部歷史等量齊觀。因之我們大可以在提到流血爭鬥之後，環顧其他的各方面。

社會繁榮教育普及

　　在這一段偃武修文時代裡，文化上和物質生活的進步極為可觀。首先可以提的是教育日趨普遍。中國以國家為主提倡教育，始自漢朝。所謂太學，實為國立大學，為武帝所創立。迄至基督出生的年間業已有學生三千人。當王莽為攝政時，據說所建的太學有宿舍萬間，足以容納同數的學生，這一數字或許有些誇大。後漢創業之主光武帝劉秀和他的智囊鄧禹都是當時太學生。他們另一位同學張充早逝，皇帝訪問不遇，即聘他的孫子張酺為太子教師。而且劉秀帳下高級將領有六、七人在當時都具有學術的名望，可見得教育的普及。公元59年，後漢第二位君主明帝劉莊在洛陽的明堂講解《尚書》，據說「萬人

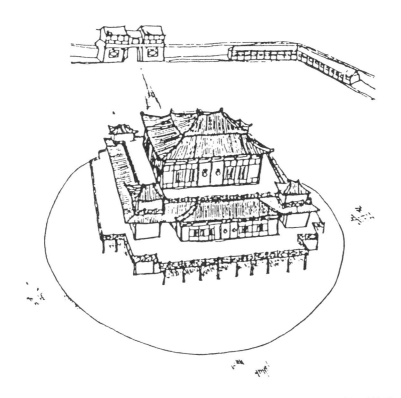

空巷」，吸引了成千上萬的聽衆。公元二世紀內，太學已擁有
240棟建築物，內有房舍1850間。而到這個世紀中期，太學生
總數共達三萬人，不過史籍沒有說明這些學生是否全部在學，
或者當中有些可能只領有如此的頭銜。同時私人講學的風氣也
很盛，有名望的學者普遍有學生五百人；其中最著名的甚至有
學生三千人。

　　學生人數的規模或可做爲天下太平的一項指標。據說紙張
在公元105年已經出現，可是其後很長一段時間，經典仍以絲

綢抄寫，其用費必多。而如此眾多的讀書人，他們遊學的旅費和生活費也必賴財富集中才能支持。西曆的公元前後，西安已是個擁有二十五萬居民的大城市，洛陽居其次，也有近二十萬人。

誠然令人感到遺憾，當日這些大都會的雄偉建築，至今已蕩然無存。中國缺乏像雅典的帕特農神殿或羅馬的競技場足以在觀光客面前炫耀。也沒有哥德式的教堂或中世紀歐洲的同業公會建築。中國古代的建築多是木造的，早經焚燬。所幸最近考古的發現可以提供當日大都市宏偉設計的梗概。例如西安城牆上之城門，每個有三個涵洞平行排列。車輪之痕跡證明每個涵洞寬足以容四輛馬車同時通行。一所舉行儀典之禮堂的基礎，顯示著當時的建築師並不特別強調高度，卻在平面的尺度上用功夫，以對稱與均衡來達到設計之雍容。其注重幾何圖案上的調和，可見得他們之崇信自然法規，基本上和英國索利斯柏里（Salisbury）平原上大石群（Stonehenge）之觀念相同，而在其他方面則顯示文明的程度已大大超前。中國方面的建築，經常以不同的房舍成為一個集團，中有階梯，而以一個圓溝環繞著。

從畫像磚看漢代社會

漢代的青銅器、漆器和留下的泥土模型已可補成文史之不足，刻下研究漢代的學者更因墳墓內浮雕之出土而大開眼界。這些磚石上之雕刻原為供死者欣賞之用，它們埋在葬穴，面對

棺槨。令人驚訝的是，畫像內容缺乏有如天使、救主和贖罪等宗教性題材。而是以歷史事蹟、奇異的傳說、傳奇人物或日常生活作題材。當中日常生活一項對我們最有價值，它提供了最確切可靠的漢代社會史資料，使我們對漢代的社會有一個大致的了解。

　　由畫像磚上可以看到，當時高層人士穿著長袖的袍服，普遍穿戴頭巾。無論舉行宴會、演奏樂器，或是作案上遊戲和講解經史，都是席地而坐。來往時通常用一種雙座馬車。漁獵仍爲高級人士消遣的場合，劇院不曾出現，可是以歌舞取樂卻又所在多有，富裕之家以雜耍者和魔術家相娛。有些當日之演出在今日仍令人感到興味盎然。

　　一般常人工作時則穿著類似睡衣的寬鬆褐衫和犢鼻褲(短褲)，偶爾還加一件及膝之短袍。一般以小家庭(戶)爲最基本的經濟組織，但是種田時需要鄰里的合作。主要的農作物爲米麥及稷黍。婦女以蠶桑爲常業。儘管東漢時政府已取銷鹽鐵專賣制度，鹽鐵生產仍爲漢代公營事業之大宗。商業活動主要是由獨立家戶經營的零售業，與二十世紀內地之情形相同。浮雕上沒有提及的，則是貧窮的跡象仍極普遍。漢代君主不時發出詔令，提到水旱災荒。窮困之家不免將家人出賣爲奴。多數奴隸只在家中操持家事，所以對國家經濟無特殊貢獻。現代學者一般認爲漢代奴隸不及全人口百分之一。

漢墓出土畫像磚上的圖像

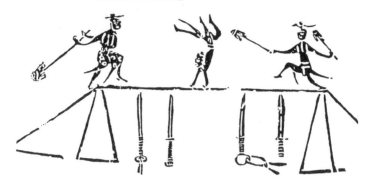

通西域與中西文化交流

　　隨著漢帝國的軍事行動，中國文化渡過鴨綠江而入韓國，最南則入於越南之東京灣。可是在中國本部之沿海，卻仍有化外之地。二百年前日本九州發現一顆金印，證明漢朝曾認當地酋領爲附庸。類似的金印引用同樣的設計和同樣的篆文已有不少在中國本部出土。約五十年前，在韓國的一座墳墓中有一件漆器出土，上面有兩個藝術家的簽名，並註有年份，相當於公元4年。而外蒙古國都烏蘭巴托也有這兩位工匠署名的漆器出土，所署年份相當於公元前2年。

　　到了後漢，匈奴已不足爲中國嚴重之威脅。事實上，中國在公元73年和89年兩次的征伐，據說已凌加壓力於游牧民族頭上，使他們一波接一波的向西遷徙。有些歷史家以爲日後歐洲歷史中提及之Huns，即可能與匈奴有關。對後漢財政發生劇烈影響的乃是長期與羌人（藏民族）作戰。只是羌民族無統一的指揮系統，他們入侵的程度不深，所以不像對匈奴戰事般引

人注意。同時漢軍對羌人出擊的範圍亦較小。

　　中國向西北域外之擴充，由受漢符節的大冒險家展開。公元前139年，時屬西漢，武帝劉徹派張騫通西域，以「斷匈奴右臂」。雖說這目的並沒有充分達到，但中國與中亞各印歐語系的國家開始有了接觸。後漢則有班超，他是歷史家班固之弟。公元73年和公元102年，班超領著少數的隨從去西域。其人數最多時亦不過約一千名志願人員。班超之秘訣，在於以中國之威望作本錢。大概與中土貿易利潤優渥，使不毛地帶裡的綠洲國家心嚮往之。班超以他高明的外交手腕，藉近國之兵征服遠國，如是一波衝一浪，將大漢聲威推抵裡海。有時他糾集的兵力達二萬五千人，有次竟號稱七萬，全由蔥嶺以西的國家組成。從長期的歷史上看來，班超在文化上和商業上的貢獻，超過他在政治上的成就。他所拓展的疆土無法永遠把持，可是通商的駝馬隊一經組織，它們的足跡長期在歷史上留駐。由於大陸商隊貿易之活躍，包括果蔬和樂器（如「胡瓜」、「胡琴」）等域外文明源源自西域傳入，豐富了中國的文化內涵。

　　從以上所述看來，自後流傳於華夏之帝國幾千百年的基本要素，在公元二世紀便已存在。同時帝國國力之所及，也已盡量的向邊荒遠處發展。既然如此，為甚麼此後又有這麼多的變遷，牽涉到周期性的盛衰起伏？從宏觀的角度看來，這問題不難解答。中國自漢以來累積的財富，一旦達到某種程度，便無法阻止，也不能在制度上予以集中鞏固。這絕不是可以及早發覺並加以補救的問題。只因今日我們站在歷史的後端，有了另

外的一千八百年，包括西方的經驗，才能對漢朝的覆亡，提出
較為合適的解釋。

後漢創業之主劉秀符合時下所謂「士紳階級」之稱謂。他
雖出於帝裔，只因年代長久，他的家庭已和皇室疏遠。他的先
祖也自王侯而郡守都尉，傳到他的父親已不過縣令。劉秀年輕
時以長於農業上之經營著稱。他曾代他的叔父和地方官交涉，
以索還佃家所欠田租；他也曾在青黃不接時販賣穀米。有了這
樣的背景，又加上他起事僚屬的身分，後漢的朝廷曾被稱為豪
族集團組成的政府。這固然是事實，但我們卻不能以今日的眼
光憑空武斷的說他們一意維護士紳階級之利益。當時並無這樣
的法制，足以支持這類的政策，也缺乏意識形態的主張，可以
鼓舞執事的官僚，參與這樣的一種運動。將私人財產權徹底明
確的劃出，並且給予法制上的支持，乃是現代西方所獨創。

劉秀鼓吹天人合一觀念

想對中國初期專制時代有更確切的瞭解，我們務必對後漢
作更精細的觀察。

雖說兩百年的思想史無法在一篇文章裡概括說明，但我們
可以說「自然宗教」（natural religion）在漢代思想史裡具
有決定性的影響，尤其是以後漢，更為明顯。它的核心觀念是
天人合一。陰陽之交替既及於人事，也見於自然現象。由於自
然現象與人事變化都是根據相同的內在律動，所以兩者是同一
的。既然是天人合一，那麼宗教與政治間便不再是對立，而神

聖與世俗間也不再有所區別。照這樣的邏輯推衍，則生與死便不再有明顯界線。所謂長生不過繼續著現世界之經驗而無其痛苦，那麼以浮雕來愉悅死者也已恰到好處，而用不著贖身超度的那一套了。天人合一的觀念，也使建築師設計時盡心竭力的構成理想上的完美，美觀務必包括一個整體的輪廓。

從《後漢書》裡我們可以知道，冬至是一年中白晝最短而黑夜最長的一天，自此以後即陰氣漸消而陽氣漸長。因此，每逢這一天，漢代的官僚，包括中央政府及地方官，便都按時換著紅色袍服，所有的樂器也在那天經過一番調整。又將水與炭的重量量出來，以驗證季節對物重變化之影響。日晷儀上的影長，也在當日量出。只是我們無從確定如此這般的活動，僅在表彰陰陽交替之際，其影響及於各種事物，或是因為實踐的參與可以促成其陰去而陽來。在當時人的眼光裡，可能認為因參與而有推進之功效。

在漢代，尤其是後漢的國家祭典中包含以上種種複雜的成分，可見他們認為朝廷並不僅是人間的組織，如果再用它去維護某一社會階層的利益與特權，更是不成體統。這並不是基於現世界利害的考量，而是他們認為，天子務必對上蒼負責，而使治下的億萬生靈滿足愉快。劉秀的朝臣曾於公元54年勸他到泰山封禪，以便確定他受有昊天之明命。他當時以天下蒼生尚未能安居樂業為理由，拒絕了這項建議。不出兩年，他卻改變初衷，舉行了封禪禮。這當中自然有可疑之處。什麼是安居樂業的標準？由誰來做判斷？答案雖然曖昧不明，而更有其功能。

以今日的眼光看來，後漢之意識形態著重一切保持原狀，朝廷則冀望向各方一致討好。劉秀與王莽之鬥爭至爲短暫。他的帝國實際上是從造反的農民及各地軍閥手中奪來，征伐的時間超過十多年。當初是因爲自衛和保持自己的人身與財產才舉兵，劉秀與他的將領當然從未忘懷於本身之利益。但是他也熟讀經典，更加上在農村的實地經驗，知道社稷之安定，在於大多數農民之要求得到滿足。此中不同的利害不容易調和。因此，他鼓吹天人合一、自然和諧等觀念，更可以在行動上保持自由，不被拘束於一定的主張與政策，而以微妙的手段，遂行其妥協與不走極端的用心設計。所以劉秀注重公衆建築之風水，他也以學者的姿態討論符讖吉凶。他所追求的並非個人來生的幸福，而是帝國在現世界之福祉。這種種舉措與言行，都載於典籍。由此看來，前述「自然宗教」、「國家祭典」都與妥協和保持原狀的宗旨相表裡。這種漢代的思想體系，劉秀和他的兒子劉莊都竭力提倡。

豪強兼併是農村社會亂源

　　劉秀和劉莊在財政稅收上的表現也相當成功。他們的方針是將稅率極度抑低，可是在規定的範圍內毫不通融地執行。根據官方的資料，土地稅只有收成的三十分之一。前漢的鹽鐵專賣，在後漢業已罷除。劉秀的詔令也一再提到解放奴隸爲平民。全面確定稅則是在公元39年。翌年即有十個郡守因所報不實而死於監獄。他們父子嚴峻而有心計。全國納稅戶數在王莽時代

一度急劇減少，但在劉秀父子的主持下，至公元一世紀末，其數目不斷回升，自此可見新朝代的舉措合宜。公元二世紀情況略不如前。雖然不斷的與羌人作戰，宮廷內的生活也日趨奢華，可是國庫仍然沒有大量的短絀。但是在對付私人財產時，後漢朝廷暴露出它在制度與組織上的缺陷，終而造成朝代之覆亡。

在任何條件之，私人財產之膨脹總會產生問題。這私人財富可以立即變爲政治權力，有時這些財富也避免不了在政治場合之中角逐。司馬遷曾提出，公元前154年很多王國全面叛變之際，西安的一個商人在三個月之內所貸之款獲利十倍。在這情形下，他所貸之款在支持朝廷之中央軍，可是不同情況之下，私人之財也可用以支持叛軍。在更爲特殊情形之下，鄉村間之財富更可以促成變亂。

中國農村在歷史之發展上係以小自耕農爲主體，可是因之也構成組織上的弱點。小自耕農各自經營，每家每戶也是小本的生意人。如果在這關頭又出現了一批大生意人，必因當中的不平衡而產生緊張局面，外表看來尚妥協和諧，實際已是小大之間的競爭。其演變所及，無法避免富強者得勢、貧弱者受逼。政府既無從以累進稅率抽稅，通常的情形便是稅收短絀，再則又要對貧弱無靠的人民周濟，也連帶受牽累。另外一個值得注意的因素是，中國自秦漢以來的統一，可謂政治上之初期早熟，很多地方上的習慣，在其他國家可能造成法制之基礎者，在中國則缺乏發育成長的機會。農戶耕地既小，也無從雇請律師，覓取技術上解決爭端之原則。凡是有關借債、押當、失去取贖

權（foreclosure）和強迫接收（dispossession）各種糾紛，很少能在中國通過法庭有秩序的解決。一般情形之下乃是當地富紳本人不出面，由地方上之流棍執行。而猶不止此，如果某一問題村民不能和平的解決，地方官更是無法合理的解決。儒家教養使他們不能不顧及窮人的困難，可是在維持秩序的原則之下，他們又不能將富家的利益置之腦後。他們的出路只有兩條，要不是勾結幕後有權勢之人物以自保，便是反抗他們以博得不畏豪強的聲名。下級官僚既因司法上缺乏確切的規律而躊躇，其上級之處境也大概類是。以上簡單所述，因著螺旋式發展，成為中國農村史內紛見沓至的老題目。只有一個辦法可以拯救法律的失當之處：也就是所有的官僚與平民都確實遵守紀律。

後漢因「中興」而起，也就不容易對付這類問題。其契機已成，在維持現狀和不事更革的狀態之下，又加以當日半似宗教性的信仰，只在此生此世取得滿足，那麼整個朝廷也無從廓然更張向某一方向邁進了。有了它的放任政策，漢帝國因為王莽篡位所引起的波動，經過一段休養生息才得以復元。可是財富繼續集中於私人的手中，且除了放債收租之外，缺乏其他的出處，至此只有打擾鄉村間的安寧。地方政府原來長於意識形態方面的言辭，而短於經理上的能力，如此一來更不知如何措手了。

儒術成了做官的階梯

　　兩漢的提倡儒術固然使官僚組織間思想一致，但也產生一種不良的影響——讀書人除了做官之外別無他業可從。以知識爲本身之目的，從未爲政府提倡。公元二世紀張衡提出一種高妙的想法，稱天爲雞卵，地似卵黃。他在132年監製的地震儀，據說圓徑八尺，今日則只有後人提出的一紙圖解作爲見證。與他大致同時代的王充不斷的指出，自然現象和人事沒有直接的關係。這兩位思想家都缺乏後起者繼承他們的學說，其著書也不傳。反之，公元175年政府在太學之前樹立石碑，上鑴六經文句，據說每日來臨摹經文的學者聚車千輛。

　　以儒學爲做官的階梯，始自武帝。其所謂「察舉」和「徵辟」乃是一種強迫的推薦制度。起先所舉者謂之「賢良方正之士」。公元前134年又令每一郡國舉「孝廉」一人。在後漢這制度推行穩定之時，大概每二十萬人口舉孝廉一人。這樣的「選舉」，無從全部公正無私。被舉者又非如代議政治下的議員那樣參與議事，卻各授官職。其影響所及只有使被舉而得官者終生與舉者、辟者保持恩澤的關係，而將公事視爲次要。在這關頭，儒家習慣上重人身關係，而不嚴格的尊重法治，更能產生不正規的影響。城裡多數的太學生造成輿論的標準，只是他們專注於個人道德，經常感情用事，只能使以客觀標準解決問題的機緣更無從展開。

　　以上種種因素終於在朝代的末期造成無可挽救的局面。經常每項爭端總是起源於鄉間，而終至驚動國都。當地方官有心

懲處當地惡棍之際，經常發現他們後面有本地富紳作主，後者又與朝官勾連，有時尚倚恃宮中宦官作後台。郡守縣令不得不強制執行。他們以道德的名義審訊，倉促的執法，即判人死罪，對方也予以報復。這一來兩方都走極端，有名分的官僚和他們家屬受害的程度與豪強之被懲同樣深刻。自公元153年至184年，很多事件在其他各處原本只能於現代社會發生，但在當日的中國卻已發生。成千上萬的學生遊街示威，向洛陽的政府請願。大規模的拘捕被執行；黑名單也編成。數以百計的政治犯死於監獄，其中不少人的詳情從未公開交代。

宦官與名士的對決

在最後的一段衝突中，所謂黨錮之禍，一方面有宦官的干預，另一方面則有為太學生所支持的名士，一般人的印象乃是好人與惡勢力之鬥爭。雖說以短視界看來，這種說法不算不正確，在長久的局面裡則這樣的結論卻使背景混淆不清。無疑的，漢朝覆亡之前夕，最大的問題乃是地方政府之權力日漸凌夷。當日之邊疆完整無缺，及至局勢不可收拾時，朝中無政策上之爭執。都城內之分裂是由於宦官受到鄉村中新興地主的支持，而為舊有士紳排斥，其實兩方與官僚皆穿通一氣。公元135年的詔令，讓宦官之義子繼承他們的頭銜與家產，因此牽涉到各郡縣之地產，只有使問題更為複雜。指責宦官上下其手，不是沒有根據的。可是要說倘非如此原來已有合理合法的安排則與事實不符。如果當初確有有效處理辦法，則違法之處必已處理

妥當，可以防患於未然，而不致日後驚動朝廷。事實上，號稱公正嚴明之名士，也置已獲赦免令的人犯於死刑；有些則懲罰對方，殺害其親屬與賓客。在這樣無視於法律的情況下，終於造成整個政體之瓦解。

公元189年兩方之決戰，宦官張讓質問大將軍何進：「卿言省內穢濁，公卿以下忠清者為誰？」當時何進與反宦官的名士站在一起。

張讓之玩世不恭的態度我們不說，可是他這一句話卻提出一段真理，仍不為當時人所洞悉。法律與紀律不同，它是社會上之強制力。要是下層對之已然漠視，上端也不會更為認真。如果希望法律生效，立法必須以一般現行生活狀態為藍本。倘使反其道而行，其執行必極端的困難。

漢代末年情形有如上述，其覆亡已不足為奇。這朝代創始時循秦制而採取一種三分政權的體制。丞相總攬百官，御史大夫管監察，大司馬主軍政。以後名號間雖常更變（如御史大夫為大司空，大司馬為大將軍大司馬），其基本組織則不變。可是公元二世紀末期，原來設官分職的觀念已與事實上發生了很大的距離。監察的職責已由一個次層的官僚稱為「司隸校尉」者擔承。此人具有現代國家內「反對黨首領」之形象。隨著西漢之傳統習慣，大將軍一職，總是由帝之舅父姻兄充當，亦即是官在外戚。再因著霍光的一段穿插大將軍大司馬通聲勢，顯赫到有廢立權。後漢中葉之後一連串地產生了好幾個未成年的皇帝甚至嬰兒皇帝，好像出於機遇，然則也是由於居大將軍職

者從中擺布。宦官之弄權,有好幾個原因。他們是宮內參與機密之近臣,爲皇帝手下不可或缺者。要是皇帝未成年,則必爲皇太后倚重。有好幾個有力量的宦官,樹立了維護皇室的聲名。他們也有權指揮京軍,後者就算大將軍大也司馬不一定能掌握擺布。

公元189年兩方的主力衝突,把一切的做作全部放棄。當公元184年,稱爲「黃巾賊」的農民造反威脅國都洛陽時,何進以太后的異母弟之身分晉封大將軍;他討伐黃巾有功,更增加了他的威信。日後他即與司隸校尉袁紹互通聲氣。他們密謀召集一支邊軍入都誅除宦官。但是宦官張讓以迅雷不及掩耳的辦法先下手。張讓之弟張朔,過去在爭執中爲另一位司隸校尉李膺所誅,而他媳婦又是何太后之胞妹。他矯傳旨令誘何進入宮,當場將他謀殺。袁紹爲何進報仇時,將皇宮焚燬,將可能拘捕的宦官全部斬盡殺絕,也逼得張讓投水自盡。

文士自衛成了武將

至此漢朝可說氣數已盡。被召入京的邊軍來不及參加這次政變,到達之後也無意維持秩序,其將領跋扈難以駕馭,其士兵目無紀律。很多官僚已知中樞的領導力量無法挽回,乃紛紛回鄉築塢,組織私人的軍隊自衛。根據最初所謂「上天誥命」,皇帝縱不能一手管制社會上利害不同的各階層,有如地主與農民、舊有和新興的士紳階級、地方政府和中央政府,至少也要在他們發生爭執時作有力量之仲裁。事實上之發展則以皇室家

庭內衝突作導火線，擴張了權力鬥爭，將所有有關的社會問題一齊掀動。此後，漢代名存實亡，又苟延了三十年。皇帝此時實爲囚人，國都則被焚，全帝國之臣民尙要目睹身受長期的內戰，自此席捲鄉野，不少的文臣，雖有些志與願違，也因時勢變爲武將。有些人士更在事前預料天下將亂。可是沒有人能料想到中國會因此失去其對稱與平衡狀況達三百多年。

公元200年的官渡之戰在歷史上是一段有趣的插曲。這場戰役並沒有解決問題，只是因爲兩方主將之背景使讀者能獨具慧眼的看出他們衝突之範圍。進軍來犯的乃是袁紹，亦即以前企圖一網打盡所有宦官的司隸校尉。在這關頭他希望做由各地所組成的地方部隊的領袖。他的六代祖袁良曾以《易經》起家。袁良以他所學傳授於孫袁安。袁安因學術上的聲名才幹，從縣令郡守一直官至司空（監察院長）、司徒（文教部長）。從此之後袁家再無一代未曾做到朝廷裡的高官，有所謂「四世三公」、「門生故吏滿天下」的稱號，當袁紹舉旗而起的時候，他的附從者據說糾集了十萬兵衆在他麾下候命；又稱其食糧曾以大車萬輛自河北運來。抵擋他的乃是曹操，他的背景更爲複雜。曹操之義祖父曹騰乃是宦官，以黃門從官的名義爲太子侍讀。曹操之父曹嵩乃是曹騰養子。可是曹操自己也舉孝廉，在朝廷政變之初，他與官僚集團之名士站在一起，以具有才能稱著。他的軍隊大部以黃巾降人編成，給養則得自軍屯。他自稱這時候仍在維持漢代的朝綱與體系，這樣的說法也不能爲人所盡信。

曹操在官渡得勝，但是漢代終究缺乏起死回生之術。直到

公元六世紀末期隋朝興起之前，中國經歷過很多局部的帝國與小朝廷的時代，同時也遭受不少異族的入侵。

【第七章】

長期分裂的局面

漢帝國崩解後，中國陷入一段黯淡無望的長期動亂時代。豪強兼併所引起的社會不安仍未獲解決；甚且在一連串政治鬥爭激化下，導致戰事連綿不絕，胡人入侵，使社會秩序徹底瓦解。於是，一個個「塢堡」地方自衛組織相繼建立，中國儼然進入另一個新型態的戰國時代。

中國歷史家認為，自公元220年漢代覆亡至581年隋朝興起，當中是一段長期混亂和令人失望的時代。從某些角度看來，這也確是事實。我們甚至可以說，這等於三十年戰爭給德國的災害加十倍。中國北部不少地方人口為之減少；古代的五銖錢從周朝的後期即已流通，至漢朝更為普遍，通過魏晉南北朝的分裂局面，在許多地方因之絕跡。既然缺乏有效的中央政府，每遇災荒，人民呼籲無門，其痛苦的情形不言而喻。在這期間內有公元309年的大旱災，大河流都可徒步通過；而又有公元369年的疫疾，長江下游北岸的廣大地區人民因之相繼死亡。

新型態的戰國時期

然則，稱這時期為「黑暗時代」則不正確。雖說在這段長時期內戰事若斷若續，大但規模的征伐和有決定性的戰役不多。若非如此，則以後的統一亦必採取不同的步驟。很顯然的，魏晉南北朝的分裂局面與戰國時代截然不同。經過四個半世紀皇權政治的掌握，中國已與封建體制解散之後所產生多數帶競爭性的王國的情況大有差異。士紳階級的廣泛分布也使全面動員困難。從紀錄上看來，這次分裂期間軍隊裡的兵員大致都由招募而來。

少數民族在動亂的場合裡出現，增加了局面的複雜性。傳統上稱為「五胡亂華」，其實這些少數民族包括藏族及阿爾泰語系（Altaic）的民族，後者又有原始蒙古人和初期的突厥語系人種。可是在多半的場合之內，即使專家也不能斷定其人種

語系了無差錯，更不用說當中的混合部隊了。他們與某些漢人冒險家在公元304年至公元439年在華北建立了十六個王國，有些在短期間內前後重疊，有些彼起此伏。在初起時，他們既稱爲「蠻夷戎狄」，少不得帶毀滅性。一待到他們將所創的朝代布置妥當，他們也建孔廟、立太學開始注重文物，提倡農桑。當中有兩種入侵的民族竟開始修築長城，以防其他游牧民族緊隨著他們的來路，打擾他們新建的王國，可見得其改變程度之深。

在這分裂期間的後期，漢化的胡人在北方所建國家與漢人在江南的「流亡政府」不時進行拉鋸戰，互有勝負。但商業上倒有了來往，南北的使節也互相訪問。可是始終沒有人提出這種分裂的局面應當視作當然，聽任其存在，各小王國也應當保持現在所能控制的地域。在南方或在北方，組織政府的原則仍是政治哲學，而不是地緣政治（geopolitics）。這廣大地區稱爲「中國」者，內部之文化既混同一致，即沒有其他的邏輯，或甚至適當的國界，可以支持分裂的局面了。只有天下一統這一觀念，才能在意識形態上使文官集團有了思想的團結，這種趨向可以在當日的文件中看出。

後漢末季曹操企圖重建強而有力的中央政權。他的成功僅及於魏。他再想興師討伐南方，卻慘遭失敗，他的子孫繼業也無一功成，此中原委可能爲今日之旅遊者及歷史學者所感興趣，因爲當中有地緣政治的關鍵在。

三國鼎立

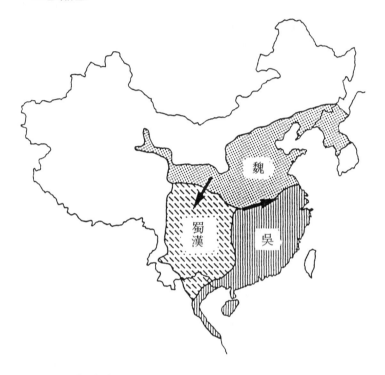

三國鼎立時期

　　當時的蜀漢以今日的四川及鄰近區域作地盤。因具有充分的人力及資源，足以支持長期之戰事，已有國家之內另一國家的姿態。其跨地既廣，四周仍有適當的山川作屏障。近年來不少的旅遊者已經在其東部看到長江的三峽。其實遊客從下游溯江西行，費時雖多但印象更深。兩岸的絕壁既已垂直的掉入水中，其下一段景物本來也是別有洞天，經過一段耽擱，越是在

意料之外，出其不意的展開，越能令人尋味。不僅刻下提及的公元三世紀內戰中，無人敢於攻入三峽，即是第二次大戰期間，日軍已逼近峽谷之東，也同樣感到束手無策。

　　魏與蜀之外，第三個國家爲吳，所在爲水鄉。吳國既擁有水師，也沿著長江將各城市設防。今日的南京（過去曾稱建康及金陵）創建於吳。當初創時城居水濱，沿岸之石壁與城垣構成一體，作爲防禦戰時堅強的憑藉。據說今日這石壁之一部仍可在市內看出，只是因爲長江改道，這痕跡現在離江濱已有相當距離了。

　　公元三世紀魏蜀吳三國長期鼎立的局面已成。當中魏長於騎兵，似佔優勢。迄至公元263年，距曹操首先伐吳及蜀已半個世紀，魏將司馬昭終於打破此中僵局，他在萬山之中，人跡不到之處行軍，以奇襲方式突出蜀漢之後門。此計既成，收拾殘局，只是指顧間事。只是他翌年去世，子司馬炎乃抄襲曹家辦法，倡言天命已由曹家轉移到司馬家，他在公元265年成立晉朝，讓曹魏的最後一個皇帝行禪讓禮，全部有如以前之曹魏逼著劉家的漢朝禪讓。這種象徵著天命轉移的儀式，也在分裂的期間爲以後四個短命朝代（宋、齊、梁、陳）所模仿。

短暫的統一

　　晉帝國之征服吳國，以長遠的計劃遂行。首先以軍屯擔保食糧之充足；其製造船舶，地處蜀境也費時七年；統帥王濬向來做事以大刀闊斧具稱，當一切準備停當時，他年已七十，他

所造大船據稱有六百尺長,可載兩千兵馬。吳國也不馬虎將事,他們建造了水中障礙,還在江面窄處以鐵索橫貫。王濬乃利用大型竹筏清除障礙;針對橫江的鐵索,他製造了一百尺長的火把,以乾樹枝及容易燃燒的物料捆成,上淋麻油,據說燒起來的高熱使鐵索熔斷。這障礙既除,王濬的樓船即順流而下,於公元280年在南京受吳降。

以上事跡見於官方正式的歷史中,其傳奇的成分我們既不能證明也無從否定,只不過因著這些事跡我們還可以觀察到一些重大演變。司馬家之晉,因禪讓而合法,是這三個半世紀唯一的朝代,曾一度將帶有競爭性的敵國全部肅清。當它在280年攻佔南京之日,好像重建了一個統一大帝國的局面,只是才十年,北方的新發展又將其好夢驚破。公元291年,司馬皇家的一段家庭衝突,因為各皇子的關係而牽連到各地域。內戰既開,長城內的少數民族也藉機起事。公元317年,西安與洛陽兩座國都先後被洗劫,一個駐在南京的晉王子在這關頭稱帝以維持朝代的名號,可是自此以後他和他的繼承者除了控制長江以南之外,很少機會能涉足於其他地區。公元383年,這流亡政府的弱勢軍隊出人意外地打敗了藏族領袖苻堅所統率的絕對優勢的北方聯軍(淝水之戰)。可是縱然如此,東晉仍無力北伐,僅能保持南方的半壁江山,以後四個繼之而起的短命朝廷也無不如此,它們都自稱統領全國,實際上不過盤踞著華南,坐待著第二帝國隋朝之勃興。

當我們檢討這段期間的歷史時,發現當中浪漫的事蹟多,

邏輯之成分少。不少出色的男女人物，因爲他們賢愚不肖的事業而在青史留名，可是我們很難綜合其反映什麼實際意義。

重新詮釋八王之亂

　　這段歷史可以從漢代的覆亡敘起。其原因曾被追究於宦官掌權、黃巾叛徒的暴動，和無紀律之邊軍被召入京，然而實際上，全面內戰展開時，宦官已被整肅，黃巾賊已被剿平，而邊軍亦已不再成爲問題。晉朝情形亦復如是。最初問題之發生，咎在皇后賈氏，據說她心腸毒辣，又愛虛榮，有些歷史家尚且說她黑而奇醜。因爲她與皇太后爭權又要廢太子（非賈后所生），才引起皇室各王的干涉。晉朝的習慣，各皇子稱王，內爲朝臣，外掌兵符。不過當爭端延及各地區時，皇后已被弒，以前各種冤屈都已平反，而戰事依然方興未艾，動則使幾十萬的官兵捲入，這就很難再稱其爲宮闈間糾紛的後果，而認爲咎在女人的虛榮與嫉妒了。

　　現代學者引用「經濟樞紐區域」（ Key Economic Areas ）的說法，企圖將長期分裂的局面，作比較深切的解釋。他們認爲好幾個出產糧食的大地區，內部的交往深，需要外界的接觸少，於是地方政府因此逐漸脫離中央的掌握。這種說法，有它的優點。從曹操之不能征服南方的兩個國家看來，和東晉在淝水一戰足以擊退來犯之優勢敵軍的事蹟看來，經濟樞紐區域好像確有其事。可是這和晉朝一度統一的情形對證，就不相符合了。即算地緣政治裡有阻礙統一的因素，仍可以軍事行動克

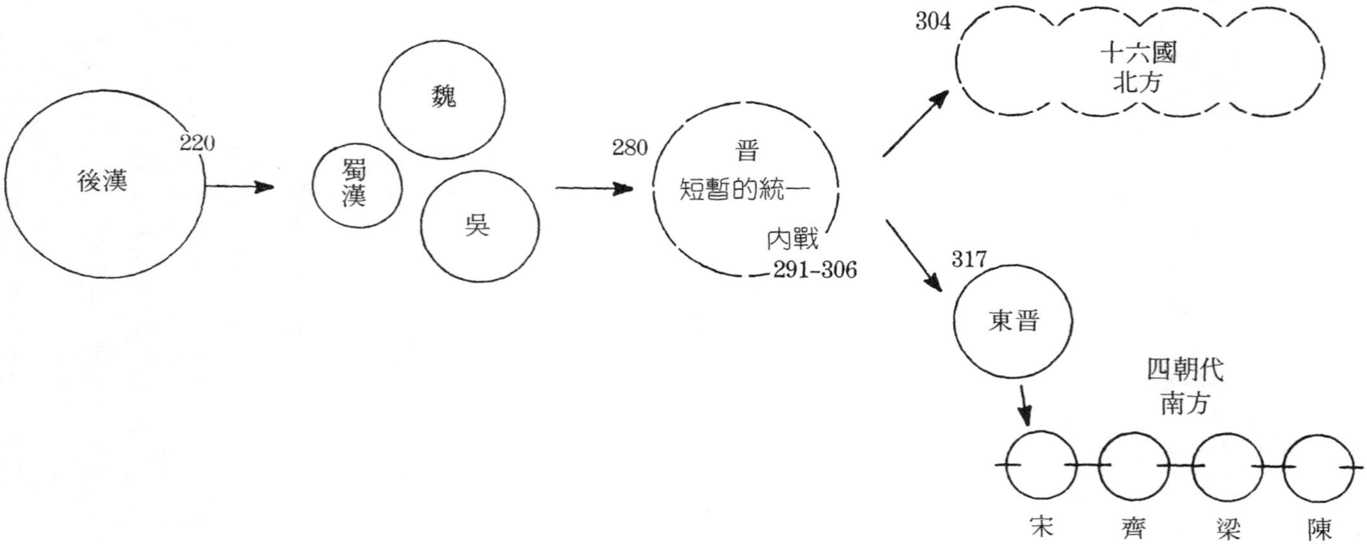

後漢 220

蜀漢

魏

吳

晉 短暫的統一
內戰 291-306 280

304 十六國 北方

東晉 317

四朝代 南方
宋 齊 梁 陳

中國陷入長期的分裂

服。以後晉朝的內戰更使這個說法文不對題。當時戰事波及的地方全在國都附近，南方照理應當鞭長莫及，此刻卻反而平靜無事。

在找不到更好的解說之際，我們不能不對傳統所謂兼併之說再加斟酌。土地的佔有，在中國歷史上確實影響極深。大多數的小自耕農作爲當兵納稅的基礎，其公平的因素不說，確是在中國鄉村中，先擺下了簡單和均匀的基礎，便利於官僚組織的管制。當時漢朝提倡孝與廉（不僅是做官的廉潔，而且是在對人處世時對財物一體謙讓），顯見得朝廷借重文教上的凝聚力而無意增進經理上的繁複。這種組織與結構極容易被土地集中所破壞。讀者此時必須體會到，在農村之中應付稅的戶數極難隱匿，可是戶內所領土地畝數和人口的口數包括僱工和奴工，則可以出入。如果實際上戶數減少，稅收必隨著短絀。以後政府所能供應的服務，有如濟貧、地方自衛和水利等等，也必爲之減縮。並且地方士紳力量的伸張亦必影響到地方政府的性格。專制政府的體制，皇權由上而下，全國一致，要是地方士紳開始自作主張，即帶有一種修正性質。從以上各節所述，可知後漢地方政府的凌夷，已產生各種不穩狀況。

當曹家取漢而代之和司馬家取魏而代之的關頭，立即崩潰的危機暫時平安度過，可是其基本原因並未排除。當日不平穩的局勢可自各種詔令上看出：有名的「魏武三詔令」（曹操爲丞相時所頒發）求才，內中稱有才的不必有德，只要有治國用兵之術，即算不仁不孝仍當拔用（地方士紳通常以仁義自居）。

晉朝則頒布占田法，企圖限制各家室擁用土地數額。兩種方案都在企圖脫離士紳的羈絆。可是魏去晉來，兩方都沒有達到重建中央集權體系的目的，當日華北表面的平靜，全靠強而有力的創業之主暫時壓制，始能一時維持原狀，他們一不在位，宮廷裡稍有糾紛，即引起地方上各種無從管制之因素乘機蠢動。皇子之稱王者更將事體擴大，以致武裝衝突綿延各州，歷時十六年（公元291－306年）。其作戰無秩序，陣容紛亂，無確切之目標，凡此均顯示社會組織已大規模的全面崩壞。

文化融合無功引起五胡亂華

在這十六年的後段，有了所謂蠻夷戎狄的投入，這也需要一段解釋。首先參加的是劉淵，他是漢人和匈奴混血。他在公元304年於長城之內起事，二十天之內即聚眾五萬。劉淵曾任晉朝五部大都督（匈奴有五部），亦即奉命督導匈奴人眾。這背景使他容易號召國防線的匈奴部落，而有些匈奴兵馬早已編入邊軍之內。其他異民族分子，包括漢人家中佃農和奴工，較劉淵遲十二年稱帝的石勒，年輕時即被販為奴。整個游牧民族的部落入寇也起於此時。可是綜合起來看，仍是漢朝制度注重文化上的融合以代替有力量的政府，這種制度解體，才引起少數民族參加其中的混戰。若說夷人主動的洶湧而入主中國則與事實相左。

可是少數民族擅長的是騎兵戰術，在內戰時，其影響非不嚴重。當騷擾普遍化時，各處村落組織自衛武力，築塢壁自保，

其成例已在黃巾叛變時開始，及至公元四世紀，已構成華北的普通現象。大概在公元350年左右，山西北邊有設防的村落三百餘，包括「胡、晉」人口十餘萬戶。公元400年前後，關中有堡壁三千所，他們推戴統主，相率結盟。其下層基本組織或許只有少數村落，可是一個大單位能包括十萬戶，胡漢人口混雜在內。有力之宗族爲這種地方自衛組織骨幹，他們擁有精兵，顯然有貴族的氣派。假使這種趨勢任之發展，新型封建可在中國出現，中國此後幾百年的歷史也可能與日本之中古史相類似。只是在一個廣大的地區執行流動的戰術，作戰時又有大部隊參與，終使局勢朝不同的方向發展。

在這期間內，主要的戰鬥通常牽涉到二十五萬人以上，步兵與騎兵的比率不少於三比一。因爲需要人員，當日胡人君臨的短命朝代，經常侵凌地方士紳所組織的自衛團體：或者派遣監督取得其行政權，或者指令其盟主強索人員與補給。兩種方式同樣的侵犯其地方自治的權益。

中國在公元四世紀及五世紀因此陷於歷史上的最低點。皇室著重於各人自我約束、對人謙讓的文治，至此已無法施展。另外一種出處則是地方自治，以資產作基礎，將士紳所掌握的地主威權合理化而成莊園制度（manorialism），而這出路也被阻絕。且當小朝廷派遣監督到各結壁爲盟的單位裡去時，又不改組其下層組織，所以以小自耕農爲主體以便於官僚組織統治的中央集權也無法恢復。當時人失望之餘，只好以「五胡」配上一個「十六國」，強調其負面因素，殊不知破鏡終能重圓，

假以時日，中國殘破的帝國仍能恢復原狀，而且發揚光大，不過需要一段長時間而已。

【第八章】

歷史向側面進出

在傳統史家筆下，魏晉南北期時期
無道昏君之多，可說是空前絕後。
然而與其說這是皇室品質惡化的結
果，毋寧說是反映了這時代國家體
制的脆弱。面對如此長期的動亂不
安，歷來做爲社會綱紀的儒家思想，
已無法滿足人心的需求；而新近傳
入的佛教，卻適時提供了飽受苦難
的人們精神慰藉，使佛教一時大爲
盛行，深深影響此後千百年的中國。

　　大多數的中國人相信宇宙經常處在一種和諧的狀態中。要是當中有何差錯，一定有負咎的人在。在魏晉南北朝的分裂期間，其壞人則爲曹操。即錢穆先生──可能是將中國寫歷史的傳統承前接後帶到現代的首屈一指的大師，也仍然沒有寬恕曹操的篡竊。其理由不難理解：在君主專制時代，自然法規總是由上至下的通行，如果君主稱自己承昊天之明命，即只有他能表彰宇宙至高的道德與智慧。但事實上，下層的詳情無法得知。而在廣大的國土內，很多相衝突的利害也不見得可以調和。可是皇帝有了御殿裡龍椅上的神秘色彩，就成爲一個說話算數的仲裁者，他所期待於讀書明理之百官的，不過是一種帶強迫的信仰，要是他們都保持著自我抑制和對人謙讓的信條，那麼不怕任何衝突不得解決；也沒有技術上的困難不能排除。曹操的罪過，不僅在於他以粗蠻的辦法去解決實際的問題，並且在於他公開道說，有意鑿穿衆所公信的神話。據說他曾稱：「若天命在吾，吾其爲周文王矣。」所稱文王即爲西伯，他雖擁有廣大的地區仍繼續向商君稱臣，待他的兒子武王才正式取商而代之。當曹操於公元220年去世時，他的兒子曹丕也不再耽擱，立即貫徹父志宣布魏朝的成立，而強迫漢朝的最後一個皇帝行禪讓禮，於是天命有了正式的接收交代。四十五年之後司馬家如法炮製。司馬昭有了皇帝的權威而無其名目，兒子司馬炎則取魏而代之，國號爲晉。

　　錢穆先生在《國史大綱》內稱：「國家本是精神產物。」從實際眼光看來，我們今日甚難接受這樣的說法。可是他所提

倡的宗旨大意：任何政權都需要若干理論上基礎。則不容辯駁。中國古代因為技術上的困難，在管理千百萬生靈的時候不得不假借遺傳的帝統，代表社會價值的總和，有它的道理。曹操口中所說、手下所做都像馬基維利（Machiavelli，文藝復興時代的義大利人，提倡政治上的現實主義），怪不得他要承受千古的唾罵了。在中國的歌劇裡，曹操的面譜全部塗白，狀如牆壁，以顯示其譎詐，只有眼角稍沾墨筆，表現著他機警應變的能力。

從臉譜論人物

　　中國的歌劇始於唐，而取得市井間娛樂的地位則於宋，其衍變而為今日之「京劇」，至少距魏晉南北朝分裂的時代又已一千年。雖如此，今日曹操及其同時期人物仍為舞台上最被經常排出之角色。在這群人物之中最為人欽仰的乃是關羽，他是一個帶兵的將領，面譜上特具棗紅色。在真實生活裡，關羽剛傲而缺乏處世的謹慎周詳，他不顧利害讓自己兩面受敵，弄到戰敗授首，比曹操早死一個月。可是千百年之後關公仍被中國人奉為戰神，民間崇拜的不是他的指揮若定，而是他的道德力量。關羽「義重如山」，至今秘密結社的團體仍有些奉之為師祖。

　　戲台上好像又要在走極端的關係中保持某種平衡，因之也搬出另一型的英雄人物呂蒙。此人無疑是在戰場上計害關公，而將他的頭顱交與曹操邀功的吳將，其臉譜也將其個性誇大的

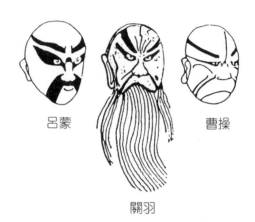

呂蒙　　　　　曹操

關羽

表現，即與實際的面貌相違，也無傷大雅。呂蒙初爲純粹武人，有不屑於文墨的態度，只因爲上級督促，他才在無可奈何的情況下開始讀書。可是如此一來，書中文句使他神往，這從他手不釋卷，在極短時間之內，在理智上有了截然不同的改變中可以看出。他的同僚也驚異著此人從不學無術的武人，一變而爲有心計的戰略家，因之「士別三日，便當刮目相看」。他的臉譜上以蝴蝶式的設計陪襯著兩只靈活的眼睛，表徵著一個複雜人格內心的機動力。很顯然的呂蒙之所特有，是爲關羽之所獨無。

這樣的軼聞瑣事雖有趣，讀史者如何受其裨益？本書作者建議我們注意社會學家區分大傳統（great tradition）與小傳統（little tradition）的辦法。這也就是說，大凡文化上非正式，而結構上稍鬆懈的部門，雖然大致上依據「高級文化」吹搓而成，卻又在細微末節之間穿插交鑿。這種非正式而帶娛樂性的安排，使哲學家和大政治家的見解下達於一般民衆。京

劇將這段歷史極盡其能事的渲染，也得到十六世紀一本大眾化書籍之助。《三國志傳通俗演義》富於傳奇性，這書將當日事蹟極端的小說化且浪漫化。因其向小傳統的方向歪曲，足使大多數的群眾欣賞到的一段論說，與前述大歷史家錢穆所提出者，沒有根本的差別，亦即是「國家本是精神產物」。既如此，則愈在危急存亡之秋，個人的品格，更需要嚴格的評判。很顯然的，此中戲劇家與傳統歷史家具備同樣的信心，他們覺得道德上一成不變的尺度，足以衡量個人的品格。他們的立場既然如此全部一致，那麼他們綜合的見解，也可以簡單明瞭的以臉譜上的紅白黑色表示了。

　　官方的歷史家代表著大傳統，其任務為「褒貶」，當然也盡力在使白者愈白，黑者愈黑，由他們烘托出來，這一時期「無道昏君」之多，也是前無古人，後無來者。（請注意錢穆在《國史大綱》裡所提出的：「荒蕩不經，其事幾乎令人難信。」）劉子業為南朝之宋的「前廢帝」，他十七歲登基，在位十八個月。歷史紀錄上記載著他的異母姐山陰公主曾對他提出：「妾與陛下男女雖殊，俱託體先帝，陛下六宮萬數，妾惟駙馬一人，事大不均！」廢帝於是替姐置男妾之稱「面首」者三十人。司馬衷乃是晉朝的悲劇性皇帝，當他在位時，內戰爆發，戎狄交兵。據說隨從報告他：「天下荒饉，百姓餓死」，他聞之而說：「何不食肉糜？」另外一位皇帝乃是南朝齊主「東昏侯」蕭寶卷，也是弱冠踐祚。他鑿金為蓮花貼地（蓮花乃佛教聖品），令他心愛的潘妃行其上，稱「此步步生蓮花也」。

這三位昏君都被弒。劉子業如果眞替姐設男妾，在男重於女的社會裡當然不能逃避譴責，可是暴露他舉動之荒謬，乃是在他被弒之後提出，並且文中還講到他寫的字不工整，這也算作他無德君臨天下的表現。山陰公主提到的兩性平等，不論其是否眞確，看來其主張已遠踰五世紀中國習慣的尺度。我們既曾聽聞到法國大革命時，皇后瑪琍安東尼「沒有麵包何以不食糕餅」的故事，則難能不懷疑晉惠帝司馬衷之何不食肉糜。這兩段故事距離一千五百年，只是內容太過於相似了。另外我們也很難認爲第三個被弒的蕭寶卷以蓮花在室內地上設計爲不道。如果他的創作確如史書之所描寫，我們只能欣賞其獨具慧眼的風格有如波蒂塞利(Boticelli)所畫的美人——她在<愛神的誕生>（The Birth of Venus)中的姿態，只是富於中國情調罷了。總之，藝術家的創造力和專制魔王的狂妄，當然是風馬牛不相及。

在這種種故事中，作史者的態度，較諸他們筆下之題材還要值得考慮。有了以上的軼聞瑣事，這些歷史家提出一點令人特別注意之處：中國的專制皇權具有雙軌性格。皇帝以聖旨號召，固然從上而下有了自然法規的至美至善，可是生靈塗炭時，他也眞要切身的負責。除非百姓安居樂業，爲人君的不能安逸——這點早經孟子不斷的強調。

失望中孕育希望

分裂期間並非皇室的血統退化，而只是表現出當時組織的

脆弱。朝代的統率力量，原來基於文教上的感化，現在全靠宮殿裡的紀律。其行動的範圍愈小，其上層所感受的壓力也愈大。這種道德上的壓力尤以南朝所感受的尤甚。流亡政府既稱受昊天明命，那麼它也要較北方夷狄高出一籌了。

　　我們把環境上的情形全部托出時，即可以看出當日的發展實有前後貫通之處。既企圖恢復北土，則南方應有由強人領導的軍政府，可是其下層的支持尚付闕如。西安與洛陽失陷時，南渡的望族早已在叢山之中、濱水之處開發產業，自給自足。他們有相對的安全，於是對建康的流亡政府意存觀望。這南朝也效法晉成例，派遣皇室子弟到各重要州縣為太守刺史。可是他們缺乏爪牙下達鄉里，其本身反為地方上有實力之人士支配，於是各州縣所出現的陰謀，較之宮中府中更為邇遢。如此一來，建都建康的短命朝廷較之北方也無甚出入。彼此都無力恢復由官僚組織作主的帝國體制，而彼此也沒有因全局之平衡構成一種封建的地方分權。

　　建康即今日之南京，以後又稱金陵，其名字雖輝煌，實際上則為一種失望和墮落的氣氛籠罩。上層階級的富裕者，覺得無從發展其抱負甚至無從有效的利用其財富，只能帶著勢利眼光，把錢花在自己身上。此時家族的聲望很被重視，有些甚至追溯到華北的幾代之前，於是修族譜成為一時的風尚。男人也塗朱飾粉。文人在駢文上用功夫，更是一時流行，其文句間的對稱和均衡極盡技巧之能事，反缺乏全篇的要旨和段落間的邏輯。於是建康成為「六朝金粉」的金陵，也就是中國的絲箔城

市（China's tinsel town）。

可是失望的階段，也是復興再造的機緣。當然，儒教未曾完全斷氣，假使孔孟的影響全不存在，那麼這幾百年的歷史如何會寫得盡以嚴格的道德為標準，極盡其褒貶之能事？那麼寫歷史的人從何處找到原始的資料，又如何構成其下筆之宗旨？

出人意料的，對重造中國帝制體系最有實質貢獻的，卻是所謂的胡人夷人。為對他們表示敬意，我們應稱之為「非漢民族」或「少數民族」。其詳情待下章論述。此間應當提及的則是，少數民族在中國歷史裡再造帝國的關頭扮演重要的角色並不只這一次。中國專制朝代的構成，多少倚靠一種間架性的設計，並且其國家必須容納農民大眾。草原地帶入侵的部落，因為其無牽掛，反能因為他們的簡單淳樸而建事功。只是要使他們習慣於農業的環境及中原文物則需要時日罷了。

佛教的普遍影響

當時人對道教再度感到興趣與對佛教之沉醉，有擴大中國知識視野的功效，其影響所及，歷時幾百年，只是沒有為人注意罷了。儒教乃是一種社會的紀律，在紛亂的時代其用處很小，文士乃尋覓另外的途徑。公元三世紀之後半期，當時所謂的「竹林七賢」表彰著一時風氣。此七賢為一叔一侄，和他們的五個摯友。劉伶以驢車載酒，隨從的一個僕人則荷鋤隨之，他叮囑僕人，「死便埋我」。放蕩不羈並不是他們的全部宗旨。事實上，他們也在晉朝做官，阮籍尚為步兵校尉，嵇康為中散

大夫，被司馬昭所殺。他們所反對的乃是當日的儀飾和做作，而希望在道家的純眞和渾然一體的觀念裡得到解放。

中國之接受佛教，當中有一段周折。從其多方面廣被接受和招致反對派的攻擊，可以想見其影響之深遠。在現代以保衛中國的「理性」與「眞實」自居者中，包括胡適先生，他覺得這種由外輸入的宗教，注重來生再世，把上天說成三十三級，而地獄也有十八層，實在是可嘆。可是另有欣賞佛教思想對中國人士有引導之功效者，則又指出：即便是「因果」（羯磨，karma）這一觀念，也要求中國人多在自然法規的疇範裡再三思維，注重每一種事物的前因後果，不要都像漢代思想家一樣，完全沉湎於對稱與均衡，把各種道德行爲硬比作音符與波長。總而言之，派遣僧徒到異域取經與大開門庭歡迎遠方來訪之沙門大師，其裨益遠逾於「拯救靈魂」。這是一種文化上的接觸，其用途及於哲學、文學、教育、科學、音樂、雕刻、油畫和建築。有些學者尚指出，在翻譯梵文經典時，中國學者自此掌握了音韻上的原則，有助於此後唐詩發揚光大。其影響之所及如此廣泛，最近若干中國之刊物乃指出「佛教是中國文化不可分割的一部分」。歷史學家雷海宗甚至提出：自公元383年亦即淝水之戰後，中國文化便進入了「韃靼佛教」的階段。

佛教之於中國，無孔不入，影響到生活的各個層面，旅遊者可以自雲岡、龍門和敦煌各處石窟參觀時得到這種印象。初看起來，這些窟洞在沙岩壁上以蜂窩式鑿成，不容易令人產生好感，其感動觀者之處尚待進入石窟之後。每處佛像之多，均

以萬計。其最高大者在雲岡，耳長即九呎；其小者全部身長則
不逾吋。不大不小之間有如人身長短者亦不計其數。室內尚有
壁畫；彩色像畫在石窟頂上、柱上之浮雕和壁穴的全身雕像。
以上三處之經營，均開始於魏晉南北朝中國分裂之際。可是敦
煌在絲綢之路上，在以後各代的繼續發展較其他兩處完整。觀
光者可以看出千多年來佛教美術的進展。龍門的經營有唐代的
工程，即使是雲岡初創於五世紀的雲岡石窟，內中一項工程即
前後經營達四十年。宗教題材之外，也有通俗故事和歷史故事。
經過藝術家安排之後，出現而為臉上的獰笑、手指尖的戰慄和
緊張的筋肉。學歷史者周遊之後，可從此得知古代的衣飾、紡
織品的設計、樂器式樣，甚至人種學上的面目。龍門有一窟構

成於公元575年，壁上有當日全部的草藥單方。

可是這些石窟看似各隨己意的構成，而無全面的設計，也缺乏統一的尺寸。雖說有些設計，有皇帝皇后的資助，以替父母祈福而替本身爭光，然其構造卻擺在風吹雨打的壁上，所以令人屏息的壯觀同時也是滿目瘡痍的，有如夢囈。這和法國亞眠（Amiens）和沙特（Chartres）教堂門前「石刻聖經」之整飭成為一種尖刻的對照。雖然如此，露天博物館也真能表現佛教的性格，此乃一種在野之人的宗教，不藉宗派的力量而能及於細民。它的神學宗旨，不必有待於苦修，可以立即發生頓悟之功效。同時它也可以為知識分子作為形而上思考的一種題材。它之五花八門也確曾使中國歷代帝王在長時間內感到棘手。他們都希望利用佛教對全民的吸引力作為自己行政之工具，又怕它針對於來生再世的重點，如果經過一度提倡，足為社會的紀律而成為儒教者的一種牽制。

失落的三個多世紀

這分裂的期間是否成了中國歷史裡「失落的三個多世紀」？其答案因各人觀點而定。此時歷史的成分，缺乏向心的綜合，卻向側翼大幅度的進出。自公元220年後漢之覆亡至589年隋朝的統一，當中的史蹟並未缺乏邏輯，其衍變也絕非少數人物的賢愚不肖，有如過去的歷史家之盡情褒貶，以及戲劇家之將他們的面孔塗白敷黑等所能概括。

以上我們已將歷史上之負面因素指出，下一章則講到重新

統一的過程。只是到此讓我再提及公元280年晉朝之入南京，當時的統一，不過曇花一現，無乃一種幻覺。至九世紀劉禹錫所作的詩，提及此事，才能因為有了歷史的縱深，將當日的情景看得更真切。劉詩抄錄於次：

王濬樓船下益州，金陵王氣黯然收。

千尋鐵鎖沉江底，一遍降幡出石頭。

人世幾回傷往事，山形依舊枕寒流。

今逢四海為家日，故壘蕭蕭蘆荻秋。

【第九章】

統一的途徑

正當五胡亂華,中原鼎沸之際,鮮
卑拓跋氏也乘機進入長城以南,建
立農業基地。淝水戰後,拓跋珪成
立北魏政權,這一新興王期,利用
作戰所俘虜的人口,拓展農業基礎;
並解除胡漢豪族的威權,直接向農
戶徵稅,扭轉後漢以來地方割據的
趨勢,而逐漸推廣其統治權,開啓
了中國長期分裂後再統一的契機。

拓跋氏是一種鮮卑民族,他們在中國中世紀的統一過程中提供了重要的貢獻。今日的學者尚不能完全確悉他們這一人種的源來。他們好像操初期的突厥語,可是其中也仍有初期的蒙文字語和初期的通古斯字語。有些中國歷史家指出,他們在公元三世紀之末來到中國北邊的時候,拓跋的部落才剛脫離原始的公社組織,他們仍舊沒有居室,沒有文字,沒有法典,很可能在和中國商人接觸之前,尚沒有私人財產。

拓跋民族和其他民族在公元二世紀由今日之東北向西南移動。公元258年,結盟的各部落在今日綏遠的和林格爾集會,拓跋氏至此號稱統率三十六部。在四世紀初期,他們誇稱馬上控弦之士二十萬,可是看來全部人口只六十萬,而很難能超過百萬。310年,他們和晉朝的一位將領劉琨有了協定,後者需要他們的助力驅逐其他的部落,於是拓跋民族才開始擁有農業基地。

拓跋氏建立北魏政權

這胡漢的合作並沒有成果,拓跋氏也暫時不見於經傳。四世紀末,是藏族出頭的日子,他們征服了其他少數民族,拓跋氏亦在內。直到383年藏族領袖南攻東晉失敗(淝水之戰),拓跋民族才捲土重來,表彰其獨立地位。386年,他們的領袖拓跋珪自稱代王,以後又改為魏。魏乃周朝初期的國名,這樣的國名千百年後還要被很多此起彼伏的朝代抄襲沿用,主要是他們之所在承襲著昔日國家的地盤。有些類似的朝代襲用同一國

名尚且前後重複。照著傳統中國歷史家的辦法，我們即稱這魏朝為「北魏」或「拓跋魏」。公元399年，拓跋珪又逕自升級稱帝。他所創造的帝國共有十二帝而連亙一百四十八年，直到534年分裂為東西兩部為止。在這長期紛亂的期間，其影響所及尚且打破紀錄。在歷史上，這北魏或拓跋魏也不算在五胡十六國的十六國內。

在初期建立帝國的時候，拓跋民族以其為少數民族而無悠長的文化傳統，注重以俘獲的人口加強其農業基礎。公元391年，拓跋珪與匈奴一部作戰大獲全勝，北魏紀錄稱：獲馬三十萬匹，羊四百萬頭。匈奴的領導人物及家屬共五千人全部被處死，餘剩的部落民眾一律發配到黃河河曲今日之包頭附近，強迫改作農民，土地和農具由國家配給。迄至五世紀，同樣的辦法也照樣施於其他的部落。公元398年，拓跋氏又強迫遷徙高麗和慕容（也屬鮮卑系）民眾十萬，以充實他們的京師（在今日山西大同），各人也配給耕牛農具。413年開拓大寧時，拓跋魏皇帝親自督導。

在京師附近，拓跋魏的領導階層分為八部監督農業，其農場由國家經營。404年的官方文件稱：當時的八部已無原有種族的界限；而440年的詔令，更指定有耕牛之戶口，須將牛供無牛之家戶利用，政府尚且規定後者以勞力償付前者的辦法。由此看來，如果其耕田人首先以國家農奴身分開始，不久即可逐漸取得小自耕農的身分。有些拓跋領袖之可成為大地主，並非不可能；只是證據俱在，他們沒有將國家地產之大部據為己

有，也未將大量人口擅自改作佃農。

事實上拓跋魏因能直接徵稅於農戶，才逐漸將其統治權推及於一個廣大的地區。最初其朝廷派遣軍官登記歸附的人口，暫時收取布匹以代替正規之賦稅；至公元426年才通令所有賦稅全由州縣官經手，其他的經理人眾一律撤回。若不是那些可能從中作梗的人物，例如漢人之家族縉紳的勢力及少數民族間之王公大臣，均已被解除威權，此項直接徵稅辦法不可能付之實施。北魏五世紀的帝紀也記載著歸附的戶口，三千一處，五千三處，前後不絕。很顯然的，後漢末年以來地方分權的趨勢至此已被扭轉。凡北魏不能以武力征服之處則從外加壓力，使之歸化。拓跋朝廷又能外禦其他游牧民族如蠕蠕（柔然）的侵犯，內具賑災救荒的資源，凡此都增加其本身之威信。然而前後看來，他們最初的決策：製造一個供應之基地，直接控制農業的勞動力，既殘酷卻又特出心裁，是其轉捩點。

迄至它本身崩潰之日，北魏朝廷所登記的納稅人戶達五百萬戶，更有人口二千五百萬，這在一個動亂的時代，可算作絕大的成功。

這異族入主的朝廷在五世紀末頒布了它最重要的法令。所有官僚的薪給數額公布於公元484年，這表示著在此以前北魏的財政仍脫離不了地方分權。同一通令也規定納稅以戶計。每戶按其家產及口數，分別列入三等九則之內。中等之戶納米二十石，布二匹，附帶生絲及絲織品。事實上這只是一般標準，實際徵收數額有很大的出入，納稅之戶也未必與分炊的戶數全

部符合。當日的文書即指出，有時五十戶登記爲一戶。中央政府只要求最上三則的戶口之所納繳送京師，其他的定額由大略的估計而得，執行時有待地方官之機動。這通令只表示從此以後管制加緊。

均田與府兵

一年之後，北魏又頒布其均田令。其原則乃所有的田土爲皇帝所有，各人只因欽許而有使用權：每一男丁十五歲以上受田四十畝，婦人減半，奴婢及丁牛又有附加，以上係供耕種米麥之用，老免及身沒歸還政府。其他種植桑麻蔬果之田土另爲一疇，可以繼承且在限制之內得以買賣。

485年之均田令，在中國歷史上是劃時代的里程碑，以後只有詳細數目字的出入，其原則經後繼各朝代所抄襲，下及隋唐，施行迄至八世紀下半期，連亙約三百年。同時北魏的民兵稱爲府兵制者，也成爲以後各朝類似組織的初創規模。

不少讀者看到上述詔令時通常會問起：以上的詔令所述，均田是一種限制還是一種保證？是一種希望之目標還是立即兌現的規則？其施行之程度如何？地方官是否動手分田，而將逾額數沒收？即使是最具才能的歷史家，也無法斬釘截鐵毫無猶豫的回答。我們僅能從側面的資料，再依據猜想，才能回答這一類的問題。基本上，任何有關全帝國之詔令只能廣泛的措辭，當官僚將其在鄉村間付諸實施的時候，文中一致的標準，通常要超過實際上能施行的程度。當然，對皇帝的詔令，所有從事

者必須盡其全力照辦。可是一項要求不能實際做到時,其數字可能遭到竄改,其條文可能因權宜解釋而打折扣。換言之,全國一致的要求在下層組織必遇阻礙,即最有效的警察權亦對之無可如何。而運用金錢管制以保障政策執行的方法,又不能在這時代開始。一個具有同情心的讀者,也可從此看出,這樣的傳統對現代中國的經理成為一種嚴重的負擔。

根據前後事蹟看來,五世紀以來的均田不能算作失敗;因其目的在於創造一種基層組織,使大多數的小自耕農納稅當兵,從這方面看來,此設施尚且可以認為是絕大的成功。均田又不像王莽的紙上文章,其執行者為一個新興的軍事力量,其環境為長期戰後之復原,各方面都視之為一種解脫。事實上公元485年的均田令,從未認為「應有」係保障其「必有」。令內指出,如果地域內土地不敷分配時,其畝數可能減縮,受田者也可請求離「狹鄉」而去「寬鄉」。所以耕地國有不過具備法律上的基礎,授權於官僚組織,作為他們強迫實施政令的憑藉,至於詳細的情形,則無法作全國一致的論斷。土地之為國家所有,並不是立案的原始目的。

現存的文件證實了以上的推論。大地主在這時代仍存在著,不過那是例外,而不是一般的情形。逃避稅役也仍無法嚴格的對付。例如賦稅對獨身者有利而對已婚者不利,則絕大多數納稅人全報未婚。可是這紀錄卻也表示一般增加納稅人登錄的目的已達到。八世紀兩個邊防區域留下的文件,在本世紀後出土,其所載也與上述情形相符。

重建社會組織

　　拓跋魏在公元486年頒布的另一詔令，更有打破豪宗大姓之壟斷，而構成本身所主持的地方組織的功效。這詔令以五家爲鄰，五鄰爲里，五里爲黨。由地方官指派鄰里黨長，於是政府有其指揮系統可下達於細民。同時新稅則也以一夫一婦爲一「床」，而責成其出米二石，布一匹。很顯然的，上述地方組織，賦稅和土地所有制都彼此連繫。這些法規以一種人爲的觀念從下至上地將整個帝國組織起來。

　　傳統中國作者在處理這節歷史的時候，通常著重中國文化的功效，認爲中國的文物終能感化異族，使他們效法華夏的長處。當然，以官僚組織治理農村大衆是有其內在的沿革，不可能自游牧民族創始，這說明了何以拓跋民族要經這麼長的期間，才能掌握當中的技術去治理一個華化的大帝國。

　　當486年的詔令生效之日，正是拓跋珪稱代王後的一百年，同時拓跋魏在大同設太學祭孔子也有好幾十年了。當中的胡漢聯姻，已使拓跋皇室漢化的程度遠超過先卑的色彩。在480年間主要的改革，其決心出於一個漢族女人，她在歷史上被稱爲文明太皇太后馮氏，乃是當今皇帝名義上的祖母。她的顧問李沖也是一個熟讀詩書的天才人物，因太后的提拔，從書算手之微職做到御前大官。至公元489年太后去世，皇帝拓跋宏才開始親政。他一開始總攬國務，執行漢化政策時，竭盡全力的督促，毫不通融，使當時人和後世的學者同感驚異。484年北魏國都由今日的大同遷往洛陽。這城市由於戰事的破壞，至此重

新建造。此後御旨禁鮮卑服裝，次禁鮮卑語，凡三十歲以下的
官吏必操華語，年紀較長的才給予一段過渡期間，令之從事學
習。違犯這條例的可能被貶官失職。胡漢聯姻總是令龍顏欣慰，
於是拓跋宏自作月下老，在御座上指派各皇弟應聘各漢族臣僚
的女兒之姻緣。最後一個胡人的標記——鮮卑的複音姓——也
被認爲是化外之物。於是皇帝自己由拓跋宏改稱「元宏」。他
也指派一個委員會共同研究，將一百一十八個複音姓根據音節
改作單音漢姓。

錦上添花的漢化

　　元宏之政令是否算做劃時代之舉？其實只是表面上看來如
此。他的作爲不過承認已有的趨向，或是錦上添花，對現有的
行動予以裝飾而已。拓跋民族在中國歷史上最大的貢獻爲：重
新創造一個均勻的農村組織，非如此則大帝國的基礎無法立足。
在這組織的過程中，元宏的祖先既有忍耐性，也前後一貫。只
因爲他們不求急功不計小利，才能避免蹈藏族領袖符堅的覆轍，
也沒有在五胡十六國之後成爲其第十七國（十六國之後四個爲
拓跋魏所滅）。文明太后馮氏和李沖的作爲能生實效，也因有
以前所做的準備工作。元宏好像是錦上添花，更進一層，而實
際則反減損其功效。

　　重建洛陽，只是虛有其表的添上了一段富麗繁華罷了。皇
帝對漢人的一面倒，也增加了鮮卑上層階級的憎恨。同時也與
既有政策企圖抑制鄉村間的華族相左。元宏在公元499年去世，

享年三十二。不久北方邊境的不穩，非漢族軍事領袖的悵怨和宮廷內外的陰謀事變，使北魏朝廷處處棘手，如此經過約二十年才分裂為二。

倘從微視的歷史著手，即使寫成專書，也不能將此中的細微末節全部容納而一覽無餘。另一方面，一千五百年後我們以事後的眼光看來，其大致的趨向則不難道出。及至六世紀中期，重造大帝國的低層機構業已在位，大量的農業資源和人力業已組織就緒，可供建造大帝國之用。所缺乏的是上端有紀律的官僚組織，亦即是同樣均勻的結構，不為既有的權益（vested interest）所腐化。只是在舞台上活動的人物，此時此刻不可能明白他們本身所扮演的角色的真切意義。

公元534年的分裂，由於一位北魏皇帝懼怕部下將領造反，可能逼他退位或者對他本身不利，於是避難西安，希望當地另一位將領保護他，殊不料反為此人所弒。北魏或拓跋魏本來可能亡在此日，只是東西兩方的軍人尚在裝飾門面，分別扶植兩個傀儡皇帝出頭。東魏自此又殘存了十六年；西魏二十三年；彼此都無實質所獲。最後東魏為高家所挾持，他們終取而代之，稱為北齊（古代的齊國在東部）；西魏為宇文家所得，他們所建的短命朝代為北周（周發於西部）。高家為漢族與鮮卑的混血，他們希望馴伏少數民族裡的王公大人而又不得罪中土的士紳。宇文家兼匈奴和鮮卑的血統，他們也反對元宏的過度漢化，希望得到少數民族中之領導力量的支撐。

實際上這種種舉措已缺乏決定性的影響。當上端仍在醞釀

之際,下層由拓跋民族造成的戶口登記和稅收政策已開始收效。於是全面徵兵可付之實施。少數民族中的貴族原挾持著部落中的遺傳力量,漢人世家乃集結多數的戶口,也盡其力之所及,駕凌於地方。至此兩方都失去了他們所能憑藉的力量,而無法左右全局。以上兩種勢力,應對過去三個半世紀的分裂局面負大部分責任。當他們的聲勢日漸凌夷之際,再造大帝國以官僚組織開管制之門,已為時不遠。

邁向統一的模式

在這情形之下,西半部又較東半部佔優勢。宇文家族入據西安一帶,僅始自公元530年,這地區向來容易接受草原地帶的影響,其族以混血稱。宇文氏乃稱恢復元宏所取消鮮卑之複姓,但這地區本就缺乏如此姓氏,北周皇室乃以之賜予漢人,作為他們盡忠的酬報,也算一種光榮。只因為這一地區缺乏權勢的集結,給北周相當的行動自由。此政權尚在西魏時,即已開始形成一種官僚組織,由一個學者蘇綽主持,他的藍本即為《周禮》,也就是利用間架性的設計自由創造。這也就是說,西部較少既有之權益足為中國再度統一之累。

從拓跋國家的全部歷史看來,我們也可以看出事勢的發展具有某種定型:在統一的過程中,其決定性的力量由北至南,由西至東,亦即是從內陸經濟較落後的地區吞併接近水道交通、內中人文因素較為複雜的地區。因其重點在均勻一致,組織上又要寬闊,於是鮮卑民族得以取得領導地位。只是一入洛陽,

他們也建造高巍的樓台和富麗的花園。以我們今日的眼光看，我們用不著抄襲前人所言，認爲驕奢淫佚必敗人品德，只是從六世紀中國之再統一的立場上講，元宏之漢化，使原有組織中的簡單一致脫離掌握，而此時拓跋的領導集團仍應保持這種特色。

楊堅掌握時勢結束分裂

　　六世紀中葉，無數的宮闕之變使上端來歷紛紜的貴族整肅潔化。這和中國開始分裂的局面相較，可算是與以前的方針恰好相反。後漢覆亡前夕，地方政府失去掌握，影響到宮廷的不穩。此時趨向統一，地方的情形已相當的整體化，而要求上端的政府也採取流線型的一致，以便對帝國的統治具有實質作用。

　　洞悉此中奧妙的人物乃是楊堅，他此時爲隋國公，日後爲隋朝創業之主。楊堅承襲父業，在北周朝中爲有威權的武將，他的女兒已和宇文家裡的繼承人成婚。公元577年，他隨著北周宇文家裡的皇帝攻取北齊。一年之後皇帝駕崩，楊堅之婿以太子嗣位，此人也只活了兩年。無人能夠確定的說出此三年之內西安宮廷內的實況。是否楊堅因自衛而行動？或者是他的陰謀，志在將宇文家室斬斷殺絕？事實上，他於公元581年宣布隋朝成立之前，北周宇文家五十九個王子皇孫均遭慘死。

　　楊堅道地十足的有馬基維利的作風。他能因看到百姓的食物內雜糠渣而流淚；他的百官穿布製的袍服。他命令親信以賄賂引誘自己手下的官僚，其中計者必死，如是在行動上有如今

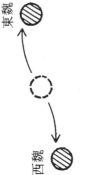

柔然 (蠕蠕)

蒙古系利藏族
之混血部落

I, 北魏拓跋氏消滅
了「五胡十六國」之
中的最後四個王國，
於公元494年遷都，
自今日之山西大同而
至洛陽。

II, 公元534年北魏分
裂為二。西魏定都於
今日之西安，東魏都
鄴在今日安陽附近。

東魏

西魏

III, 公元550年東魏
為高洋所滅，稱齊，
史稱為北齊。557年
西魏為宇文護所篡，
初稱周王，兩年後即
皇帝位，是為北周。
東西兩國相較，北周
在組織官僚制度、統
治大量人民各方面較
北齊更有效率。

北齊

北周

IV, 577年戰役，隋王
楊堅參與戰事，助周主
擒齊王，北齊亡。

隋公

北周

北齊

V, 581年北周皇帝
「遜位」，隋王楊堅
即皇帝位。公元588
年冬589年春，水陸
三路伐陳，遷陳主，
至是中國再度統一。

隋

陳

中國邁向統一之路

日美國所謂的「敲詐行動」（sting operations）。過去的歷史家曾對此隋朝創業之主既褒且貶。他的殘酷而兼帶著道德的名分，在我們看來已不足爲奇。此間我們將之提出，旨在揭示中國的再統一，需要重新製造出一種以紀律自重的官僚體制，其道路是多麼的遙遠。

　　只有明白如此的背景我們才可看穿：一待基礎具備，以軍事行動達到統一的目的，並不十分難爲。一種文官組織熟練於鄉村的情況，可能在組織以農民爲骨幹的大部隊時，盡其徵集兵員籌備糧餉之能事。具備了如此的條件，再加以數目上的優勢，勝利已在掌握中。公元577年，北周動員十五萬人，逼誘齊軍出戰，雙方交鋒於今日山西臨汾附近。雖說其間也穿插著部署與攻城情事，但其具決定性的戰鬥不過半日。當日近黃昏，東方的帝國已成往蹟。楊堅之攻陳（此即南方宋齊梁陳四個朝代的最後一個）費時兩個半月，時在588及589兩年交會之間，據說用兵五十一萬八千人。陳國始終只在建康（今日之南京）國都附近作象徵式的抵抗，如此這般就結束了中國過去三個半世紀的分裂局面，恐怕連當日參戰的人士，也不能看清幕後的各種玄機。

【第十章】

第二帝國：
己有突破，
但未竟事功

唐初以均田、租庸調等制，奠下立
國根基，又以無比的自信包容異族
文化，融鑄出多彩多姿的大唐風采。
然而隨著人口增加及流動頻仍，上
述制度漸漸無法應付日趨繁複的地
方事務，結果促使地方自行摸索治
理之道，而中央對地方的控制則日
漸削弱。在中央與地方權力消長的
情勢下，迸發了中唐安祿山的反叛，
此一叛舉又加速此一情勢的惡化，
最後黃巢得以聚眾流竄於帝國內部
十餘年，終至掏空唐朝的威權體制。

　　七世紀的初唐，是中國專制時代歷史上最為燦爛光輝的一頁。當帝國對外威信蒸蒸日上之際，其內部組織，按照當時的標準看來，也近於至善，是以其自信心也日積月深。

　　這也是一段創造系統的時期。拓跋魏所開始的均田制重新頒布，原則上耕地繼續歸於國有。按照唐律令，凡成年男子給田一百畝，其中八十畝為口分田，年老時退還政府；二十畝為世業，可由家人承繼，每三年編造一次戶籍。隨著均田制也有整齊劃一的稅收制度，納稅義務包涵租、庸、調三項，租為每丁粟二石，調為綾絹二丈，庸則歲役二旬。以一百畝的田土為基數，以上賦役的比重算是很輕的，所以在最初一百年內，人戶的登記不斷增長，國家倉廩庫藏也愈為充實，上下之間呈現一片和諧融洽的景象。

初唐的繁榮壯盛

　　府兵制即緊接著戶口登記而設，其原則是選農為兵，服役的時間內地與邊防不同，根據一種複雜卻又有規律的辦法調整。既然每一中等之折衝府能出兵一千人，那麼六百三十四府在短時間內徵集兵員五十萬應當不成問題了。

　　匈奴與柔然（蠕蠕）寇邊的情形已成往事，刻下強有力的游牧民族為突厥，其名號據說在北魏時期已出現，至隋而見於史傳，以後還要與西文之Turks 等量齊觀，成為整個語系內諸民族的通稱。但在公元630年，唐將李靖大敗突厥以後，突厥就推戴唐朝皇帝（本身也有突厥血統）為「天可汗」。回紇為

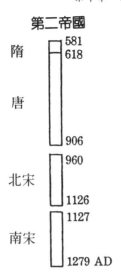

第二帝國

隋　581 618

唐　906

北宋　960 1126

南宋　1127 1279 AD

另一種突厥語系的民族，則不戰而降。吐蕃為藏民族，其王因文成公主下嫁而和親。只有高麗不服唐帝國的節制而長期抗命，至公元668年，平壤始為唐軍佔領。

　　唐中央政府設吏、戶、禮、兵、刑、工六部。此時尚談不上內閣制，只是其設官分職已有相當的組織與秩序。隋唐以來——本書以之與宋聯繫稱之為第二帝國——與漢代官制有一基本不同之處，即是中央政府派遣地方官，除少數地域例外，下達州縣。漢朝的徵辟，至此不用。隋朝已開始公開的文官考試制度，唐接著予以斟酌地採行，只是三年一度的會試至宋始成為定規。這種公開的考試足以打破過去的世族壟斷。因著準備考試的讀物標準化，雕版印刷出現於公元600年前後，即可能受此影響。只是如此一來，中國人民今後受官僚管制的程度也愈深。唐朝的文官集團有18,805個建制的職位，加上其他輔助

人員，案牘之士與軍官一併計算凡受薪者共368,668人，這在中世紀是一個極可觀的數目。當日中國全人口可能為五千萬。

初唐的擴展也及於中國的內部（照現有疆域稱）。開發南方已因魏晉南北朝而推進，以後這事業更要吸收第二帝國之一部活力。隋朝在歷史上以不顧民命開創大運河著稱。每當一種工程開始之際，其動員及於婦女與幼童。有時數百哩長之運河以數百萬的員工投入，不出一年即完成。原有的城市可能被放棄，而另築城於新運河之濱，溝通長江與黃河的運河終延伸而及於華北平原。這種不體卹民間痛苦的工程，加諸征伐高麗的失敗，使隋朝的覆亡有如其勃興的遽速。隋朝的第二個皇帝楊廣才能蓋世，做事卻不加思索。他所經營的水道交通網裨益於其後之朝代，既深且遠。雖說初唐時由南方供應之收入尚不及全國大部，但因移民也減少了當日人口過剩地區的壓力。開發南方更含著一種進步與有指望的意思，因而今日的廣州與泉州，在唐朝就已成為國際通商的港口。中國人之開拓台灣則始於七世紀。

中國最具世界主義色彩的朝代

隋唐之重建西安以一種宏大的眼光，構成一座計劃城市。東西六哩而南北五哩，這座一千年以前建造的長安城，其面積為今日西安市的八倍，其南北馳道寬五百尺。當日本於八世紀經營奈良及京都時，他們不僅仿傚了長安設計而以較小的規模構成；他們也認為朱雀門及朱雀大道的名稱（原係金陵街名）

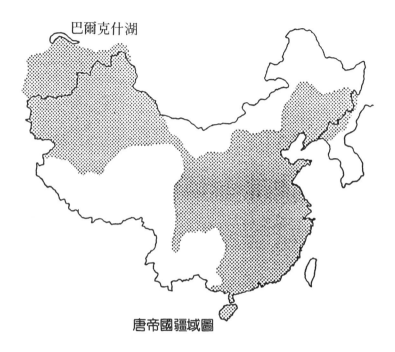

唐帝國疆域圖

幽雅可頌，也照樣的採用。

　　唐朝帶著世界主義的色彩。皇室李家自稱爲中國貴族華裔，可是在魏晉南北朝時代，他們的先祖歷仕異族，也經常與少數民族的家庭通婚，而且這種透過民族界限通婚的習慣直到後世登九五之尊猶未終止。也可能因此混血的因素，使皇帝可名正言順的稱爲天可汗。當中國皇帝威望最高的時候，恆河邊上的印度王子接受了他的宗主權；一個阿薩密（Assam）的篡位者被押赴西安受審；使節來自高麗和日本；中國的都城有敘利亞人、阿拉伯人、波斯人、西藏人與安南人來定居。國子監亦即國立大學中，有這些國家的留學生，其中最具熱忱的是日本人，

其中有些像今日大使館的文化參贊，在中國即曾居留達幾十年。他們回國之後，對日本的文化有了具體的貢獻，很多方面即仿照唐制——自銅幣的設計到婦女的髮髻，自室內的布置到圍棋——從今之後，日本文物深具大陸色彩。高麗與越南也有同樣的趨向，但不像日本這麼熱切。

　　唐朝具有自信及安全感的時候，對信教自由極端的保障。公元645年，高僧玄奘離中土十六年之後由印度回國，第二個唐朝皇帝李世民親予接見。當日龍顏大悅，御前傳旨，使玄奘有了各樣的助手和各種方便，將梵文經典六百五十七件譯爲華文。創業之主李淵則於624年興建一座道教的宇觀。另外一種誥令於638年准許景教（Nestorian Christianity）的傳播。至於拜火教的介入較少爲人提及，可是他們在西安寺廟裡的僧侶也受到同文官五品和七品的待遇。

　　這一段充滿著光輝和滿足的時期如何下場？最簡捷的說，這理想的國家因爲領導集團的逐漸驕惰而不負責，無從繼續。宮廷裡的伺候人衆增加到不能管馭的程度。及至八世紀中葉，即以宮內參與音樂和娛樂的人衆而言，便多至一萬餘，宮女可能加倍。文官集團不僅人數增加而且薪俸膨脹，皇帝與群臣的品質則降低。以上述的各個情況而言，至此已朝相反的方向進行。西元751年，中國的軍隊在中亞被阿拉伯聯軍擊敗，即使西南的泰族部隊，也逼著唐軍倉皇後撤，藏民也叛變。九世紀更有邊防將領坐大而成爲軍閥的趨勢；內地則有農民暴動。唐代宦官此時還無聲無聞，今後則在宮廷之內專權，甚至廢立君

主。同時佛教寺院的集中財富，也使國家難安。公元840年代連續發生了一連串的排佛行動，845年的詔書，下令搗毀了四千六百所寺院，強迫十六萬零五百僧尼還俗。

這種開倒車的情形，範圍廣而程度深。有些歷史家認為唐代可以分作前後兩段觀察。看來公元755年安祿山的叛變，近於全朝代時間上的中點，可以視作由盛而衰的分水嶺。這樣一來，前面一段有了一百三十七年的偉大與繁榮，而接著則有一百五十一年的破壞和混亂。

當然，一個有作為的大帝國不可能一晝夜之間由盛而衰；也不至於因一段突然的事變即無法立足。八世紀的中期，一連串的事蹟好像摧折了朝代的連續性，可見得幕後還有若干因素尚未提及。在此，從宏觀的眼光，我們權且把755年安祿山的叛變擱置不提，回頭再從公元618年的唐朝創立說起，以保持歷史眼光的縱深。

李世民創建的典章制度

在中國帝王之中，李世民可算是最具有人身上的吸引力。隋朝末年群盜蜂起，世民慫恿父親李淵（時為唐國公）乘機稱帝，當時他才十六歲。迄至二十四歲時，他在鞏固朝廷削平群雄的關頭最著戰功。他有惻隱之心而又好奇心重，不懼危難也不辭勞瘁。他常直接指揮戰鬥，有時以數騎在前鋒之外與敵方將領談判。在作為一個政治人物的立場上講，他以一群智囊人物（多數為具有眼光的讀書人）追隨其左右。雖說唐朝制度大

致循照隋朝的前例，內中實施的細則乃由於李世民的經理而產生。他在位共二十三年，本章一開始就提到，唐朝制度從當時的眼光看來近於至善，其中大部之功績應屬於此位青年君主。除了名義之外，李世民實為朝代的創始人。

唐朝中央政府的一大特色為「三省分工」。尚書省總攬六部，執行經常業務；中書省可視為設計廳，主持重要的敕詔起草，及有關於制度的更革；門下省則可以視作一種覆核機關，其官員審查各種公文，更正錯誤，有時提議政務上的調查。唐朝帝國政府所公布的各種規定，以律、令、格、式四大項目區分，大概律指刑法，令為行政上的指示，格為衙門內的規章，式為執行時的細則（因為當時的思想及習慣不同，以上只略示今日看來的大要）。這種組織上的區別，適合於重造帝國時的秩序安排。當日本人將此體系施行於他們國內時，即稱之為「律令政治」。

只是機警的讀者不難一眼看出，這體系與時下西洋所謂「互相制衡」(checks and balances)截然不同。李唐政府體制之內，沒有任何構成的因素代表選區(constituency)的利益；因此一種獨立的司法機關不可能在這樣的根基上出現。不論唐太宗李世民如何的開明，他的政府無可避免為一種專制體制。只不過因為儒教的紀律，促使當今天子在內部製造了些許監督方式來警惕他本身。史籍裡曾記載李世民有一次與臣下商議之後怒氣沖沖的自言自語：「有朝一日我要殺掉這老農夫！」他的皇后問他何所指，原來心直口快的魏徵，因為皇上的寬容，

經常在大庭廣眾之下揭舉御前的錯誤。這次皇后靈機應變，趁換著朝服時，慶賀至尊有此不怕死的忠臣，實為社稷之福。可是這故事也暴露李唐政體的合理化，其立場至為窄狹。它代表著皇帝之意志力，乃是一種人身上的品德，而非組織結構上之力量。

然則，我們也不能說中國人天性不容於代議政治。前一章我們曾談到，漢朝以一種推薦制度使百官來自各地區；可是代議政治無從下手，因為下端的小自耕農每人只有小塊耕地，而全國如是之農戶以百萬千萬計，如果以資產作選舉的標準，則等於承認兼併，亦即促成小自耕農為佃農。過去的經驗，讓這種趨勢發展下去的話，各世族必攫取大帝國的稅收來源，使官僚組織僵化，因之而使全國瓦解。唐朝已推行科舉取士，也控制著政府基層的人事權，只是讓人更覺得儒家的道德觀念為它施政之不可或缺。

可是以道德施政總離不開獨斷專制。如果皇帝以道德無虧作門面，其登臨寶座必至為不易。反過來說，如果要與它作對，則更是極端的危險。此中種種強調道德是一種絕對的品質，既不能分割，也無法討價還價，將它以人世間最高的官職搬托出來，則天無二日亦不能容許其他人效尤。這硬性的裁定還要在唐朝接二連三的接受考驗。

很多現代的讀者既佩服唐太宗李世民的人本主義，但在讀到他謀殺同胞兄弟以登極的故事，則又不免感到毛骨悚然。雖然李世民奮身打下江山，但他是唐太祖李淵之次子，一到唐朝

的地位安定鞏固之後,他和長兄太子李建成之間產生了極度緊張的局面。兩人間的傾軋傳至百官,而更使兄弟間賓客的關係惡化。世民的隨從堅持地說,他如不採取行動必被謀害。事實上,在公元626年,李世民設計埋伏掩殺建成,自己張弓將胞兄一箭射死。胞弟李元吉一向袒護長兄,也死於李世民隨從手下。這場變亂之後,李世民又把建成和元吉兩人的十個兒子全部處死,然後才逼著父親退位,自己登極。

這位英明的君主一再以各種名義將自己殘忍的行動解釋得合理化,但是他始終不將之掩飾。這場骨肉相殘經過,見於唐朝的歷史,與李世民很多成功的事跡並列,歷史家對其功業不能懷疑。我們如果將這故事忽略不寫,或僅是不著痕跡的輕描淡寫,都可能使中國君主制度的真相含糊,而不能瞭解其本身的矛盾,因之抹殺了歷史的連續性。而下面武后的一段故事也不能以客觀的態度講出。本書不少讀者想必至少聽到過武則天的名字,她在俄羅斯凱撒琳第二的一千一百年前,以女主的姿態君臨中國。

一代女皇武則天

武則天出身名門,她的父親早年參加唐太宗李世民的軍事行動,後來官至工部尚書、荆州都督。她年輕時被選為「才人」,其實等於宮女,也是沒有名分的姬妾。歷史家稱她容顏出眾,這不能在現有圖版上看出。可是毫無疑問的,她的天資極高,讀書極多,而尤以意志力極強稱。

武則天

　　公元649年李世民去世之後，武則天入寺爲尼；李世民的
兒子李治(後稱高宗者)巡經該地，之後她被納爲昭儀，即下級
之妃嬪，一年之後皇后被廢，武則天立爲皇后，看來此時她在
三十歲左右。所以唐朝開國的三個皇帝之中，有兩個即是她的
丈夫，以下的十七個皇帝無一例外，全是她的兒孫。

　　武后能獲取實權乃因高宗李治御宇三十四年，史籍中稱他
「苦風疾」，看來是高血壓妨礙了他的視力。武后不僅對國事
有興趣，而且因她讀書多，有干政的能力。公元674年她與李
治稱爲「天皇天后」，又稱「二聖」，已有了「同等的國家主
權最高人」（co-sovereign）的名位。十年之後李治去世，她
實際君臨天下。她第一個兒子早死；第二個兒子顯然不與她合
作，被她命令自殺；第三個兒子李顯被立爲皇帝，只一個月即
被廢，從此被幽禁了十四年；第四個兒子李旦百端憂懼之餘，
再三辭皇帝位。武則天也下令殺她女兒太平公主的駙馬，可是

她又認為女兒像自己而特加恩愛。

　　頭六年武則天以唐朝太后的名位治國。公元690年她稱「革唐命」而開創一個「周朝」（她稱武家源出於周文王），她自己已不是皇太后而是「皇帝」。迄至公元705年她以八十一歲高齡去世之前（有人說她年八十三），曾為皇帝十五年。此時不少唐皇子企圖舉兵造反。當她報復的時候，也將李唐後裔幾十人和他們從者幾百人處死刑。她的特務人員擁有廣大的權力可處置政治犯，造反的名目也隨著展開以擴大羅網，直到她年老生病臨危之際，恢復唐朝的計謀才得以成功。皇位由她的第三子李顯所繼承，以後為四子李旦所接替。她在唐朝歷史中的「本紀」地位無法刪除，全部中國歷史之中也再無其他例子近於武則天的經歷和作為。

　　自八世紀到今日，尚無一部武后的真傳出現。很明顯地，要將她的故事講得令人相信，講的人也要多方揣測。一個女子在男性社會裡的報復行動，不可忽略不說。可是武后也崇拜男子的決斷作風。她曾對一個朝臣吉頊說起：制馬有三物，一鐵鞭，一鐵檛，一匕首。鞭之不服則檛其首，檛之不服則斷其喉。接著她又說，她制人如制馬。直到老年，她講到唐太宗李世民，還帶著敬愛的語氣。狄仁傑任刺史，後任平章事，已是朝中重臣，也屢因事關原則，昌死直言，贏得武后幾分的尊敬。武則天常讓美少年「傅粉施朱，衣錦繡服」和她燕居作樂。但是她的言官膽敢彈劾他們，指出「陛下以簪履恩久，不忍加刑」，所謂「簪履恩」即鬢髮與趾澤間的恩愛。另外有一個嬖幸薛懷

義，武后使之剃度爲僧出入禁中。此人曾被文昌左相蘇良嗣令
左右批其頰。以後懷義訴於武后，后戒其出入北門，毋走南門
觸宰相。

武則天的「革命」

　　這些故事本來也可以讓小說家和浪漫派作家來處理，可是
若將這些軼事遺漏，則七世紀到八世紀初年中國史的完整性也
必受影響。換言之，李世民和武則天當時不少歡樂與恐怖的情
事都與唐朝的制度有關，從迂迴的路線追溯回去，則可見這些
章節仍與公元755年安祿山的叛變，一脈相承。

　　從武后的紀錄裡，我們可以看出吐蕃、突厥和契丹的蠢動，
但這種種邊境上的外患終被平定。嚴重的旱災曾發生數起。武
后的一項創舉則爲殿試，應考的人被領帶到御座之前，由她親
自策問。特務政治是她御宇期間的特徵，不過受其威脅的乃是
達官貴人而不是一般人民。她也以銅匭擺在公衆場所令人告密。
公元697年，她的特務頭目來俊臣自身被處死刑，恐怖政策稍
爲疏縱。可是除了以上幾項，我們很難舉出在她專政期間，政
策上和組織上的設施有那些算是具有創造性的地方。武則天所
謂革命帶來一種女性之選擇，她喜歡金色、碧色和白色，於是
她朝中的旗幟服色帶著一種新鮮的情調。她也根據《周禮》將
不少官衙重新命名，例如吏、戶、禮、兵、刑、工六部她稱之
爲天、地、春、夏、秋、冬各官；也用鸞台鳳閣的號目作爲中
樞機構的名稱。

　　可是僅只以上的各項舉止，足以使一個主要的朝代幾至傾覆嗎？甚至使太后自己的家庭分裂？歷史有何憑藉會讓如此一個身分可疑的老婦人，在名義上與實質上，成為當日世界上最有名望而擁有最多人口的國家的統治者達二十一年之久？假使武則天真有傳統的標準所指責的狼藉聲名，她如何會為背景不同的人所共同稱讚，有如八世紀末唐朝正規謹慎的首相陸贄，明朝離經叛道的思想家李贄和清朝以箚記方式論史的趙翼，都異口同聲的恭維她。

　　在答覆這些問題之前，我們務必看清儒家傳統之政府，不僅為一種組織，事實上也是一種紀律。所以它不以綿密緊湊的方式構成。在唐朝講，均田制之能推行，一部分歸功於它有化幾個世紀的震盪而為寧靜之功效。這計劃付之實施，固然不能將丁田的分配盡如理想上的數目字，但卻在鄉村中產生了好幾百萬戶小自耕農。只是如此這般的安排一經凝聚而固定化，則無法大規模調整。不僅提倡某一階層或某一地域的經濟利益無從下手，政府也缺乏督導私人從事這種工作的組織能力。更為難的是，政府面對的問題，很少能有明確的方案。游牧民族這一問題，無從一刀截斷。水旱諸災也只能等事到臨頭才能籌劃對策。除開水利及開荒之外，再也沒有其他的經營足以使治理者和被治者在行動之中互有裨益。而且承平既久，政府更無實質。

　　唐朝在取得地方官的任命權後，公文的數量增多。一般說來其內容愈來愈形式化。即在隋時已有所謂「老吏抱牘死」的說法。和西方現代的政府比較，則後者有具有組織的私人利益，

與政府平行；這些利益足以向政府挑戰，要求政府供給服務，它們也承擔一部分行政費用（可是即在西方這些情事至少也須待到一千年後出現）。唐朝的官僚機構缺乏與之平行的私人組織；它的執行全靠官僚之以名譽自重。經常下端的問題頗為重要，可是總是散亂，其上端的行政工具則又經常形式化而敷衍塞責。要使這體系生效，只能從上向下加壓力。

唐朝官員本身提出：朝廷治理全國的工具，無非刑法和人事權。到武后時，從已揭露的案件看來，舞弊與欺詐的情事必已相當普遍。例如河北的官軍不能抵禦契丹的入侵，事後各官員又以通敵罪懲罰民眾，動輒處以死刑，這種種情形需要中樞具有機警性，且能作有力的干預，始能防範。

總而言之，專制政府不出於專制者的選擇。中國的悲劇乃是其在地方組織及技術上的設備尚未具有規模之際，先已有大帝國之統一，因之上下之間當中缺乏一段有效的中間階層，全靠專制君主以他們人身上的機斷彌補。

武則天之取得獨裁者的地位，有很多原因之匯合。現在看來，當她替高宗李治下決策的時候，她就已經走到一個不能逆轉的地位。在公元675年，以她作攝政之提議因群臣的反對而作罷。以後她所表現出來的殘忍政策，只反映著她自己一度面臨的險境。儒家基本的教條為本身的克制，對人的揖讓，可是最後的裁判權出自龍椅，則又倚靠當今天子自持的程度而定。當中互相矛盾之處足使超級政治家得有無限的機緣，在進退之間，作攻防的決策。這也是中國政治史的中心主題。在這關頭

李世民和武則天具有相同之處：他們都知道如何採取主動，先下手為強。歷史家如果認為他們犧牲家人去完成一種超級的偉業或者是言過其實，可是最低限度看來，唐朝真正創業人──李世民和以母后稱帝的武則天都知道極權之真髓，既係最高之名位，則不能又有任何條件的限制與約束。

武后的革命不能與我們今日所謂的革命相比擬。因為技術能力的限制，武則天並未放棄中國傳統國家的作為。可是她一手經營仍是一種實質改革，其成果見於以後之數代。她清算唐朝皇子王孫以及重要朝臣，使貴族之影響絕跡，要不然他們將已把持朝廷。她縱未改造行政機構，這機構之新生力量因她而湧出。她以新代舊，讓一群年輕而有能力的官僚入仕，不少經她提拔的新人，日後成熟升遷，還要在下面幾位君主的在位期間顯露鋒芒。迄至武則天御駕歸西之日，她的帝國沒有面臨到任何真實的危機，這樣看來，她的反叛可算作一番成功。

衰亡的開端

當安祿山率部自今日之北京附近攻向西安，唐朝已近於它注定的命途之中點，武后也已辭世五十年。外表看來唐朝登記戶口數已經自七世紀中期的約三百餘萬戶增加至八世紀中期的9,619,254戶。雖說我們不能確定這些數字的實在意義，至少已能斷言，當日唐朝財政的管理和統計的的編算都已面臨到江河日下的境界。貪污腐化並不是一切問題的重心。私人莊園的擴大和寺院田產的膨脹也不是改革僅有的障礙。最基本的原因，

乃是均田的授田法不能與人口相提並論。大凡經濟的發育成長，充滿著動力而又帶地域性，超過當日國家可能統計過問的能力。在多種情形之下，李唐政府尙未嘗過問，直到實情遠踰於當初的間架性設計時，政府才派員到各處搜查未登記的戶口，通常令這些戶口自首，最初准予免稅一段時期，以後也只付應付額之一部分。新稅也在原有租庸調的組合之外頒布。不同的官吏則到各處將一種不能繼續的制度一再修繕整補，因之也愈無系統。一言以蔽之，中國歷史內一種經常繼續出現的奇事在唐朝中期出現。

這朝廷已將一個被戰爭破壞的帝國扶植復蘇而又欣欣向榮，可是這朝廷反不能與它本身一手培植的繁榮狀態相始終。此中尷尬情形在唐朝更爲彰著。當初創時，它的鄉村人口以極簡單的公式組織而成，因其單簡，官僚機構得有充分之自由處理。等到日後繁複的情形出現，更正也愈困難，因此時官僚機構之經理早已成了定型。

傳統歷史家責難宮廷之生活侈靡。當安祿山南驅而進之日，西安與洛陽間各倉庫物資充實。皇宮之浮華更爲人指責。我們批閱當日資料，看到西安每逢節日，宮女拔河多至數千人。雖在公元八世紀，生活優越的女性，眼眶上著色有如今日所謂眼影。各種畫幅及模型證實她們穿著印花的絲織品，作馬球戲，演奏室內音樂。無可懷疑的，她們是都市生活的一部分。理想主義者不難指出，如此之花費早應用於國防。可是在我們聽來

　　這樣的建議等於令紐約交響樂團和大都會歌劇封閉，以便使越南戰事獲勝。縱使這樣的建議得以通過，亦無適當之交納系統，足以遂行其人力物資之再分配。

　　公元755年，在位之國君爲李隆基，武后之孫。當時他已近七十二歲，在位四十三年。他所寵愛的楊貴妃年三十八，已在皇帝跟前十餘年，兩人都好音樂也彼此容易感情激動。他們的故事有一段傳奇而間常爲激動所衝破。他們每年一度往華清池過冬，自此之後給了當處旅遊之地增加了一種魅力的色彩。使此中情節更爲複雜者，乃是玄宗李隆基又用貴妃之從兄楊國忠爲相，他始終說安祿山有反叛的趨向，傳統史家稱安祿山之反叛正是被他激怒的。

安祿山之叛

　　安祿山係邊防一位混血的將領。他生長於今日之熱河，在

唐時屬於國防邊境。他初在番人互市的場合之中任翻譯，後來加入邊防軍的雜牌部隊而以才能獲得迅速的升遷。一位巡視的欽差將他的經歷報告皇帝，公元743年他來到西安，為皇帝所召見。自此之後他有了將領的身分，一身而兼三個地方節度使，總攬境內文武諸事。過去的史書攻擊當日政策之錯誤，均竭盡能事的指出如此令大權倒置之愚昧。可是從歷史上的證據仔細檢討，我們已可看出，當日邊區之經營需要在當地各處不斷的調整，已不能由中樞一種官僚組織監督。

公元八世紀草原地帶出現無數好戰的部落，簡概說來，符合賴德懋所謂草原地帶的循環性乃是中國內地循環性的副產物。亦即唐朝由盛而衰，中國自統一趨向分裂，草原地帶諸部落則反其道而行。可是從我們所考慮的史蹟看來，則表現著當唐朝一心開展水上交通和稻米之文化的時候，北方邊境的情形更對武裝的游牧者有利。自武則天太后至玄宗李隆基，唐帝國對邊境的政策大致上出於被動。偶爾中國之武力有突然的表現，戰勝取功，恢復了業已失陷的土地，保障了商業路線之安全。吐蕃、突厥和契丹之猖獗，可以暫時平壓下來。然則這段期間中國方面也有嚴重的失敗。況且每次交鋒之後，仍用和親納貢的方式結束。這幾十年內未曾有過一次殲滅戰的出擊，又沒有大規模全面攻勢，也缺乏永久性的規劃。只是我們也要承認，在這時代採取以上諸步驟並不適合於大局。

李隆基長期御宇的時間內，邊防有了改組。表面上看來，全國防線有兵員近五十萬人，馬八萬匹。向前方供應的穀米和

布匹也有了增進。但是從文件上互相矛盾的情形看來,前方實情與送達國都西安的報告已產生了很大的出入,因此以上數字是否確實至為可疑。當中更令人懷疑的則是:縱使上述人力物力全照所述分派,其防禦線上各點分割而固結,在很多地方,仍難於對付游牧民族機動的騎兵。

當安祿山成為問題的時候,國防線之東北角成為高麗人、契丹人和另一種突厥語系的奚人(Tatabi)進出的場所,當地人口五花八門,情況則帶流動性。經濟發展的情形尚缺乏官方的調查,遑論由政府管制。各地方的將領只能相機的使其麾下得到必要的供應,通常與附近的部落民族打交道以達到目的。像安祿山這樣的人物,既通數種語言而又機警,實為宮裡亟待借重管理邊區的人才。事實上安也不是唯一的蕃將。並且在安祿山叛變敉平之後,唐朝仍繼續使用這樣少數民族的將領。有了這些事實作背景,我們不難斷言安祿山白手起家,以對朝廷之忠順作代價購得節度使的官職。他對西安的孝順包括對皇帝本身的奉獻,可以證明此語非虛。

當然這和朝代初年相比,不是一種令人振奮的氣象。試想當初均田制已實施有時,府兵也能達成任務,全國表現一種粗線條,卻又實在的派頭。當大唐帝國的威信為遠近懾服之際,只要讓所徵之兵開赴前方邊鎮,已足使好戰的部落不敢不三思而後行。

於今則除了龐大的軍事預算之外,邊防將領又從傭兵出身,他們的任務職業化,如此一來,全部發展和文官組織大相逕庭。

而後者仍是堅決的站在平衡與對稱的立場，雖說因著局勢之變化，文官組織內的成員也早已經有了各色各樣的衝突與傾軋。

朝代的弱點全部暴露

安祿山的興起只能掀動兩方的矛盾。因為他被視為有才幹，更被賦予獨斷的權力，至此他也就更無可取代，於是一切發展成螺線型。當他的轄區與權力相繼擴充時，皇帝也給安各種恩遇，又讓他在西安建立一座堂皇的邸寓。史家稱玄宗李隆基甚至要安稱自己為父，楊貴妃為母。可是後者之從兄楊國忠一口咬定安祿山遲早必反。邏輯上這不能說是估計得不正確；然則既無適當的對策，只是這樣說來說去，也將逼得安祿山不得不反。最後他採取這步驟時，即以「清君側」為名。結果則是朝代所隱蓄的各種弱點一朝暴露。所謂內陸的商業繁華，實際上，南方向西安所輸出無非消耗品，只因此而使該地區賺回分納於

國都賦稅的一部分。貨物之流通從未兩方來往,因此軍事行動之打擾商業,就無從引起群眾之反動(要是商業之進出影響到大批人民之生計,則激動之餘,他們也不會對這樣的軍事行動等閒視之了)。所謂京軍不過宮庭裡的儀仗部隊。臨時僱兵,只招募得一些市井無業遊民,無意於戰鬥。對付反叛的軍隊,政府方面更因著政治之需,犧牲戰略上的考慮。第二個夏天,西安被威脅,於是皇帝、他所寵愛的妃子,及她任宰相的從兄和一大群皇子王孫所謂六宮者,僕僕道途向四川方向避難。出都門不及百哩,護駕的軍士叛變,他們先殺死楊國忠,次要將楊貴妃賜死,玄宗李隆基別無他法,只好讓她被縊死。這位憂慮滿懷的君王到四川的傷心旅程,表現著國都與農村兩端之間缺乏實質的聯繫。玄宗和護駕軍士的對話,證實了我們的觀點:唐朝的帝制,可算是一種極權的產物,只是它的基礎無非儒教之紀律。當這紀律敗壞時,此極權也無法維持。

安祿山的叛變被敉平,他的兒子安慶緒和其他番將的變亂也終被解決。可是唐代朝廷從此未再重新掌握到過去所把持的中央威勢。在剿蕩以上叛變的時候,政府不能不倚重邊區的雜牌隊伍,有的算是中國人,有的則屬於少數民族。實際這也是在小處一再隱忍妥協,而將問題延擱。只是安祿山和他的效尤者也無能力,甚至缺乏組織上的邏輯去推翻李唐政權,或者統一北方。唐代的後期可說生存在一種不穩的平衡之中。

唐朝組織的基本法包括均田制,跟隨著而來的租庸調稅制和府兵並未明令廢止,只是任之用進而廢退。公元780年總算

產生了一項新法規。所謂「兩稅」從現有的土地持有人手上徵收，而放棄了有名無實的均田人戶。這辦法沒有全國標準，中央政府不過將數額分配於各道（較以後之省爲小，較州爲大），責成地方官作內部分配。實際上全國三分之一的道，大多數在北方，從未繳稅於中央。即是南方，繳納的品物也採取一種進貢的形式，主要在使地方首長得到中樞的借重，而算不上執行國家權責。

不穩定的平衡

地方上各自爲政的情形與以後一百五十年共始終。可是這與第二帝國成立之前的分裂局面不同。華族大姓與上述的發展全不相關，舞台上主要的人物爲軍人，可是也沒有繼續不斷的戰事。敘述這段歷史時，我們可以參考賴孝和（Edwin Reischauer）教授所說：「此中的情節必有相對性」。唐初的壯麗繁華經過誇張的鋪陳；說到後期的凋零和敗壞也可能說得過度。事實上地方分權也可以從不同的角度來看。譬如說成德鎮下轄四洲，在今日河北之東南，即始終由同一個王家掌握超過一百年，這就不是不穩定的徵象了。魏博鎮的何進滔於公元829年由軍人推戴才由中央承認任節度使，下轄七州跨於今日河北河南之間。傳統歷史也說他深得民心，是以能將職位傳至子孫。這種發展證實了一個互古不變的一般原則：誰有能力徵稅，誰就能掌握稅收所及的地區。這時候管理注重地方上的特殊情形，以代替由一種抽象觀念組成的大帝國，其管制的範圍

縮小，行政的效率必較前提高。

可是一個屏弱的中央，也有它的缺點。公元763年吐蕃入寇，在西安市掠奪；765年他們又和回紇在郊外集結，準備再來一次洗劫。唐將郭子儀時年七十，不顧本身危險，單騎無武裝的來到回紇陣營之前。過去他曾率領唐帝國的少數民族部隊，這次他也獲得成功，他以口語重申中國天子「天可汗」的地位，使回紇首領再度羅拜稱臣。回紇既已歸服，吐蕃被孤立，只好拔營離去。在這情形之下，郭子儀個人的英勇受到崇拜，可是他的壯舉與盛唐的情形比較已是今不如昔。試想初唐帝國藉著一個異民族的力量壓倒另一個，把自己的權威擴充到千哩以上的國界邊境外去，這已是無可比擬了。事實上自安祿山叛變之後，黃河上游以西的地區已永遠的被藏民族佔據，邊境衝突也經常的發生。787年的談判失敗之後，藏族部隊俘獲了一萬多中國人交付與其部落為奴。當通過一段峽谷之前，這些吐蕃藏人讓俘虜東向父母之鄉拜別，史籍上提及有好幾百人哭昏過去，也有不少人跳崖。唐朝又以和親政策讓家公主嫁與回紇酋領（如肅宗李亨之女寧國公主，憲宗李純之女太和公主）。這幾位年輕女人在胡人氈幔之下別唐使「悲啼眷慕」的事蹟，至今讀來令人心折。

黃巢與民變

九世紀內大規模的民變出現，當中最著名的乃是黃巢。雖說他的故事經過再三的討論，我們對他的身世仍無定論。《舊

唐書》和《新唐書》裡面的兩篇「黃巢傳」，就有很大的出入。兩傳同敘他以販鹽爲業，一傳把他說得聲望低微，好像走私負販的模樣；另一傳則說他家裡世代經營，頗雄於貲。這中間的差異，顯示其中詳情可能永爲讀者之謎。公元875年，黃巢響應另一個流寇運動，從此被人注意。當日中央的力量衰弱，地方政權又缺乏各單位間協定才使他坐大。雖然一再受創，他也仍然能夠捲土重來。他從華中向東南移動時，揭櫫打破官僚的貪污無能爲標榜，一面收容匪盜；一面感化官兵。公元879年他入廣州，至此已集結五十萬人。可是他也在此間遇挫。他原希望朝廷招安，讓他爲廣州節度使，此計未成，加以軍中疫疾流行。一種阿剌伯文的資料說他在廣州屠殺十二萬回教徒、猶太人、基督徒和波斯人，可是中國方面的資料無此記載。

黃巢被迫北撤之後，他於公元880年入西安，據說他擁有兵眾六十萬人，西安也被他佔領了兩年多。起先他還企圖爭取一般市民，可是一入國都，黃巢被自己所設的陷阱困住，從此失去流動性，於是被忠於唐室的幾個部隊集中攻擊，對方也有突厥語系的部隊。黃的給養既成問題，他就更大開殺戒，因之他和居民的關係日益惡化。883年的年初，黃巢離西安東去。884年夏天，這流寇的領袖和他幾個隨從在今日山東境內授首，於是這場在中國歷史上影響長遠的民變至此才得結束。

黃巢的故事暴露了中國長期左右爲難的地方。一個有效的中央政府財政開支極高；可是若沒有負責的中樞，其結果也不堪設想。如果擺在美國的地圖上，黃巢流竄的路線有如從美國

的中西部進軍喬治亞，又西南行而入紐奧良，北去入田納西，又再度自西徂東，經過維吉尼亞、馬利蘭和肯德基之各部，最後還以曲折之行道通過伊利諾而入愛荷華的德蒙因。換言之，超過南北戰爭時謝爾門突入南方的好幾倍。黃巢渡過長江四次，黃河兩次。這位歷史上空前絕後的流寇發現唐帝國中有無數的罅隙可供他自由來去。各處地方官員只顧得本區的安全，從未構成一種有效的戰略將他網羅。可是黃巢在各處來往，不應當認作土匪行徑的最高紀錄。他之能統率大軍縱橫南北，表現出構成一個大帝國的紀律依然存在，所需要的是構成大帝國的新邏輯將各種因素組合起來。當黃巢揭竿而起的時候，距安祿山之反叛又已一百三十年。唐帝國的低層機構已經發育成長，超過當初的設計很多，已不是現有的高級權威所能管制。

雖說黃巢沒有隻手摧毀唐朝，這朝代也在他造反之後崩潰。茲後各州向宮廷所繳納的稅收愈來愈少，這朝代只掙扎著約二十年。公元904年朱全忠──過去是黃巢手下的將領後來降唐，至此命令唐朝皇帝和他同去洛陽，此乃朱自己以軍閥的姿態可能確實控制的地盤。於是距他篡唐而代之的行動只差一步。兩年之後，他終採取了這步驟，正式結束了二百八十八年前李淵和李世民所建立的王朝。

歷史重心向東移

公元906年之後，西安再未曾成為中國的國都。當中國即將進入本千年之際，情況愈為明顯，國都必須接近經濟條件方

便之處。中國的重心已移至東邊。東南區域尤以土地肥沃水道交通便利而有吸引力。即使化外的游牧民族，也以當中獲有農業經驗者佔優勢。自然之選擇已使東北爲他們理想的基地，遠超過乾旱的西北，那是吐蕃、突厥繁盛之區。所以中國多數民族與少數民族在今後四百年的爭鬥中，採取一種南北爲軸心的戰線，與西安漸漸遠隔。這座古老的國都，也已在歷史中充分的表現過它上下浮沉的經歷了。

【第十一章】

北宋：大膽的試驗

北宋時期，中國彷彿進入現代，物質文化蓬勃發展。開國君主趙匡胤打破傳統中國作風，以務實的態度從事各項政經改革；神宗時王安石提倡新法，企圖以現代金融管制方式管理國事，其目的無非都是想藉由經濟力量支援國防軍備，以應付來自遼和西夏的威脅。但當時社會發展尚未達到足以支持這項改革試驗成功的程度，新法未能成功施行，宋朝成為中國歷史上最軟弱的一個朝代。

公元960年宋代興起,中國好像進入了現代,一種物質文化由此展開。貨幣之流通,較前普及。火藥之發明,火焰器之使用,航海用之指南針,天文時鐘,鼓風爐,水力紡織機,船隻使用不漏水艙壁等,都於宋代出現。在十一、十二世紀內,中國大城市裡的生活程度可以與世界上任何其他城市比較而無遜色。

趙宋王朝的新氣象

宋代的創業之主趙匡胤是軍人出身,他沒有打算重新分配農業田地;也沒有設計徵兵,宋朝可說是中國唯一以募兵解決軍事人員需要的主要朝代。趙匡胤登極之後,就在國都開封之城南開掘了一座人造湖(這開封也只為宋代國都,自後即未再為中國其他之主要朝代選作京城)。他並未經常的向部下訓辭或者聽儒臣講解經史,倒是花了很多時間在這人造湖上視察水師和陸戰的演習。他也常去船塢視察戰艦製造。趙匡胤深悉軍事上的力量需要經濟力量的支撐,他決心在庫房裡積絹二百萬匹當作自己財政上的儲蓄,以便和北邊半漢化的朝代交兵。

此一行政之重點從傳統之抽象原則到腳踏實地,從重農政策到留意商業,從一種被動的形勢到爭取主動,如是給趙宋王朝產生了一種新觀感。在許多方面這新氣象打破了傳統中國的沉悶作風而別開生面。這新趨向從政府的組織上來看,為保持門面上之前後一致,宋朝幾乎恢復了唐朝所有衙門職司,同時也創立了許多新機構,這些新機構功能上更具彈性,在業務上

超越舊有組織，而當中最重要的無逾於樞密院（主軍事）和三司（總攬財政）。有了這些新機構，朝廷打算以實際的作法去處理各種業務，而不是僅在儀式上裝門面了。且皇座既毋須全部以道德的名義自居，也就可以比較站在人本主義的立場。創業之主趙匡胤就曾立志不因臣下與他意見不合而置人於死地，並將此信誓納於太廟，傳及子孫。同時為防制皇位的繼承成問題，趙也在生前安排傳位於弟趙光義。在這方面他較約三百五十年前的李世民要高明得多了。

可是這一套設施只獲得局部成功。從經濟方面講，宋朝面臨中國有史以來最為顯著的進步：城市勃興，內陸河流舟楫繁密，造船業也突飛猛進。中國內地與國際貿易都達到了空前的高峰。銅錢之流通也創造了新紀錄，之後再未為任何朝代所打破。另外因政府提倡開礦與煉礦的進展極速，紡織業和釀酒業的情形也相埒。在行政方面，趙匡胤一心要想防制的情事大致已被禁斷，即使宮廷裡有陰謀也無過去之深度與範圍。從歷史上講宋朝，扶植中國經濟之發展逾三百年，不可能說對中國之福利毫無貢獻。可是在這段期間文官中的爭執較前加劇，且其演出不再循照傳統的方式了。起先政策上不同的意見以公事公辦的態度提出辯論，但在兩方堅持不下時便有投機分子鑽入，使爭執蒙上惡名，以後的結局也更為惡劣化。

此外也尚有其他不合情理之處。一方面創業之主趙匡胤對意識形態全不關心，結果宋代之理學與政治哲學不能分割，使意識形態的影響更為龐大。另一方面自創立朝代之日，國君與

朝臣都希望對軍事外交與財政採取比以前實際的態度,而結果在軍事外交及財政三方面,宋朝之作爲卻遠不如其他朝代。

這種種不可思議之處只因有了現代的歷史經驗才能適當的解釋。趙宋王朝以亞洲大陸之大塊土地作背景,在社會準備未及之時,就先企圖以金融管制的技術作行政工具,以致產生了以上種種矛盾之事。

軍閥割據的歲月

上章業已說過,唐代之覆亡不由於道德之敗壞,也不是紀律的全部廢弛,而是立國之初的組織結構未能因時變化,官僚以形式爲主的管制無法作適當的調整,以致朝代末年徹底的地方分權只引起軍閥割據。一個節度使,亦即地方軍事首長,可能將一州一道的土地據爲己有,在境內行動完全自由。他自己若要率兵征討的話,則任命一個部下爲「留後」,所以權力之基礎屹然不動。年久月深,他和部下的位置全可遺傳。加上在州內道內稅收也由軍官管制,他們定舊稅之稅率,也公布新稅名目,是所謂「以部曲主場院」。此所以朱全忠在公元907年取李唐王朝而代之時不足以驚師動眾,乃因李淵與李世民所創立之制度,經過二百八十八年,早已失去了它存在的意義。

可是朱全忠也無法使破甕重圓。中間自公元906年起之五十四年,中國史家稱爲「五代十國」的階段,好像將隋唐以前的分裂局面翻一個面(但這次五個短朝代是在北方而不在南方嬗替。而所謂十國除了一個例外,則有些同時,有些前後交替,

出現於南方）。簡單的說，北方稱帝的朝代有心製造統一的大帝國而力不從心的時候，南方的將領也乘機稱王，採取行動上的獨立。

全部分裂的局面既不出五十四年，可見得唐朝遺留下的局面並非完全不可收拾。簡概說來，中國主要仍是一個以小自耕農為主體的國家，只是各人所掌握的產業大小不同，地域上生產率也有差異──有時同一地域內尚有極大的懸殊。新的財富可從商業、農產物、釀造、工礦和內陸商業中取得，甚至鑄錢亦可以獲利。這已不是昔日那種概念計劃即可經營管理或是豪宗大姓可以把握小地區，構成獨立門面的情形。在這種條件下軍閥割據實為歷史對當前問題所提供的答案。

事實之發展如是，地方上之軍事首長以各種名義倡導他們合法的地位，且在境內全部徵兵。可是實際上兵員仍由招募而來，不過所有費用是由境內人戶分攤。在很多地區正如若干地方方誌所述賦稅達到空前的高度。只是這和一個由中央作主全國一致的稅收制度不同。主持人既為本地權威，職位又是世襲，與各地區自然休戚相關，賦稅自也能按照各處之實情，根據付稅人的能力分攤了。

在這期間，這些地域上之首長採用抽調精兵的技術，他們不斷的從下級部隊挑選優良的官兵組成親軍，讓下級部隊僅能保有劣勢人員與補給，高級軍官則成為首長的拜把兄弟或義子。這樣一來上下之間便有了固定聯繫，只要各地域互相競爭的狀態不釀成長期大規模之戰事，此種平衡的局面可以使整個的安

排保持原狀。中國在五代十國期間和日本中世紀的情形確有若干相似之處。

這樣的情形是好還是不好？傳統的歷史家一致以「僭竊交興，稱號紛雜」的評語概括綜敘這一時期，亦即以其缺乏可資尊敬的中樞權威為可恥，以致「犯人，匪盜與負販」也能稱王稱帝，而篤行謹慎之士反倒沒有出路。當時賦稅之高也常被指摘。然而這些作家卻沒有看出，當政府之重心移到省級單位之後，行政上便更能注重到地方實情。且就財政上說，免除了兩層政府的開銷，可以使費用大為節省。因此獲得最大裨益者，即為長江以南地區。當時此區大致保持了和平，稱王的各地區首長於是約為婚姻，在地方有災荒時他們也互相接濟。同時本地的開發，也次第展開，有如馬家在今日之湖南，便使茗茶成為一種輸出品；錢家在浙江大開水利；王家在福建充分提倡國際貿易。這些成就不是一個中央集權的官僚組織可能勝任愉快的。他們免不了要將注意力放在經濟上效能最落後的方面去，以保持全面的均衡，由是免除了地區間的摩擦。

面對半游牧民族的挑戰

可是儘管如此，一個分裂的中國也使北方的國防沒有保障。公元936年，仍在此間所述之分裂階段內，這五個短朝代中的一個帝王和契丹定約。這契丹乃是一種半游牧民族，發源於中國之東北。石敬瑭向外乞援之情事沒有長久的歷史意義，可是他付出的代價則意義深遠。936年的協定割燕雲十六州予契丹，

包括了長城以南一線的領土，連今日的北京在內。從此北方門戶洞開，影響中國四百年。中國人這才領會到游牧民族與以前的不同，他們已有相當的農業經驗。今後他們將所割受之地當作一種訓練場所，使從正北及東北而來的經理者熟練於管制大量從事農業的人口，而造成了繼續向南發展的態勢。

宋朝之興起可視為對這挑戰的一種反應。以前實際上各自為政的地區首長已不斷地提高他們軍隊的素質，也不斷加強地區上財政的統治，但直至宋朝，才將他們歸併統一起來。趙宋王朝雖說在名義上仍號召大一統的帝國，但在某些方面卻具有民族國家作風。尤其在團結南方以對付北方時，它是站在一種帶競爭性的立場上。

公元960年之春，當時趙匡胤是五代十國中最後一個短朝代——周的統軍之將，他的軍隊宿營於陳橋驛（這地方是一座小市鎮，距國都開封只有一段很短的距離）。某一天凌晨他被部下將士驚醒，他們以黃袍加在趙匡胤身上就擁立為天子。軍士擁立的情事曾發生於五代十國的時期，也曾在西方發生於羅馬帝國，可是趙匡胤與眾不同。自唐代衰亂以來各地區強人所發動的種種運動，當中並無連繫與協定，有了趙匡胤才使其集結起來，最後使之構成一種中央集權的官僚政治。全中國歷史中再無另一朝代是在相似的情形下出生。

當趙率軍回開封時，取周而代之的工作毫不費力的完成。新朝代之主，瞭解分裂的中國不能與北方的強鄰作對，放棄了當初北伐契丹的計劃。此後趙匡胤即以收併南方自主之國為職

志。長江中游於公元963年取得，今日之四川於965年取得，廣州於971年取得。今日之浙江與福建則不在他統一的疆域之內，直到他的弟弟趙光義嗣位之後才接收過來。

趙匡胤力所能及的地方，中央集權的措施執行得既輕快也徹底。新皇帝的機警，不走極端，對錢財上的大方，使他的籌謀容易兌現。登極之後才一年半，趙匡胤和擁他爲帝的起事諸將談判，讓他們自請退役，皇帝則賜給他們豐厚的報酬與名譽官銜，於是足以動搖皇位的「黃袍加身」喜劇不致另覓主角而重演了。

宋朝的軍隊分爲三級。最高爲「禁軍」，次爲「廂兵」，再次則爲「鄉兵」。上層的隊伍經常吸收下層之優秀人員而將本身不及格之人員淘汰給他們。過去軍閥割據的重點改爲文官鎮守，並且規劃了每三年一巡調的例規。

稅收也改由文官接收管理，以前的帳目收據經過極詳細的審核。公元965年的詔令：凡諸州支度經費外，所有金帛都送中央。於是所有的金櫃庫房的積蓄，不時發送開封，使該處成爲全世界最顯著的內陸港口之一。爲了遣送這些物資，全國劃爲六個財政區域，每區稱爲一「路」，由一個「轉運使」掌管。他們「歲行所部，檢察儲積，稽考帳籍，凡吏蠹民瘼，悉條以上達」。趙光義在位期間（在公元976-977年），據說倉庫內存雨衣和帳幕的材料「數萬段」損破，顯示當日財富集中，開封所控制的物資之豐富，可能全世界無出其右。

北宋的三邊關係

宋代不振的原因

　　可是縱有以上的準備，趙宋在中國歷史上還是成爲一軟弱的朝代，它的軍旗從未在北方草原地帶展開過，更用不著說向東北或西北角延伸到中亞的腹地裡去了。它也從沒有像漢、唐一樣，佔領今日越南之一角。要是不怕說得過於簡單的話，我們可以概括的指出，全宋朝三百一十九年的紀錄，無非是軍事的挫敗和退卻，所有的例外則是以「歲幣」爲名向北方少數民族購得的和平。這種看來離奇的情形並不難解釋，只是我們務必要將古代歷史家忽略未提的若干情節，一併提出檢討。

北宋之東北是契丹所成立的朝代——遼。契丹屬蒙古語系，他們活躍於圖上之地區已逾三百年，即使仿傚中國朝代所成立的遼，也比宋早出現五十三年。遼之國君通文墨，他們的文字在公元920年即已出現，並曾接受過高麗、回紇、吐蕃的朝貢。在宋代出現之前，甚至在浙江稱爲吳越王的錢家也曾向契丹之遼朝貢。不僅契丹所佔的中原領土有漢人的官僚治理，而且遼境後方，據目擊者的報告，無數之官吏、文人、工匠、優伶、武術家和僧尼也來自中土，由是也可見得其漢化程度之深。這半漢化國家的組織能力，比漢和唐對抗的單純游牧民族要厲害多了。那些單純的游牧民族所恃，不過疾風迅雷的衝鋒力量。

西夏也不是單純的野蠻人。他們組織的半漢化國家在初唐時即曾活躍於它日後佔領的地區，當它在四百年後與宋人抗衡時，一個漢化的政府早已存在。西夏文以藏語爲基礎，重要的儒家經典早已翻譯成書。羌人則屬藏族，此時多數已操農業。

所以在公元十世紀，這些少數民顯然得到漢人指點，業已將他們的文化程度提高，以致宋朝所面臨的邊防問題與它以前的朝代不同。這些游牧民族已有農業基地，他們已築城爲防禦戰。北方地勢之艱難對他們有利，同時他們也保存著動員的迅速和在戰場上的機動性，這些優勢與他們草原上的生活習慣息息相通。契丹人與羌人雖然常有衝突，但在對抗宋的時候卻彼此一致。

中國人缺乏堅強的民族觀念也構成趙宋王朝的一大弱點。很明顯的，假使所有漢人決心從外人束縛下求解放，這種解放

戰爭當然會有利於宋的軍事行動。可是實際上雙方之競爭只在大體上被視爲一種朝代之間的衝突。

這種現象是一千多年來世界主義發展的後果。中國人自己提倡一種神話，認爲亞洲所有的民族都是黃帝的子孫，只因地域之阻隔才有了人種的區別。古典文學重「文化主義」（culturism）而輕國家主義。被稱爲亞聖的孟子，曾經強調要是能使一般群衆生活有助益的話，則向外來的主子臣服，既非不擇手段，也算不得卑躬屈節。他的書中有一段提及舜爲東方之夷人，周文王爲西方之夷人。這文句被所有有學識的漢人熟讀而構成了與異族合作的根據。受有教育的人士態度如是，一般人民與在位天子的種族出身便毫不重要了，當然也用不著對民族觀念發生顧慮。而契丹之國主也已看透當日情勢，不給治下漢人反對他的憑藉。

補給上的弱點

迄至今日較少爲人瞭解的，則是趙宋王朝尚有它補給供應上的弱點。表面上看來似乎不可能。因爲整個說來，南方地域大，物產多，人口衆，在技術上也較進步，且有水道的便利。但是要取得以上各種優勢務需一個徹底現代化的組織才能辦到，這在公元十一世紀是不可能的，即是數年後也仍沒有著落。

宋朝的供應物資多，可是供應的路線也長。在軍事部署上講，將多數物品同列於軍需之內違反了簡單雷同的原則。當日記帳的能力不能保證有完滿的協調，即使最基本的數字，在管

軍政的樞密院與管財政的三司也互不相符。現代的讀者務必在此看清:趙宋的試驗要能在這關頭實現而有成果,財政上各種端倪必須全部用商業習慣管制。各種度量衡的單位必須標準化,可能互相交換的品物與程度也需要公認,且要能由獨立的機構監督;官僚必須以技術作主,不能以意識形態和人事關係變更初衷。其行動範圍之大,包括支援百萬大軍,不可能沒有民間事業之參與。因此看來,則大多數民間事業從旁在側的襄助,也須公司化,採取法人的地位才能對公眾負責。統而言之,一切要能在數目上管理。

事實上宋朝主動發起了一種軍事部署,它的成功全靠後勤的支持,而這種支持,直到二十世紀初期,中國仍無力充分的供應。所以這嘗試可謂過早提出而逾越了當時的能耐。除了內地河流和運河上有相當船舶的交通之外,宋朝政府的功能及民間事業全無以商業作主之徵象,是以趙宋王朝無可避免地須承擔其本身過早突出的後果。如果這麼說還不夠清楚,那麼在宋朝第六個皇帝趙頊期間,王安石的變法最能將此中情節一覽無餘的揭露。

宋朝很早就企圖剷除遼之盤踞。可是公元979和986年兩次戰役都一敗塗地。第一次戰役宋主趙光義幾乎被俘,第二次戰役他親自指揮戰鬥時曾受箭創。隨後當契丹採取報復行動時,發動了無數次的邊境衝突。公元1004年他們全面入侵。因為開封位於一個平原地區上,契丹直逼國都,第三個皇帝趙恆因之倉皇的批准了一段和議。和議中雖然宋遼彼此以兄弟之邦的地

位同等對待，但宋朝從此被迫每年供給絹二十萬疋銀十萬兩。

　　從歷史的後端看來，這1004年的協定有它的作用。這「歲幣」只佔宋朝政府收入之一小部分，可以當作是給比較窮困的鄰邦一種援助，以彌補雙方貿易之赤字。這種為和平付出之代價無疑要比戰費來得低廉。可是這種看法必須全部放棄當事人的觀感，而接受地緣政治的仲裁，當日宋朝君臣不可能有此置身事外的反應；他們無法承認這種妥協為事理之當然。中國歷史之中，從無一個統一天下的大帝國卑躬屈節的向一個文化程度低的邊區國家進貢。同時契丹也認為歲幣為戰敗國之賠款，也不可能覺得這是一種慷慨的賜予而表示感激。因之，公元1042年他們要求增加歲幣時即以武力為後盾。

　　宋朝之中國更未將西夏放在眼裡。理論上西夏佔領著中原領土之一部，向宋稱臣。當公元1038年西夏獨立自稱皇帝時，宋廷立即稱之為「反」，並且停止互市。可是中國派兵征剿，連戰皆北。宋朝一再派兵，卻連失城寨，而且死傷慘重，遷延到1044年，中國所能獲得的下場不過是使西夏之主在文書上自稱「男」，上書於「父大宋皇帝」，而在其本國內稱帝如故，因之中國也年「賜」絹銀茶葉共二十五萬五千疋兩。

王安石與新法

　　在這背景下趙頊於1067年登極。當時他年方十八，但已有了勵精圖治的聲名。他一生的志願乃是洗刷國恥，掃除北方邊境的蠻夷之邦，光復中國的疆域。步宋朝首創者趙匡胤之後塵，

趙頊也覺得中國的資源足以發動達到這目的。他在宮廷大內建造了一批庫房，又自作詩一首，以每個字為庫房之名號，唸來則如：

> 五季失圖，獫狁孔熾。藝祖造邦，思有懲艾。
> 爰設內府，基以募士。曾孫保之，敢忘厥志。

譯成白話文，則為「五代十國之間缺乏計謀，以致蠻夷戎狄猖獗。有創造天才的祖先創立朝代，企圖挽回這種頹局，所以開設內殿中的府庫，作為募兵籌餉的基礎。我做曾孫的繼承此業，豈敢忘記他的遺志？」當他與文學之臣王安石對談時（後者已有卓越的聲名），因為兩者都有以經濟力量充實軍備與國防之著眼，因之一見如故。

王安石改造財政的一套規劃稱為「新法」。當中一項創制稱為「青苗錢」，即政府在栽種禾苗的季節貸款於農民，秋收之後還款時附加百分之二十利息，此在當日不算過分。另外一種辦法叫做「免役錢」，此因宋朝衙門裡有些差使如衙前（典府庫或為外班皂隸）、書手、弓手、散從等不由招募而得，係不給值的由民間差派，並由其擔負財政責任，如有差失須由服役之人出資賠補。王安石主張由民間普遍的輸錢助役，其人員則公開招募。政府倉廩裡物品存積不能生利，王之「市易法」則將之貸與商人，在出賣完畢結帳時連本帶息歸還，或事先以金銀地產作保障金。同樣的，「均輸法」讓各轉運使將應當送往開封的物品在當地出賣，而買得在京城不易到手的貨品牟利。在整理土地稅時王安石用「方田法」。這辦法基於全面的土地

測量，以每邊五千尺為一方，內中又按土地之肥瘠分作五等以便按出產量徵稅。另外，為保障兵員之來源，王安石作「保甲」，亦即民兵制度。

自新法公布之日，王安石即遭遇同僚的反對，各種不同的批評一時甚囂塵上。新法中無一項目得到確切的效驗，它只使官僚機構分裂，而這位改革者則在罷黜後，又召而復用，又再度罷免，最後被貶回南京（當日稱江寧），派給無關宏旨的官銜，賜以公爵的名義而退休。

這一連串情事之發生使皇帝趙頊終生不快。新法之目的在富國強兵，然後對付北方之強敵，但這種目的始終無法實現。朝中一位敢言的大臣甚至上書，希望他一心保持和平，最好二十年不談兵。在趙頊為帝期間，尚再割地給契丹。雖在西北宋軍終擊敗羌人，可是這勝利之前已有一連串的失敗。當前方軍事不利的情報到達宮廷的時候，趙頊夜不成寐，只是繞榻而行。公元1081年的攻勢據說投入戰場的有三十二萬人，遭到空前大量的死傷之後，宋軍只攻佔了四座堡寨。當趙頊在公元1085年三十六歲去世時，主和的朝臣決定將這四處得地奉還西夏，以免兵連浩劫。他們知道在長期戰事中，宋軍無法取勝。

新政的起落轉折

接趙頊皇位的為太子趙煦，其時尚未十歲，由祖母太皇太后高氏主政，這期間王安石所作新法一律停罷，他所用之人也一律辭退，以便迎納反對派的朝臣（當中最有名望的乃是任宰

相的歷史家司馬光）。公元1093年高氏去世，趙煦年十七歲，實際攬政，他再來一次轉變。他又重行新法而罷免反對派人物。他的改革牽涉了很多朝臣，有時已去世多年者仍被波及，連科舉考試的內容也大不相同，除了褫奪太皇太后的頭銜一項提議未被採納，甚至大行皇帝趙頊一朝的實錄也整個重寫，以便支持朝政之大轉變。

這還沒完。公元1100年趙煦辭世，年方二十三歲，皇位由異母弟趙佶接替。此為宋朝第八個皇帝也是有名的畫家。他對新法採取了兩種不同的處置：最初的兩年他站在反對派的一邊，茲後他轉變方向支持改革派。此時王安石逝世已將近二十年，他的聲名也隨著朝政的改變而上下。公元1104年他的聲望達到最高峰，一道詔書頒稱他為孔門的第三個聖人，位在孔子、孟子之下，同樣在孔廟享配。同時反對他的三百零九個朝臣，以司馬光為首，貶為奸黨，他們的名字被鑴石立碑，使他們的奸邪千秋彰著。

王安石的故事是中國歷史裡的一大題目，幾世紀以來對他作褒貶者不知凡幾，迄至現代仍左右國際的視聽。記載他作為的書文，也有不同文字的刊出。顯然的，他的功業是一值得爭辯的題目。可是很多類似之出版物，對一般讀者毫無用處。

在二十世紀末葉提及王安石，我們只更感到驚異：在我們之前九百年，中國即企圖以金融管制的辦法操縱國事，其範圍與深度不曾在當日世界裡任何其他地方提出。當王安石對神宗趙頊說「不加稅而國用足」，他無疑的已知道可以信用借款的

辦法刺激經濟之成長。當生產增加貨物流通時，即使用同一稅率也能在高額的流通狀態裡收到增稅之成果。這種擴張性的眼界與傳統的看法不同，當時人的眼光將一切視爲不能改變的定數。因此王安石與現代讀者近，而反與他同時人物遠。

改革的盲點與障礙

　　可是一個重要的因素始終沒有被王安石看穿，也很少被他日後的崇拜者顧及，即現代金融經濟是一種無所不至的全能性組織力量，它之統治所及既要全部包涵，又要不容與它類似的其他因素分庭抗禮。顯而易見的財產權之被尊重和分工合作的交換率所根據之客觀價值，不能在某些方面有效而在其他的地方無效。如果這當中產生兩種條例和不同的習慣，則必生出罅隙，不僅引起爭辯，而且將鼓勵經濟因素逃脫管制。大凡金融經濟生效，有關貨幣與信用的事物必須取得隨時隨地都可公平而自由交換的法定地位，此有如液體被封鎖於油管或水管之內而仍保持其賦有之壓力。揆諸世界歷史，迄今尚無一個國家可以不經過一段艱苦奮鬥，而能構成此種組織之體系。舊有之系統，包括其中的既有利益必須剷除，然後所有的物資與所有的服務才能全面的交換，新的體系才能成立。王安石的變法沒有引起所述的社會衝突，是因爲宋朝的社會還未發展到這一程度，足以糾結新舊兩派，作這場決鬥。他的改革，只是政治上的一種衝動，而不是一種經濟上的發展，所以其爭執只出現於官僚組織之中。

　　有了今日的歷史眼光，我們才能斷言要將這帝國之財政商業化，金融之管制方式必須就位。有關匯票、提貨單、保險單、共同海損、以船作抵押之借款、冒險借款、股份、打撈權利等等都要經過立法才能執行無礙。更重要的是法律上有關遺產繼承、破產、喪失贖取權、假冒、欺騙、監守自盜等之規定也要與商業社會裡的流動狀態相符，且一切都用金錢統治，這一點才做得通。宋代內陸商業組織之實況與這種要求相去至遠。

　　中國社會的低層機構之內，有更多不相符合之處。王安石之改革影響到全國農民，其最後之目的在將改革成果帶到華北戰場。如此的一種商業組織是不能缺乏農村內最低階層的支持。可是宋朝和以前的朝代一樣，土地之佔有分割為無數小塊，這種情況已有幾百年的歷史。農民棄地逃荒的情形經常發生。除了特殊情況之外，一般不由農業存積資本的情形，在當日和現在沒有基本的差別。當這種種條件繼續的過程中，有關服務性質事業即不能建立而展開。付費公路既未曾修建，一種正規之郵政也付之闕如。法庭的費用無力支付，則遲滯新式民法之展開。地方官發現，農民只能集體的指揮對付。所以宋帝國全國一致的局面，是由於文化凝集的力量，構成了社會的紀律，而不是金錢的力量和因之共存的凡有事物都能共通交換的因素。

　　因為他們缺乏我們今日的認知，所以宋朝官僚只在道德的立場上爭辯，而在言辭之中暴露了當日社會的情形。例如青苗錢即未曾如現代之標準以法定的方式主持。所有申請貸款、調查申請者之情形、提供借款之保證、到期不能還款之處置、及

沒收其擔保之財產等，全無著落。縣令只將款項整數交給農民而責成他們集體負責，按時連本帶利的歸還，絲毫沒有顧慮到村民的意願和他們各人間的關係與責任。放債的資金來自倉儲，原為籌備賑荒之用。而各縣實際的儲存，甚有出入，有些縣分即缺乏倉存，在一體貸款追息的要求之下，這些縣分雖未貸款，其縣令也不得不在田賦上附加，以抵作應向上級繳付的利息。市易法也無從吸引太多商人與政府做生意；他們大多數害恐怕與衙門牽連。於是官員親自督賣，使批發商絕跡，貨物價格也只好由這些官員自定。有一次甚至有官衙人員在街上賣冰塊與果品，被皇帝譴責。至於徵收免役錢等於責成在鄉村中實現金融經濟，實際上政府早應組織銀行，提倡保險，擴大批發業務，凡此都應當在城市之中著手。

而保甲法卻又與王安石其他新法背道而馳。向全體農民徵兵有如以前各朝，必以均田作基礎，因為當兵的義務可以視作每戶都納同等之稅，而稅率又輕的情形下的附帶條件。宋朝既已將稅率提高，又促進金錢的流通，則全面徵兵必使窮困之家更為不堪。而以方田法整理田賦也遇到技術上的困難。例如公元1082年，開封府報告每年測量只及於兩縣，全府之十九縣須十年才能測量完畢。當這報告提出時，當中已經蹉跎十年了，因方田法案最初是在1072年提出的。

新法的失敗

新法既然遇到如此不能克服之障礙，不免使人懷疑，當初

有何憑藉使其得以被提出？而且既已失敗，爲何又一再被挽回重用？在答覆這問題時，我們必須知道，宋代官僚固然缺乏今日之眼光，無從洞悉金融經濟之管制有待於各種預備工作之就位，而此種條件，超越了他們所處的時代。然則缺乏這樣的眼光，也使他們不敢站在我們的立場，武斷的認爲新法必不可行。新法是一種試驗，也是一種奮鬥。這是他們的試驗與他們的奮鬥。

倘使新法不作爲全國一致的法令頒布，而由若干地方官或若干帶特殊性質之官僚將其局部提出實行，其成敗則未可知。但倘使如此，沒有上級的督責，也無固定之目標，這些措施，亦不足以稱爲以金融管制操縱國事。可是在較小規模之內，政府之活動滲入私人貿易之中，並非全不可行。例如唐朝之劉晏即曾將手下所管理之商品買入賣出，因而獲利。在王安石將新法推行於全國之前，他任鄞縣縣令，他亦曾將公款貸與農民生利，而得到彼此滿意的成果。類似的事蹟使趙頊和他的兒子們滿以爲反對新法者是有意阻撓。而使局勢更爲複雜的，則是不論新法適合實況與否，它一經頒布通行，收回亦至爲不易，將其廢棄也會產生甚多不良後果，所以主持的人不得不躊躇。總之，王安石之進退，擾攘北宋半個世紀，牽涉到力不從心的君主，也確實引入用心可疑的臣僚。只是我們看到主要人物之實力和風格，而他們也捲入漩渦之內，則可以斷言這段事蹟，只是時代的矛盾。中國政治統一的程度遠超過國內的經濟組織，繼續發展的結果，只有使兩者都受挫折。

【第十二章】

西湖與南宋

歷經「靖康之難」的劇變，宋高宗君臣於風雨飄搖中，在臨安（杭州）重續宋朝命脈。這一身兼製造業中心的南宋國都，繁華不下於〈清明上河圖〉中所描繪的汴京景象。然而，儘管帝國掌握了豐富的資源，但缺乏適當的服務性事業爲之周轉，使得經濟上未能突破，影響所及，軍事也積弱不振。因此，在金和蒙古人的連番侵迫下，只有走上滅亡一途。

　　杭州（臨安）在隋朝已負勝名。南北大運河開創後，它是
南端終點。它與開封不同，後者大體上是一座消費城市，購買
力操在政府官員及其家屬和隨從手裡。南宋的國都——杭州，則
是製造業中心。造船業、絲織業、瓷器與紙張的製造在南宋尤
其突飛猛進。

西湖勝景

　　對現代的旅遊者而言，離杭州近在咫尺的西湖，是觀光者
必往的勝地，當初該處是杭州灣的一部分，迄至公元七世紀前
期尚且如是，後來靠錢塘江的一面被阻塞，年久月深，湖中的
鹽水也就變成淡水而成了今日的西湖。

　　西湖在面積上只比杭州市略小。兩座大堤將西方及西北方
曲折的湖岸距離縮短。白堤以白居易而得名，直通孤山。蘇堤
則始於蘇東坡，他是詩人、畫家、和散文作家，在十一世紀曾
劇烈反抗王安石的改革。雖說他和白居易兩人之間相隔近三百
年，但他們前後都曾在杭州一帶任地方官，也曾前後疏濬此湖。
兩座長堤即他們的工程所留下的遺跡。如此看來，中國傳統政
府以具有美術觀念的人才為官僚，有其用心設計之奧妙，雖說
兩人同在西湖留名也算事出偶然，但其注重環境之保養與生態
學則已勝過一般官吏。

　　中國一本歌劇稱為「白蛇傳」者，以西湖為背景，最近在
美國風靡一時。揭幕時觀眾即面臨湖岸。兩隻蛇之精靈，一白
一青，已變成兩個姣好的女子，名叫「白素貞」和「小青」。

她們在白堤上邂逅一個年輕男子許仙。素貞與之一見鍾情，結褵爲夫婦之後，生有一子，小青即在他們家裡伺候。可是金山寺裡的方丈法海，發現了素貞的妖孽來歷，即用一只法碗將她罩住，並且在碗上造雷峰塔。根據這段神話，只要雷峰塔在，白素貞免不了埋在萬千噸的磚頭之下。幸虧小青在當日大禍臨頭時逃脫，再回來時已率領著大批蝦兵蟹將，而許仙與素貞所生子也已成年，加入戰鬥。他們的解放戰終於使白素貞恢復自由。以後下文如何無人道及，只是雷峰塔則名不虛傳確有此塔，而且在1924年崩潰，今日只有其痕跡殘存。

即使是民間傳說，中國人也保持傳統觀念，認爲由浪漫邂逅而來的婚姻必大爲不祥。不是蛇在引誘女子，而是女人本身即爲蛇蝎。可是這篇故事之結局則表示著充溢生命之活力終能戰勝權威，因爲後者只能犧牲人本主義去迎合一般習慣，觀衆自此亦可看出大傳統與小傳統不同。高級文化離不開知識分子，小傳統則以農民漁夫爲標榜，如果那還不夠，即搬出蝦兵蟹將作爲陪襯。

失勢的英雄──岳飛

旅遊者經過西冷橋畔，引入蘇堤，附近有岳墳。葬在墳中的岳飛，也是宋朝的一位出色人物，從行伍出身，升爲下級軍官終成爲宋朝最有名的大將。公元1141年他爲宰相秦檜所誣構，以抗命罪死於獄中。當時秦檜與皇帝趙構密切合作準備與來犯的女眞人議和。女眞人已組織了一個漢化的朝代稱爲金，正長

驅直入，迫著宋朝南退。岳飛的罪過乃是在這內外混亂之際還能約束部下，得到人民的支持，剿平盜匪，並且以步兵戰術擊破了來犯的金兵。他那時候只三十九歲，如若讓他生存，則不僅幾費周折談判剛有頭緒之和議可能變卦，而且這朝代南北奔波喘息未定，本身也會因為能將在旁而感到威脅。

岳飛死後二十年，被南宋朝廷平反，中國人因崇拜失勢英雄的習慣，將他崇敬得僅次於關羽。可是岳飛與關羽不同，他精通文墨，他將傳統之忠孝觀念與所受教養同時發揮。今日岳飛墓旁已建有廟宇，高十四呎，內中供奉他的神像及全部盔甲，上有匾額，據說「還我河山」四字係根據他本人書法描繪。事實上岳飛在最近幾十年來，有鼓舞中國人民族思想功效。在他神像前有四個鑄像向他跪列，此即宰相秦檜夫婦和兩個同謀者。在1930年代本地巡警很不容易才禁止遊客溲溺於秦檜像上。也有人以粗硬之物包括鎗柄去搗秦檜之像首。只有在二次大戰時投降日本的汪精衛，才敢說岳飛是一個不能節制的軍閥。

岳飛不是軍閥，事實上他可以節制。要不然在華中大勝金人之後，不會因秦檜以皇帝的名義召他南歸，即停止了與女真的戰役而就死地。其實與敵人對抗時，在戰與和兩途徘徊乃宋代朝廷的一種慣習，這種舉棋不定的態度可以追溯到北宋時代（那時國都仍在開封）。宋朝不能在戰與和的途徑上長期保持其政策之前後一致，對本身造成的損害，遠超過秦檜的奸計。

和與戰的徬徨

這和戰歧途，始於宋朝的第八個皇帝趙佶。他要不是被命運安排而有九五之尊的話，大可以在書上繪插圖或專心收藏藝術品而生活得比較妙曼，做皇帝實非所長。他御宇期間不僅有王安石的糾紛，而且有女眞人的勃興。女眞發源於東北松花江上流，語言屬通古斯（Tungusic）系，也與以後之滿洲人相聯。在公元1113年他們叛離宗主遼而獨立，一年之後即自稱「金」，當時北宋已向遼納歲幣一百一十年。公元1118年的趙佶朝廷，炫惑於金人的成功，與之結盟攻遼，希望藉軍事行動的成功，而得以收復燕雲十六州，完成朝代的宿願。金之攻遼，如摧枯折朽，全不費力。1125年不待宋朝援助而滅遼。翌年這些遠在北方之戰士，覺得他們可以乘新勝之餘威，對付北宋，於是大舉南侵。趙佶在最後關頭，傳位於長子。金人旋即攻入開封，將宋朝當今皇帝與太上皇一併俘虜，送往東北，他們父子終身未得南還，同年（1126年）北宋滅亡。

趙佶的第九個兒子趙構自立爲帝，也成了岳飛秦檜的主子，歷史上稱爲南宋。可是趙構剛一行禮登極，立即就要逃命。往後四年之內，他從華中被金人追逐到長江之南，又從杭州逃到寧波，有一段時間內甚至寄身於沙船之上，沿著海岸線來往，以避免成擒，直到公元1132年金人北去，他才回到杭州（當日稱臨安）。1138年杭州成爲國都，可是仍稱「行在」，因爲開封爲趙宋王室歷代祖先陵寢所在，不能名正言順的放棄。

公元1141年的和議使趙構之母（以前也被金人俘獲）南下

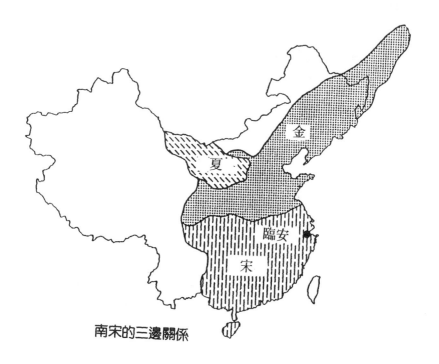

南宋的三邊關係

母子團圓，南宋及金以淮河爲界，宋承認金爲宗主國，宋主所
著之冠服由金供給，金即定都於今日之北京。南宋既爲附庸，
每年向金納歲幣五十萬，半爲銀兩，半爲絹疋。

　　女眞之金，既稱業已因封貢而成爲高麗人、回紇人及西夏
藏人之宗主，於是因循中國傳統，宣告其爲區宇一家之大帝國。
在宋使呈納貢品之前，金朝已開始科舉取士，文官之品級也已
頒布，其君主著中國式之冕服，孔子之四十九世孫也被封爲公
爵，在祭祀孔子時，金主親自行禮。

　　當日宋廷反對和議一派最有力之辯辭爲：國君須向異族行臣下之禮乃大失體統之事。然則反對和議也使國君之母無法南歸，此又不免與傳統之忠孝觀念相違。此處不少歷史家尚且忽視了一段事實：此時長江中游一帶大部爲盜匪佔領，金朝正準備在當中設立緩衝國，並且已派遣投降之漢人滲透入宋朝之前方。更難於應付的則是與金交兵的時候，南方的財政尚在混亂狀態，招兵也感到困難，即算各軍倉卒組成，臨安的流亡政府對本身之存在並無信心。

　　公元1161年，即岳飛被平反那年，金人又準備南下攻宋，但戰鬥無定局，雙方之和談遷延了四年之久。幾經衝折，金人容許南宋自此不稱臣，每年歲幣也減少十萬。

韓侂胄的悲劇下場

十二世紀最後幾年，韓侂胄爲南宋權臣，再企圖推翻和局。他的父親與皇帝趙構爲姻兄弟，韓本人又娶皇后姪女爲妻，當太皇太后秉政時，韓勢傾內外，有權廢立天子。他既爲宰相又掌樞密院事，更領有太師頭銜，自是能單獨決定和戰。只是他在南宋朝中極不孚人望，在私生活方面也有驕奢之名。所以他在公元1206年定計北伐卻出師不利時，很少人同情他。況且這1206年又是多難之秋，更北的蒙古，鐵木眞在此時自稱「成吉思汗」，在蒙古語內，這已相當於中國之天子，他的千秋功業正待展開，此是後話。刻下則金人在戰場得勢，膽敢向南宋要求韓侂胄之頭顱，卻也眞能如願以償（由一個禮部侍郎謀殺太

師，事成之後才由朝廷公布其罪狀，剖棺割屍將頭顱送金）。
不過事雖如此，也有作史者爲韓抱不平，謂攻擊他的罪名大多
虛構，況且他的賢愚不肖也改變不了一個事實：即韓侂胄爲了
一項宗旨犧牲了自己的生命。總之，這次和議成功，宋之歲幣
又增至六十萬，宋主也在文書中自稱「侄皇帝」而稱金主爲
「叔皇帝」。

不出數年局勢又大變。公元1214年宋廷乘著女眞之金被蒙
古攻逼得無暇他顧之際，終止交納歲幣。1232年再有一個更好
之機會使南宋朝廷得報宿怨，此乃蒙古遣使向杭州，建議夾攻
金人。這時候有些朝臣尙記得一百一十四年前皇帝趙佶在類似
情況下約金攻遼，幾陷朝廷於覆亡的慘況。可是宋人對金仇恨
之深，歷時之久，已容不得謹愼之告誡，於是結盟成功。不料
蒙古之滅金，亦似以前金之滅遼，只費時兩年，也絲毫不藉宋
之助力。由於他們已於1227年滅西夏，自此成吉思汗的子孫便
可以專心一致的對付中土內僅存的朝代。在這一點上，南宋的
作爲較金人略勝一籌，茲後他們仍在風雨飄搖的局面裡支撐了
四十五年。

從宏觀的立場上講，南宋之和戰問題與北宋王安石之新法
有前後連貫之關係。這朝代不能在經濟上突破，影響所及，其
軍事才積弱不振。

公元960年趙匡胤初登極時，地方稅收的權力仍在軍人手
中，國家的高層機構與低層機構尙能保持適切之聯繫。開封行
中央集權後，使此紐帶逐漸消失。這帝國所能掌握之資源固然

龐大，卻缺乏適當的服務性質事業，使之合法合理周轉。此中弱點所及，其損害超過全朝代三百一十九年和戰關頭之失策與猶疑。

　　況且提到這段史實，尚要顧慮到一種歷史名辭的問題。我們無法忽略在趙宋王朝期間，中國展開了一種「商業革命」和「文藝復興」的說法。這些名目初由少數日本學者發起，漸有西方及中國歷史家效尤。革命爲一種社會運動，一經發起見效，即不能逆轉。西方產生商業革命時，影響到很多公眾組織，法律上之系統此後即以商業習慣爲依歸，而中國近代史初期並未有這種體制上的改變。

　　可是宋朝也確能用它的統計數字和它留下來的水彩畫，使以後的觀者讀者領略到它炫人耳目的燦爛光輝。在繪畫方面，當中首屈一指的無過於張擇端所畫的〈清明上河圖〉。這圖描畫開封極盛時期，可能是金人於1126年進攻之前數年。全畫幅長十八呎，表現出一種鄉村到城鎮的全景，各節各段時間不同。它的右端有鄉人趕著上載蔬菜的驢子上市，朝霧還在樹頂。畫之左端表現著黃昏到臨，行人已有倦態，他們折摺著遮陽傘，收拾各物，帶著一片懶洋洋的神情。這兩端之間有城門、十字街頭、大街小巷、汴河河畔，又有一座拱橋位於市中心，上有各色人物五百餘，身長不過一吋；又有各色船舶二十餘，有的船艙門窗之上加有涼篷，顯係私人閒遊之用；在街上有小販發賣點心及刀剪，供應食物之處所高低上下不等，自街頭之攤擔至三層樓客房都有，所有售酒之處皆張掛著一種旗幟，上有三

條直線，好像現代的商標，甚可能因爲當日釀造是由國家專利，此旗幟即爲店鋪之特許證。船舶、馱獸、駱駝、車輛以及水牛拖曳之大車上所載各種筐袋圓桶等，證實當日京城擁有大量之商業。各店鋪之門招像是依實物描畫，船舶與建築物之構造全部逼眞。各種物品之機械設計可以與時人文字之敘述互爲印證。

〈清明上河圖〉之爲一種歷史文件，舉世無雙。西方可與之比擬之圖景，只有巴耶秀單（Bayeux Tapestry）差可算數。在物質生活上講，十二世紀的中國無疑的已領先世界各國。張擇端的傑作的證實了宋人所述「行在」（南宋國都）的繁華現象。開封並非製造場所，即已有如是之商業，則南方大城市地理上更爲適宜，又有更多之資源，經濟發展之最高點且在張圖之一個半世紀之後，實際上其繁華可能超過圖上之描繪遠甚。由於繪圖者之耐性，凡物一概不厭其詳，由此也證實了馬可波羅所記載的情況（雖說這遊客有他大肆誇張的性格）。

只是縱然如此，還有待學歷史的指出：這城市生活只替一個龐大的，並且以文辭見長的官僚機構服務。此和以後的現代歐洲不同，宋代中國之商業並不能產生一種品物的全能交換性

（只有這種性格才能產生新的管制方式）。張擇端圖上顯然缺乏信用機關、保險業經紀及律師事務所——凡此都未在當日出現。而〈清明上河圖〉上有一所醫生的住宅，門上標明其受有官衙之顧主，同時在文官系統中佔重要位置之人物亦在圖上顯明之處出現，這表示在宋朝較進步的經濟部門不能成為一般人民日常生活的領導力量。朝代之富庶根據當日的標準，只是使一個龐大無朋的行政機構之管理人員生活舒適。它是一種被動性的事物，而不是一種籌謀協定的主宰，因之它不能成為國家高層機構和低層機構間的紐帶。

數字管理還沒成熟

　　現有的書籍每說到宋朝，總離不了提及公元1021年的國家收入總數為一億五千萬，每一單位代表銅錢一千文。其原文出自《宋史・食貨志》會計部分，但文內並未提到此統計之性質。然而根據當日折換率，以上總值黃金一千五百萬兩至一千八百萬兩之間，粗率的以今日美金四百元值黃金一兩計算，則上數相當於美金六十億至七十億。當時全世界沒有其他場所，國富曾如此大數量的流通。

　　雖說沒有確鑿的證據使我們對上述數字提出質問，我們也知道當時謊報數字和實際上通貨膨脹都曾前後發生。但最低限度，我們可以說，宋代的經理者面臨著一種不能在數目字上管理的局面。當中足使情況混淆上下脫節的原因甚多，有時候，有些倉庫儲藏逾量而其他地區則短缺。在宋朝的財政報告裡，

穀米之石，銅錢之緡，絹帛之疋認作可以互相交換。實際上物品的價格則各地懸殊，有時同一地尚因時間與季節而有不同。官方的歷史即承認，所有兌換率通常由抽稅人片面斷定，致使「民無所訴」。當包稅者與抽稅人相持不下時，也不能斷定稅收應各依每處的預定數量或者根據實情而伸縮。有些抽稅人本身也將款項分配開支。有時候應收數與實際已接收解庫的名目混淆，遺失漂沒免除的錢物也不除帳。在複式簿記沒有廣泛使用之前，此情形也曾出現於西方，只是沒有宋朝如此駭人聽聞罷了。

因為上層的壓力，以少報多乃是一般現象。同樣的情形，軍隊各單位也虛報人數以便獲得更多的糧餉，他們明知道發下來的時候還是要打折扣，因此也不得不虛報。這一單位如此，另一單位也一樣，否則只好吃虧。本千年的初葉，宋軍總數即超過百萬，朝廷屢次派員查「冗兵」，卻都沒有明顯的效果。

宋朝軍隊起先還經過甄選，在公元1035年兵士之薪餉還依據身長而有不同。那年之後這標準即被放棄，募兵入伍已無選擇性，軍隊分為三級也成往事，只剩一些名目還照樣保持。有時候募兵給安家費，因之收容入伍之新兵包括難民、乞丐和罪犯。如此一方面使得軍費膨脹得不可開交，一方面能戰之士日益短缺，在公元1126年金人來犯前夕，宋之軍士甚至須在右臂刺字，以防止逃亡。

軍隊的情形也是國家財政的反映，而後者也應當與人民一般生活情形相協調。宋朝制度，雖說沒有存心如此，卻違反了

這組織上的基本原則。它主要的問題乃是一方面有農民之納稅人，由它管制，一方面有農民的兵士，經它招募，兩者之間的距離務須縮短。它的收入一度宣稱出自「商業之來源」——主要爲食鹽、茶葉、香料、鉀鹼、酵母、酒醋（生絲列入土地稅之內，有時代替貨幣），其實仍是農產品及鄉間工業的產物。而中央集權的管制，並沒有縮短上述距離，相反的，它延長了兩者間的距離，並且由於官僚主義之濫用職權，使得關係更爲惡化。

少數民族的軍事優勢

　　一般人之瞭解：宋之強敵藉著半游牧的背景，有了牧人淩駕於農夫之上的優勢。然而較少爲人注意的則是，華北一落入他們的掌握，他們也向境內漢人全面徵兵。遼將多數的漢人編成「轉戶」，配屬在各「幹魯朵」（宮）之下，如此一來每一部落，即宮衛及優秀部隊都有漢人人力充實作數，以支持契丹之兵員。金則將因世襲而參與軍事之女眞人雜居在漢人戶口之內。各地居民自五十戶至三百戶編成一「謀克」，八至十個謀克構成一個「猛安」（實際戶數編法各地大有出入），原則上謀克與猛安之首長只能由女眞人充當。因之稅收與徵發經過他們的職業武士密切監視，達到行政上最高之效率。而其動員時所具有之伸縮性，更是必須經常維持一個龐大常備軍的宋朝所不能比擬。所以異族或少數民族之軍事優勢由來有自。

　　操縱牧馬的場所也與雙方戰力之盛衰有決定性的關係。

《遼史》說得很清楚，與宋互市時，馬與羊不許出境。同書也說及遼與金決戰時不失去戰馬之來源關係極爲重大。這限制馬匹南下的禁令，也可以從張擇端的《清明上河圖》上看出，畫幅上開封之大車都用黃牛水牛拖拉，可見馬匹短少情景迫切。馬匹原來也可以在華中繁殖，只是受當地農業經濟的限制，其耗費極難維持，而且在精密耕作地區所育馬匹一般較爲瘠劣。

所以我們揭開中國歷史近代篇之初年，所謂「經濟樞紐區域」之解說，不見得與事實相符，但倒是可以看出中國地區因緯度不同可以分作幾段地帶：最北爲畜牧地帶；華北與之接壤，爲農業地帶，只是其內容仍相當的簡單。與之成對照的則爲華南，此乃茶葉穀米與水上交通之鄉，即在工業化之前，此地帶已相當複雜。綜合本章所述，以上地理環境之不同，構成操農業之漢人與半游牧性的蒙古族人及通古斯族人長期角逐之背景。從長距離以不分畛域的眼光看來，則可發現，幾經和戰，當中一段地帶終使少數民族與漢人混合。很顯然的越是發展到現代，「漢人」這一名辭文化內涵愈多，而不復如以前由血緣作主。

宋代向南後撤至少使朝廷贏得短暫的喘息機會。這地帶的湖泊河流與運河，使來自北方的戰士不能徹底發揮其長處。金人於公元1129至30年間入侵江南，宋軍以戰艦遮斷其退路，使其幾乎遇到沒頂的災難。在局勢淆亂時軍事首長之自由行動也使作戰之部署比較容易。譬如說岳飛的軍隊即以農民軍、招降的盜匪和女眞人徵發之民兵編成，他有機會選擇兵員並擴大部隊。

　　可是皇帝趙構與宰相秦檜所經營的中央集權體制排除了軍人擁兵自重的趨向。開封既已陷敵，南宋朝廷的軍需問題極為緊迫。如果此時杭州擁有具實際力量的商業組織，毫無問題的，即會被接收過來，以作軍隊補給之後勤機構。而事實上朝廷只能以增稅和臨時挪用的辦法解決刻下問題，此類權宜之計在短時間內一再出現：所謂「經制錢」者，即為經理節制一路財物之官經手的公費；「月帳錢」為每月公費內強迫節省的餘款；「板帳錢」可以說是一種特別帳目，以各種附加混合編成。而事實上這些名目很少實質上的區別，凡是現有的各種稅收，一律按成數另增附加，總數由各地方分攤。行政之收入，例如輸款贖罪，也提高徵收；其他有如告狀時之狀貼費和許免證費也類似。這些辦法仍不能供應時，只能以增發紙幣對付。

　　馬可波羅眼中看來新奇之紙幣，唐代即已出現。最初稱為「飛錢」，乃是政府特許之匯票，使商人能在四川發售物品，而在其他地區收兌物價，以免攜帶大批銅錢來往之煩勞。北宋於公元1024年開始印刷此種可以劃帳之票據。其施用雖愈來愈廣泛，但其製造發行仍只不過偶一為之。此種紙幣有如公債，每種都有其兌現日期，通常為三年，收兌後此「界」即作廢。南宋則以內地所徵關稅為擔保；至1247年即任此種紙幣永久通行，不再收兌。而因其缺乏適當之存積金，其貶值愈來愈甚，因之使民間蹙額，而貨幣貶值也增加政府本身之困難。這也是促成宋朝衰亡的一大原因。

　　值得注意的是，少數民族一經統治中原，也模仿宋朝的中

央財政,也以金融管制為時髦。如此一來他們即喪失了農業社會之單純性而同樣遇到技術上的困難。女真建立的金,外表上是趙宋王朝的死仇,內心卻深切的仰慕南朝。自天文占測至編製曆日和宮廷音樂,他們一意模仿。而當他們印製紙幣時,甚至創下了一種空前的紀錄:其貶值為六千萬比一。

科技的進步

宋朝是一個科技進步的時代。活字排版在公元1086年有了文字上的證明;天文時鐘在公元1088至1092年之間裝設於開封;以磁針決定航海方位曾在一部書中提及,書上之序註明為1119年;宋代之海船有四本至六本之桅桿,上裝風帆十二張,船上有甲板四層;火焰投擲器上裝唧筒在1044年之前出現;以人力腳踏發動之輪船開始於匪徒楊泰,他在公元1135年用之和岳飛作戰。岳乃用腐朽之木材和野草投入其輪中,防礙其機制作用;公元1161年則有了投擲榴彈的弩機出現。

宋朝的經濟不能用以改革社會,無法否認的,是導致以上發明不能作有系統增進的一大主因。從西方的經驗看來,必須商業的影響力遠超過農業生產的影響時,上述的突破才能發生。中國在現代歷史初期,談不上符合所需要的準備程度。宋朝的商業雖說從當時世界的標準看來數量龐大,可是平鋪在億萬農民頭上,就為效至微了。軍事行動既由邊疆推至腹地,雙方都要控制農地和操農業人口,於是數量重於質量,均勻一致超過不同的名目花樣,而持久性比曇花一現的智能要有用得多了。

這種種條件都無助於開展各種發明以推廣其成果之用心設計。

　　大多數的小自耕農使中國長期保守著傳統的性格。這在有關王安石新法的爭執時，即已揭露無遺，因為即使小本經營，農業工資也被限制而壓至最低度。再因頻年的戰事產生了一批游民，免不了有的為奴為僕，於是以上的局勢更不能打開。即由張擇端圖上也可以看出有大量廉價的勞動力。所以宋人有解決技術問題的能力，卻無尋覓節省人力的動機。

儒學復興不是文藝復興

　　既然如此，他們的智能則朝另一方向發展，哲學上的檢討成為宋人精神上最大之出路。他們構成一種共同的趨勢，將儒家的倫理擱置在佛家及道家的宇宙觀之上，而稱為「理學」。與漢代從美術化的眼光看世界不同，宋儒認為宇宙之構成包含無數之因果關係，而人之能為善，與自然法規（他們稱為天理）相符。這種說法造成一種新的社會心理：一方面這批哲學家暢談個人觀感之性與命，另一方面卻又在集體生活中並不感到被拘束。當然宋朝的國事與這種立場有關。從知識上的「宗譜」看來，宋代的理學家都受到一個稱為華山道士陳摶的影響；以個人來講，他們卻都曾捲入當時的政治糾紛之中。在北宋時，程顥程頤與周敦頤要不是直接反對王安石就是間接的與反對新法的人士接近；在南宋朝中，朱熹首先反對與女真人議和，後來又改變立場與主戰的韓侂胄作對；陸象山因為一本向皇帝的奏書大言不慚而被參劾。因此無一例外，他們都因對時局的意

見而受到檢舉，他們所提倡之個人道德性格包涵著一種「反對派」的意義，只是他們以含蓄的態度表現，不公開活動罷了。

分析比較以上各思想家的理論屬於哲學的範圍，這方面已有不少中國、日本和西方的學者從事，其研究結果也已載入各種書刊。歷史家無從否定理學家增強了以後中國儒生的正直觀念和堅決的態度。可是他們討論的範圍縱使淵博，彼此間的不同縱然多途，今日看來，他們的立場仍是過於單純，他們仍無法脫離一種被安排的環境，即一種大而無當的官僚組織治理一個大而無當的農民集團。在這前提之下，他們的主靜與主敬，和西方文藝復興時的人物觀感不同。後者自由思想之展開，與當日趨向商業化的運動同時。但丁（Dante）拋棄了衰落貴族身分而參加了富豪政治圈；喬叟（ Chaucer）為倫敦一位關稅監督所僱用；從米開蘭基羅（Michelangelo）至林布蘭（Rembrandt），他們的贊助人或為教皇或為大紳商。與之相較，上述五位宋朝的哲學家和他們無數的僚友全穿著中國官員之袍服，他們是官僚的教師。

然則中國缺乏商業革命，不能產生文藝復興，乃是因為地理環境與技術因素，而不由於意識形態。宋朝亙三百一十九年的奮鬥，只證明了中國的南方雖富庶，仍不能在組織上做到整體化，因此敵不過以簡單與粗枝大葉精神所組成的北方國家。

宋朝的覆亡

蒙古人最後一次對宋戰爭採取一種大迂迴的戰略。最初向

今日四川南下的攻勢貫穿至越南，次期的戰鬥指向襄陽樊城，圍城之戰即歷經四年多的時間，從公元1268年的秋天到1273年的年初。這隔漢水對峙的雙城陷落之後，忽必烈的元朝即未再遇到實質上困難，他的軍隊一路順著長江而下。

南宋最後一個重要的宰相爲賈似道，他是一個雍容大度而顯有心計的人物，可是他既無力作戰，也缺乏實力講和，只好以一切如常的態度使人民不致恐慌。在朝代最終階段，軍需問題惡化，因爲抽稅與印鈔兩種辦法都已用到極端，賈最後採取了一個方法，即由政府強迫購買民間私田，所收購的以每戶超過二百畝至三百畝之外土地的三分之一，實行的地區在長江三角洲上之六府，此處既爲全國最富庶的地區，又近在咫尺，仍受宋廷的確實掌握，所付代價只需少數現金，其他雜以各種不同的價券，這恐怕與徵用沒收區別不大。雖說爲公意所不直，有了皇帝的竭力支持，所有購田的計劃仍如案完成。而這田土收入使南宋朝廷又撐持了約十二年。但最後賈似道仍向忽必烈求和，只是沒有反應。在1275年他親往長江督師，因戰局不利被撤職，最後被謀殺。次年元軍入臨安。再三年之後，元水師與宋之水師交戰於廣東厓山海上，此時宋主爲一個幼童，因戰局不利由臣下背負跳海而死。所以趙宋王朝亡於公元1279年。

當時人多不明瞭技術上複雜之處，也有人對賈似道盡極口誅筆伐之能事，好像宋朝之覆亡全是他奸險及政策錯誤的後果。賈似道確曾在主持國計時有支吾之處，事在1259年忽必烈之兄蒙古主蒙哥死於四川合州，蒙軍後撤，忽必烈北返籌措選舉大

可汗事。賈似道在此時虛張聲勢宣稱宋軍大勝而居功。傳統的歷史家藉著這錯誤和其他小事指斥他為奸臣。其次,其為人可鄙之處,也被提出。賈似道年輕時喜歡享樂,不時在西湖上張燈設宴。有一次皇帝看到湖上燈燭輝煌,便說,看來賈似道必在瀟灑自如。事實上也果真如此,不過這是他被派任為中國最富庶朝代之最高品位官職之前。

【第十三章】

蒙古人的插曲

從成吉思汗率領蒙古騎兵東征西討，
到忽必烈征服南宋，建立元朝，蒙
古軍隊幾乎戰無不勝，攻無不克。
但是如何經營這個雄跨歐亞的大帝
國，忽必烈及其繼承者仍是以「馬
上」得天下的精神治理這個國家，
重武功而輕文治，以至於制度無法
上軌道，改革也無法落實。九十年
後，這個中國史上空前的大帝國被
明朝取代，中國歷史開始新的階段
——第三帝國。

在旅遊尚未成為一種有組織的事業之前，馬可波羅就已成了超級的旅遊者。他前往中國既沒有作買賣營利的打算，也缺乏傳教士拯救眾生的虔誠。只因好奇心發動，就使文藝復興以前的歐洲大開眼界。根據當日的標準看來，他所留下的一段不平常紀錄，已經牽涉到全世界的任何角落。縱是他輕易的接受傳說，本人又喜歡誇張，可是他以親身經驗道出，就自然的打動了其他人的興致，而使他們也欣然欲往了。他經常在書中提到：「你不親眼看到無法置信」，這樣不斷的挑逗讀者，也使他們必須將想像力一再延伸，去欣賞遠方異域的各種離奇古怪的事物。

忽必烈與馬可波羅

他書中的一代偉人乃是忽必烈，也就是成吉思汗的孫子。年輕的馬可進出忽必烈朝廷之際，元朝的水師正集結準備於公元1279年殲滅南宋的殘餘艦隊。此戰役結束，「大可汗」成為全中國唯一的統治者，這是以前異族入主的事蹟中所未有的。從此元朝創業之主和威尼斯之來客彼此以禮相待，建立了一段互相慕好的關係。馬可波羅從此仕元，他承應了大可汗之各種差使，也向他提供有意義之情報。

馬可波羅稱中國為Cathay；南方的中國人為「蠻子」（manzi）。北京則成了「堪巴祿克」（Cambaluc）即蒙古人所謂可汗之大都（Khan-baliq）。中國人通稱杭州為「行在」，馬可波羅稍一調整則成Quinsay。

　　這位歐洲來訪者視中國之紙幣爲一大奇聞。石綿則出自高山之間，可以捶碎分裂「有如樹木之纖維」，然後「用作布巾」。煤則爲「一種石塊，燃燒時有如木材」，從山上採出，燒之生熱。

　　從馬可波羅的紀錄中，我們可以從另一角度觀察忽必烈這個人。顯然的，他作爲一個領袖人物，既有慧眼，也相當機警。其志在戰勝攻取，可是卻也眞心有意使他治下的人民在最基本的需要中得到滿足。他多少將宗教當作一種工具看待。信仰既可以利用作爲他統治帝國的凝固力，以增進團結；也可以被反利用爲一種顚覆破壞的號召力，足以使之解體。所以他對各宗派的容忍，視其對自己施政方略的影響而有差異。馬可波羅對忽必烈的開明專制具有好感；可是應當批評時他也從不含糊。他有一次曾說：「很多心存不軌的人，經常有謀反的趨向。」在另一處他又提出：「所有的中國人都厭惡大可汗的政體，因爲他所派的地方政府首長多爲韃靼人，尙有更多的色目人，他們視中國人如奴隸，使他們無法容忍。」讀者自此也可以看出，大可汗以遺傳的權利凌駕於中國之上的辦法沒有成功，只好以征服的力量來控制。於是他對本土之人不能信任，也只好將權力擺在韃靼人、色目人和基督教徒的手裡。這些人附屬於他皇室之中，忠於職守地對他服務，〔其他的〕外國人也是如此。」

蒙古大帝國

　　蒙古人能掌握到世界局勢中的優越地位，在歷史中可算獨

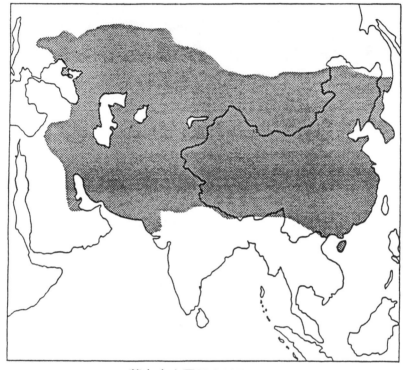

蒙古大帝國勢力範圍

一無二。其人口只有一百萬左右，他們的武功卻使歐亞大陸幾乎全在他們操縱之中，以至東西極端所倖存的地方極為有限。由於家族間的團結，又有牧人的刻苦耐勞性格，於是蒙古人有極優異的兵員。以前契丹之遼和女眞之金已經將騎兵大兵團的戰術充分發揮，可是成吉思汗和他的繼承者更將其擴張至極致而所向披靡。他們的部隊極守紀律，並以風馳電掣的速率行動，作戰計劃也周詳完備。各騎士必要時可以倚賴他們牝馬的乳汁

爲生，支持上好幾天，甚至幾星期。心理作戰被廣泛利用，例如讓難民經行於隊伍之前，散布謠言：如果被侵犯之城市膽敢抵抗，攻城之日就給以殘忍的暴行和放縱的破壞。被征服的民衆中若有軍事和技術才能的人經常盡量的拔用。公元1258年蒙古人攻巴格達這個回教國時，有一中國將領參加，中國工兵一千人即操用攻城的砲弩投擲燃燒彈。十年之後他進攻襄陽樊城時，忽必烈召用兩個波斯工兵設計能投擲一百五十磅大石塊的重砲弩。

　　成吉思汗於公元1227年攻西夏時身故。他的帝國分作四部分：金黨(Golden Horde)包括俄羅斯之大部疆域、莫斯科和基輔（Kiev）在內；波斯汗國所轄自阿富汗邊疆及於伊拉克邊疆；另一汗國在兩者之間而向東延伸，概括今日蘇聯中亞地帶與中國新疆，只有大可汗有權統轄以上三個汗國。他自己的領域北至蒙古沙漠地帶，南達中國海之海濱。當日這不過是一個憧憬中的遠景，直到這世界上最偉大的征服者死後五十年，才成爲事實。

　　根據成吉思汗的家法，大可汗由選舉產生。忽必烈取得這地位並未經過這一程序。他在公元1260年自稱大可汗，在爭奪名位時和他弟弟阿里不哥(Arik-Buga，元人將此名譯爲阿里不哥有循儒家思想指斥其對兄長不忠順之意）兵戎相見。獲勝後，他仍須對付中亞地區蒙古領袖所組織的聯盟，他們是由從兄海都(Kaidu)率領，堅稱維持成吉思汗家法。迄至忽必烈在公元1294年逝世之日，兩方衝突仍未停息。雖說他本人征服南宋，

可是也向西北用兵阻擋了游牧民族，使中國不受其蹂躪。只是如此大可汗統領各汗國的權力也就名實俱亡了。在這方面忽必烈並不介意，他一心專注於中國，企圖壟斷東亞。公元1271年，他在漢臣慫恿之下，創建了元朝。上章已說及又八年，即1279年南宋的抵抗才全部摧毀，至此他才成爲中國式天子。

遠征日本

很多歷史家一提到忽必烈，就想到他曾遠征日本出師不利，因爲這戰役也產生了日本「神風」的傳說。元朝對日用兵兩次。1274年的遠征(當時南宋尚未完全滅亡)，朝鮮被用作跳板，聯合艦隊裡利用了八百艘大小船隻，上載蒙古與朝鮮兵員二萬五千人。在佔領了沿岸幾個小島之後，他們在十一月廿日於九州博多灣登陸。日本軍在完成防禦工事之後等候援軍的來臨。當天戰事勝負未決，是夜颱風掃境；當蒙古人決心後撤時秩序大亂，據朝鮮方面的紀錄所載，淹沒於海中者達一萬三千人。

公元1281年的遠征已在南宋覆亡之後，兵力增大數倍。北方的進攻部隊有蒙古和朝鮮部隊四萬人，船隻九百艘，仍循第一次路線前進；南方軍由宋降將范文虎率領，有大小船隻三千五百艘，載兵十萬，由浙江舟山島起航。規模之大，是當時歷史上所僅有，這紀錄直到最近才被打破。

也和第一次遠征一樣，沿海的島嶼，不費力的佔領，部隊在博多灣登陸成功。只是在兩次戰役之間，日本人已在海灘一帶構築了一線石牆，阻礙蒙古騎兵的行動，於是遠征軍少有進

日本人所見蒙古入侵圖

展。戰鬥自六月持續到七月，仍無決定性的突破。八月間又有颱風來臨，船舶覆沒數百艘。海陸軍將領連范文虎在內率領巨艦逃脫，淹沒的軍士難以計數。陸上殘存部隊則被日軍在灘頭拘捕集體斬首。今日博多灣的「元冠塚」即顯示了「神風」的裁判。朝鮮方面稱，損失數在參加者半數以上而略強，中國與蒙古的死亡人數無紀錄。日本方面的記載指出：蒙古輕騎兵不能發生力量，而中國軍則裝備低劣，士氣消沉。

　　日本人兩次將忽必烈的來使斬首，又兩次使其遠征慘敗，忽必烈極度的憤怒，於是準備第三次遠征，維持其聲望。各項準備在二次失敗之後不久開始進行，造船的工作及於全中國沿海，北至朝鮮半島，中經渤海灣及今日中國之東北，商船也被征用，供應物品則大量的屯集，海上水手全被召募，甚至海盜囚犯也被宥免而予以官職以便往日本戴罪圖功。公元1285年由

長江下游運往朝鮮之米一百萬石，表示大軍的出動在即，可是1286年初，一道出人意表之外的詔令，將所有的準備全部放棄。《元史》稱「帝以日本孤遠島夷，重困民力，罷征日本，召阿八赤赴闕，仍散所顧民船。」雖說所稱符合情理，可是如此聲張又自承以前之錯誤和目下弱點，忽必烈發出這種指令時不能沒有道義上的勇氣。

蒙古武功的極致

從歷史的眼光看來，蒙古人的 挫敗證明了在現代科技發展之前，極難使一陸上強國同時也成為海上強國。要維持一個大艦隊又要承當其損失，使付出之代價過於龐大。因為海上冒險要強迫大量人民往與他們日常生活相反的方向進出。當準備第三次遠征時，忽必烈已感到綏靖安南和緬甸的棘手。公元1293年他再派兵渡海攻爪哇，也沒有達到期望的效果，遠征軍雖然登陸成功卻在土人反攻時，受挫折死傷慘重。這樣看來在忽必烈的晚年，這世界歷史中最偉大的陸上強國已到了它發展擴充的極限。

中國人常說蒙古人在馬背上得天下，也企圖在馬背上治理天下，這種批評有事實的根據。可是要是說成吉思汗之子孫完全忽略經理上的問題，則與情況相左了。比如說忽必烈就花費一生不少的時間，研究如何管理他轄下跨地極為廣泛的大帝國。他不僅受地緣政治的限制，也被當時代的情形拘束，以前各朝代留下來的碎片，無法接收過來作為一個整體新秩序的零件。

而他當時的問題又不容他好整以暇的創造新系統，使它有持久
的功效。

　　忽必烈晚年逐漸與中國儒臣疏遠也是事實，此間有幾個原
因：宋朝覆亡之後遺臣不降元，不時仍有謠傳光復的情事；蒙
古人陣容中也發生彼此鉤心鬥角的狀態，即可汗本人也要向臣
下解釋他所下的決心是出自本意，並未受中國人的擺佈。除此
之外我們更要體會到蒙古之征服，確是以力伏人，而後面仍有
地緣政治的問題，無法僅以軍事方案解決。

蒙古的統治

　　蒙古人人數過少，文化程度又低，除了保持著他們的軍事
精神與軍事組織之外，他們無法維持種族的面目。可是他們強
悍的馬術和日常生活的粗獷狀態互為一體，一有都有。所以在
元軍之中，他們構成一種優秀部隊，在多種戰役之中，發生決
定性的影響。其他非蒙古的游牧民族又為一系統，他們的部隊
稱為「探馬赤」，通常發生第二層的功用。華北經過幾百年契
丹及女真人統治之後，其人民帶混合性格，雖說不能與蒙古軍
匹敵，但卻較南宋人民堅強，元朝也將他們徵集服役，在平服
南宋時發生了效用。蒙古人稱之為「漢人」的，其實包括朝鮮
人和其他各色人種。最後南宋投降的軍隊並未解散，而依原建
制收編在元軍之內。元朝並且命令屬於「軍籍」的戶口通過遺
傳世代都屬軍籍，這樣一來也就儼如社會上帶遺傳性的等級
（caste）了。

　　忽必烈本人沒有種族主義者的徵象，他只希望造成一種通過諸族之間的統治，而不使蒙古人因人數過少而吃虧。可是他統治的期間未曾設法創造一種以文墨為主中國式的文官官僚制度，他也未曾主持過一次文官考試。在他的教育系統內，蒙古文的字母至少與漢字均等。而幾無例外的，元政府裡各單位的首長總是蒙古人。

　　元主對儒家學者以空洞的名目左右辯論深感厭倦，但他堅持各級官僚務必熟悉文牘，可見得他注重技術上的細節，本人也身體力行。這樣的著眼不僅只在忽必烈在任期間如此，以後的繼承人也同樣注重。粗率看來，和以前各朝比較，這著眼應當是一種主要的改革，同時蒙古人提出這樣的改革也算得合於情理，因為他們的戰勝取功全憑武力，並沒有任何道義上的成分在。

　　可是如此一來，他們便忽略了儒家政府潛在的基本原理。中國官僚政府誠然牽累多而功效少，有時尚且有馬虎塞責，又有以偽善作口頭禪的傾向，可是它必須應付成千上萬的農民(他們是納稅人)，所以政府必須清廉。傳統中國對本人謙遜對人禮讓的作風，足使很多爭端無法啟齒，且社會體制基於血緣關係構成，又有法律支撐，就用不著法理學上很多高深奧妙的原理，而牽涉到人身權利和財產權利了。政府授權於各家族，讓他們教訓管束自己的子弟，於是衙門減輕了本身的任務；各官僚在詩歌和哲學上才力充沛，也明知道他們的工作無須全部確鑿切實，即司法也離不開相對的成分。由於他們不對各地區特殊的

情形認眞，所以他們總是可以用最低度的共通因素作爲適用於全國的標準，因此整個文官組織的官位差不多都可以互相交換，而一個大帝國即可以用抽象的觀念和意識型態治理。除了施政的風向得考慮，其他特殊的情事已無關宏旨。這種體制不好的地方容易被看穿，然則要改弦更張，既要對付中國廣泛的疆域和內中各種複雜的情形，又受限於當日技術上能支持的程度（有如交通通訊），也就不合實際亦沒有初看起來的容易了。

中國在蒙古人統治時期又在技術上有了進展：造船技術達到了最高峰，直到十五世紀中葉明朝時才開始衰退；中國很多橋樑，尤以在長江之南的，在碑鑴上皆提及係元代所造；元朝開始由北京通南方的大運河，其河道中途通過高峰；日本的書刊與馬可波羅同樣對元軍所用的拋射榴彈和縱火炸彈表示印象深刻；郭守敬是天文學家，數學家和水力工程師，曾在忽必烈朝中服務，今日仍有人認爲他是當時世界上科學家的最先驅；而元朝創業之主，也欽定編修《農桑輯要》，以後出版多次，公元1315年的印數更達一萬部。書中有很多農具圖解，看來與本世紀上半期在中國使用的仍是一般無二，而這中間已有了六百多年的距離。此間也值得提出：元朝時的兩種農作物——棉花與高粱，此時開始輸入中國，它們對億萬中國人之衣食影響深切，至今已有好幾個世紀。

可是忽必烈和他的繼承者，並沒有創造一種社會環境去持續這種發展。他不願接受儒教的首一地位，因爲由他看來，儒教的出頭等於中國人的出頭；他治下人民不僅種族的來源不同，

即生活方式也各不相同，他企圖找到一種精神上的信仰力量，足以全國通行。在他爲中國之主以前，他曾央請馬可波羅的父親和叔父替他召集「一百個精通基督之法的明哲之士」，只是我們無法確悉他是否一度考慮讓全民都信基督教。但他接受喇嘛教，則無疑的有政治動機在。除了任命八思巴爲「國師」之外，他也命令南宋在杭州降元的小皇帝和他的母親同去西藏進修喇嘛教。雖說以後下落如何不見於經傳，歷史家卻因這段記載推動了好奇心：要是這年幼的先朝舊主，雖退位仍有亡宋遺臣的愛戴，從此成了宗教領袖，回頭又向異族入主之天子保佑祈福，這是何等高妙的如意算盤！可是我們也無法知悉這故事的下文了。

八思巴雖爲國師，他和喇嘛教給中國人的影響也和儒教給蒙古人西藏人的影響相似——鮮有功效。初淺看來，因果報應的觀念，又糾纏著重生轉世，足以將精神上的力量兌現而成爲來生再世的威權，加上巫術式儀節，應當對不識字的中國農民極具魅力。可是要有政治上的功效，則必須政教合一，同時也要將中層的知識分子剷除。歷史證明，這套作法只有在一個原始的經濟圈內有效。中國的十三世紀，已不適用於此種體制。

忽必烈有意不讓中國人的影響過於濃厚，於是向各方求才。聘任於政府的有波斯人、回紇人、東歐人等。這些人統稱「色目」，大概有「各色諸目」之意。不過整個說來他們影響並不過大。當中有好幾個成爲忽必烈的親信，以後也遭殺身之禍。當左丞相阿合馬(Ahmed Benaketi)被一個中國軍官刺死時，

元主將刺客處死，可是後來爲息眾怒，他也以剖棺戮屍的辦法
對付阿合馬。桑哥(Sangha)以平章政事（副丞相）倉庫財物，
因爲群臣參核，也被處死。兩人都被控有罪，然則事後眞象則
是他們兩人都企圖擴充稅收，增廣財政範圍，所以極不孚人望。
因爲元政府具有國際色彩，其組織極難控制。因此這兩人的部
屬在都城之外「貪饕邀利」，事當有之。不過根據《元史》裡
面的紀載，文化上的隔閡，才是他們產生悲劇的原因。即使我
們今日遇到書中此類事蹟，也要將原文反覆閱讀，才瞭解傳統
政體之中，寧失於鬆懈，不能求效過功。如果領導者放棄了雍
容大方的寬恕態度，其下屬則無所不用其極。阿合馬和桑哥看
來都沒有掌握到此中情節的微妙之處。他們在企圖提高行政效
率時，可能脫離了傳統忠恕的疇範，他們的對頭即可因爲他們
技術上的錯誤，擴大而成爲道德上的問題，謂之死有應得。

財政問題

經過很多改革的失敗，元朝財政一直沒有成爲定型的機會。
華北的稅收即與華南不同：在華北租庸調成爲一種體系的制度，
亦就是稅收以戶爲單位，雖說內中仍有差別，但盡其可能的使
各戶所出相等。這是契丹與女眞留下來的遺物，他們需要同等
簡單的稅制支持他們的軍事動員。可是在華南，元朝仍如宋朝
按畝收稅。再則忽必烈和他的父兄一樣，將一部付稅人戶分割
爲「封祿」或「投下」以作爲一百五十個皇親公主及文武功臣
的私人收入。被封人派經紀去地方政府監接收納，但不得以各

人戶的地產作為自己的莊園，或是將他們當作農奴看待。「投下」最大的包括十萬戶，小的不過數十戶。他們的存在也產生了無數的糾紛。

從表面上看來，元朝課稅程度較以前各朝為低，而以江南尤甚。在興師滅宋前夕，忽必烈稱凡南宋所徵之苛捐雜稅一律除免，只依正賦作主。事實上他無法說話算數，他出兵海外即用各種非常之徵發支應，只是這些徵發停止之日，擴充稅收的辦法又無成果，但至少在表面上和法制上，稅收的程度低。因之忽必烈也為以前的歷史家所歌頌，而實際上他既未作全面改革，也未將現有制度固定化，使他的接位人日後為難。他們既不能以正規收入應付支出，只好大量印鈔，造成通貨膨脹。

從宏觀的角度看來，蒙古人這一階段是中國第二帝國和第三帝國間的過渡階段。元朝承接了唐宋的成長與擴充，在科技方面尚有繼續之增進，可是它沒有有投入新的燃料使這運動不斷的進步。當它在財政上無法突破，讓稅收數遲滯於低層，又強調「農業第一」的情形下，它實際上已將第三帝國的收斂態勢預先提出。後者只要加入內向和不帶競爭性的格調，即可以完成這歷史上的大轉變。而這情形也就出現於明朝。

帝國末路

中國歷代創業之主乃是創制法律的人物。他們可以在各種情況尚未穩定，一切有如流水之際，獨自以武力作主，指揮仲裁，以強制執行其意願，因之在歷史上作大規模的調整。這情

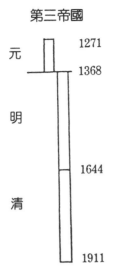

第三帝國

元　1271
　　1368

明

清　1644

　　1911

形在蒙古入主的時期最為顯著，因為蒙古人的武功有排山倒海的趨勢。再則元朝一切作為被忽必烈一手壟斷，他的後人只能隨著他的規劃，很少有所調整。雖說如此，我們仍不能忘記這一切大致上還是地理環境所賜。馬鞍上馳騁自如的騎士藉著自然的力量征服了大多數在小塊土地上種田的農夫，卻缺乏組織上的技能，使兩方同時受益而前進，而彼此結合，卻又無法保存這征服者文化上的本來面目。

　　忽必烈晚年被痛風病糾纏，他從未在南方強熱的地區感到舒適。當他即皇帝位之前，每年暮春及初秋之間都去上都（今察哈爾之多倫）避暑，極少間斷。以後的繼位者也因循著這春去秋還的辦法。然而傳統帝制，經常需要天子作人身上的仲裁，皇帝久離大都（即北京，詳前）不是增加互信的好辦法，皇位之繼承也因之發生了大問題。忽必烈於公元1294年去世時，皇

位由孫子鐵木耳(Temur)所得，在位十三年。此後二十六年之內，出現了八個皇帝。如同傳統一樣，新舊交替很少不生陰謀及宮闈之變，給人看來，情形極不穩定。隨著這八個皇帝之後，又有元朝的第十一個皇帝，他倒在位三十五年，可是他也是元朝的最後一個皇帝，在明軍入大都時奔回漠北，使元朝在中國歷史裡成為一個被驅逐出境的朝代。

忽必烈的繼承者所做唯一一樁不因襲朝代創始者規劃的大事，乃是公元1313年恢復了中國傳統的科舉取士。自此之後，會試舉行過十三次。可是其目的並不在構成中國式的文官組織。當考試時蒙古人及色目人另為一科，有不同的試牒，錄取的人員，也不任重要職守，只在低層組織中授受不重要的官位。中國不少讀書人因此鬱鬱不得志，只好將才能向其他方面發展，寫刻本即是其中之一，從此元曲既包含著優雅的文句，又帶著日用俗語，更添上戲台上技術名辭，使中國文學另開別徑，這也使中國之舞台進入一段黃金時代。

既有元朝之蒙古階段，中國需要宏觀歷史愈為明顯。人類中常有很多事蹟，其歷史上的長期合理性不能從短淺的眼光窺測，即使當時人物所作的判斷，也可能尚有因果因素，超過他們的人身經驗。或者這也是馬可波羅筆下提及忽必烈時心頭帶著矛盾的原因。同樣的，這也可能是明太祖朱元璋心中矛盾的由來，他在1368年推翻元朝，以後提及「胡元制主」的時候，深帶著漢人民族主義的情緒，可是卻又將元世祖忽必烈的牌位，供奉在列代帝王廟內，與漢唐宋創業之主並列，一同祭祀。

【第十四章】

明朝：一個內向和非競爭性的國家

明朝，居中國歷史上一個即將轉型的關鍵時代，先有朱棣（明成祖）派遣鄭和下西洋，主動與海外諸邦交流溝通，後有西方傳教士東來叩啓閉關自守的大門；同時，明代又是一個極中央集權的朝代，中國歷代各朝無出其右者，而明太祖建立的龐大農村集團，又導向往後主政者不得不一次次採取內向、緊縮的政策，以應付從內、從外紛至沓來的問題。這些發生在有明一代錯綜複雜的歷史事件，使明朝歷史具備了極縱橫曲折的多面性格，致令學史者必須謹慎細心地釐清，才能洞見真相。

中國歷代創業主中，只有朱元璋的出身最爲微賤。公元1344年，旱災與饑荒降臨到他的故鄉時，數星期之內父母和長兄相繼去世，當時其既無資財購置棺槨，朱元璋和他另一位弟兄只好自己動手將他們草草掩埋，自此各奔前程。這位明朝的始祖，初時在一所廟宇內作徒弟，任雜役，當時尚未滿十六歲。不久之後，他成爲一個行腳僧，在淮河流域中靠乞食爲生，在這情形之下，他和當日暴動的農民與秘密會社有了接觸，這些人物後來對改造朝代深有影響。原來元朝末年，朝廷對各地水旱的災荒缺乏適當的處置；經營水利的大工程則糾集了多數的勞工，其待遇也沒有保障；元軍的各將領則鉤心鬥角，各不相讓。於是各種條件都使當日胸懷大志的草莽英雄滿覺得時間業已成熟，乃是興兵發難的最好機會。朱元璋無師自通，又善於玩弄人物，於是仗著自己的組織才幹，將各種因素收集綜合起來。他花了十二年的功夫，既經過忘命的戰鬥又靠胸中的計謀，終將其他諸人所掌握的地盤接收歸併，從今之後他的名位已無可抗衡。公元1368年他所控制的長江流域已是固若金湯，於是正式宣佈明朝的誕生。蒙古人的元朝毫不費力的被除逐，他們的末代皇帝也採取了一段前無先例的行動：他既不死於社稷，也不留著行禪讓禮，卻開宮門北奔，回到他祖先所來的草原中去。

高度中央集權

朱元璋奠都於南京（過去曾稱建康或金陵），在不少人的

眼裡看來，這是一座「不吉祥」的國都，沒有一個朝代定都於此而能在史上站得長久，即使到近代的太平天國和蔣介石亦未能倖免。可是孫逸仙稱南京「高山深水與平原鍾毓於一處」，這偉大的背景和他的眼光卻互相啣接。算來也與他的志趣相符合，今日他的陵墓以花崗石和大理石築成，即位於紫金山之陽，俯視南京城，視界遠眺無礙。

朱元璋在十四世紀成為中國的國君。其既從極為卑賤的地位而登九五之尊，他也只有大刀闊斧的行事。他的都城城牆長近三十哩（今日這磚砌的大架構依然存在），使南京成為世界上最大的磚牆環繞的城市，飛機可在城內起飛降落，城中又有竹林水塘，甚至大塊的蔬菜園，南京用不著郊外，它本身即是郊荒。

同時朱元璋在中國政治史經濟史和社會史上留下來的痕跡，也同樣的帶著戲劇性，其影響所及，至今未衰。當中最大的特色無乃極度的中央集權，如果今日美國也依法炮製，則不僅加利福尼亞和德克薩斯的州長要由華盛頓派充，即使各州的市長與警察局長也要由華府任免，甚至他們薪給和衙門裡的預算也同樣要經過中央核准才能算數。世界歷史中並無這樣的例子，以一個如此龐大的國家由中樞管束嚴格到如是之程度。

這嚴緊的管制是鑒於前代之覆轍所產生。當蒙古政權被驅逐出境之日，元朝當然的被否定，即使是以前的趙宋也因為管理鬆懈而被指摘，撫今追昔，中國的官僚組織及人民如果整個的確守紀律保持團結，此泱泱大國決不會受制於外來之少數民

族。大凡專制政體總離不開道德作護符，以明朝的事例而言，朱元璋本身即是他的發言人，他曾御製書刊數種，內中提到他的嚴刑峻法，仍是受昊天明命，非如此即不能使紀綱整肅。

事實上，維持高度的中央集權僅有紀律仍是不夠，當中大部分的成效，實因恐怖政治而獲得。朱元璋在歷史上曾主持政治整肅四次，時在公元1376年至1393年之間，被檢舉的對象有政府高級官員、高級將領、公費學生、尋常百姓、各處地主，和家族首長。其檢舉之程序似有定型：起先首犯人物以貪污謀反的名目造成刑獄，是否有真情實據不說，只是刑獄的範圍只有越做越大，與謀的同犯及嫌疑犯也愈羅致愈多，和主犯曾有來往也是有罪之憑據，一種含糊的道德上之罪名即可置人犯於死地（專家曾作估計，因這樣的檢舉而喪生的不下十萬人）。當案情結束之際，皇帝也以各項罪名將各審判官處死。

經過這四次整肅之後，這國家與社會即使以中國的標準看來，也算是極度均勻，從此中樞不設宰相，迄至明亡，這體制不變。國事不論大小，全由皇帝出面主持。所謂「言官」，即監察人員，有權檢舉施政不法之處或官僚機構中不循常規之處，必要時也可以向皇帝諍諫。他們若含默不言，算是疏忽職責，然則言官並不因為建言，即可無罪而置身於刑罰之外。有明一代曾有不少言官因為執行職務時冒犯了皇帝，御前不赦，而死於監獄。

俾斯麥曾認為德國經他經營，至十九世紀末年已達到飽和點，因之此後不再拓土。而五百年前朱元璋也有類似的看法。

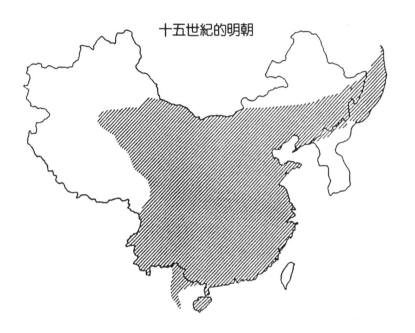

十五世紀的明朝

他決心固守中國「內地」，不再向外發展以避免額外之枝節。
他以朝代創業人的地位，傳示於他的子孫，聲稱明軍「永不征
伐」的國家凡十五個，這十五個以朝鮮與日本及安南（越南）
領先，及至南海各小國。當倭寇侵擾海岸的時候，朱元璋為著
息事寧人，將沿岸一帶之中國居民後撤，明令明朝臣民一律不
許泛海。不過與外間各國接觸並未完全放棄，有限度的商業，
一般藉著外夷進貢的名目進行，仍繼續不斷，只是監視得嚴密
罷了。面對北方的防線，修築「邊牆」成為一種值得專注之事
業，今日外間旅遊者所欣賞的中國長城，大部都是明代遺物，
由朱元璋手下的將領徐達所建，上面的雕樓則係十六世紀由另

外一位明將戚繼光新添。對於此時尚留在中國境內的蒙古人和色目人，明朝新皇帝另有指令處置：他們不得同種互婚，亦即是婚嫁必以漢人為對象，違反此令的，查出受鞭撻八十次後發放為奴。

明朝的軍事設計仿傚元朝，但是不以種族區分為社會的階層，而是全民分作「軍戶」及「民戶」。一般軍戶不納稅或僅納少量之稅，儘可能時還分配有田地耕種，且是子孫相繼，但他們有向國家服兵役的義務。所謂各「衛」及「千戶所」，即等於各團營之司令部，既配置於邊防線上，也零星擱置於內地。各「所」有指定的「軍戶」，永遠保持兵員不會欠缺。作戰動員時，等於師旅之戰鬥序列即由以上各單位抽調編合而成，視需要的情形而定。在朱元璋御宇期間，全國有一百七十萬至二百萬的軍戶。在這組織系統的有效期間，徵用軍事人員的工作因之簡化，而最重要的是，使一般農民不至受徵兵的打擾。

明朝的財政

朱元璋另有一套設施，是關於財政與稅收，其關係更為重大。經過他四次政治上的檢肅之後，全國確實散佈著無數的小自耕農。一般土地稅的稅則至輕（雖說地區間的差異仍是很大），徵收時多以收取穀米及布匹為主。不過稅率雖低，納稅人由各鄉村里甲的領導人監督之下，有向國家指定之倉庫交納之義務，這些倉庫有時在邊區遠處，而且政府衙門所需要的諸般服務也不長久的隸屬於各單位，而是以無給制向民間徵用，例如衙門

內的傳令、獄丁，都由各鄉村輪派，即使文具紙張，甚至桌椅板凳公廨之修理也是同樣零星雜碎的向村民徵取。官方旅行，也由民間支應，全國有上千的驛站亦即是招待所和中繼所，內有交通工具及食宿的諸項設備，只要有兵部（軍政部）頒發的戡合（公事旅行證券），則各驛站有招待的義務，而被指派的民戶也有供應的負擔，但各地區以接送其官員自某一驛站至另一驛站為原則。

　　每一縣分都將它向民間徵取的人力與物資列成帳目。全民編成班排輪流供應服役。當朝代創始於十四世紀時，每一民戶只在十年之內有一年輪到服役，只是當中有些應差的名目，夾帶著不定的財政義務：管理倉庫的收帳人要負責每一石穀米到每一枝蠟燭的交代；各地方首長派向遠處交付糧食者還必須賠補途中的損耗；所有的驛站必須供應所有的旅客。兵部所發戡合愈多，其民間的支應也愈大，因為需用的飲食車船馬轎和人伕全係向民間無價徵來。原則上這種有財政責任的服役指定由富裕之家承當，公元1397年戶部報告全國有七百畝土地（約一百二十英畝）的人戶共為14,341戶，其名單送呈皇帝御覽。顯然的，在朱元璋親身切眼的監督之下，這一萬四千多人戶必在各地區擔任有財政義務較為沉重的服役。如是也好像採用了一些累進稅制精神。

朱元璋的擘劃

　　六百多年之後我們翻閱這段紀錄，深有感觸的不是當中節

目的詳盡，而是如此一部計劃在事實上竟可以付諸實施。很顯然的，朱元璋的明朝帶著不少烏托邦的色彩，它看來好像一座大村莊而不像一個國家。中央集權能夠到達如此程度乃因全部組織與結構都已簡化，一個地跨數百萬英畝土地的國家已被整肅成為一個嚴密而又均勻的體制，在特殊情形下，則由民間經濟作主，形成人力與物資可以互相交換的公式，而釐定分工合作的程序，其過程雖複雜，但在朱元璋督導之下，則可以藉行政上的管制付之實施了。

僅是對朱元璋的褒貶還不能全部解釋此中的奧妙。不管說設計人確實是具有天才的創造人或是極毒辣的陰謀家，還是不能解答當中最緊要的問題：何以這古怪的設計竟能在事實上通行？這樣看來，元朝因蒙古人的軍事占領而留下的複雜情形，必已超過我們一般的瞭解程度。同時我們也可想見，由於宋朝以經濟方面最前進的部門使財政上的資源整體化，遇到慘痛的結果，才有以後退卻與保守調整之必要。明朝在中國歷史之中，為唯一藉著農民暴動而成功的朝代，它在創始時，因藉著農村中最落後的部門為基礎，以之為全國的標準，又引用各人親身服役為原則，看來也是合乎當日的需要了。朱元璋並非不通文墨，他自己即曾著書數種，身邊也有不少文臣替他策劃，此人思想上的見解不能吸引今日一般讀者，可是他的設計，最低限度在短期間內確實有效。他犧牲了質量以爭取數量，於是才將一個以農民為主體的國家統一起來。

可是他所規劃的長久影響則只有令人扼腕，這等於向中外

宣布：中國為世界上最大的農村集團，它大可以不需要商業而得意稱心，政府本身既不對服務性質之組織與事業感到興趣，也無意於使國民經濟多元化，至於整備司法和立法的組織足以使經濟多元化成為可能，更不在它企劃之內了。

所以明朝官僚主義程度之堅強與缺乏彈性，舉世無比。其依藉社會價值作行政工具的程度也較前加深：男人強於女人，年老的優於少壯，讀書明理之士高於目不識丁的無知細民，就像自然法規一樣不待解釋，也是昊天明命。以上三個條件既與經濟無關，又不受地區間的阻隔，即可以促進全國之團結，通行南北無阻。只是倚靠著文化上的凝集力，也使明朝主靜而不主動。各處少變化，這種形態阻礙了任何方向的進展。及至朝代之末，事實上的利益衝突無從用實際的言語道出，有些權力上的鬥爭，原來因技術問題而產生，也要假裝為道德問題，好幾次皇帝宮闈間的糾紛也被衣著錦繡的朝臣用作出發點去支持他們的爭論了。

十五世紀初，朱元璋的一切規劃好像全被他的第四個兒子朱棣所否決。

明成祖朱棣改弦更張

當朱元璋於公元1398年逝世時，南京的皇位依照傳位於長裔的辦法，由皇太孫朱允炆繼承。不到一年，朱棣反叛，內戰三年之後，叔父打敗了侄兒（後者可能在宮殿裡失火時喪生）。奪位之後，朱棣採取了幾項行動使他父親朱元璋所有的方針政

策被推翻：首先他即不顧朱元璋的遺命，進兵安南。最初明軍之行進極為順利，朱棣乃將今日越南北部劃置為中國的行省，只是後來越南人採取游擊戰術，中國遠征軍進退失所，加以交通通訊困難，補給不繼，迄朱棣於1424年逝世時，此問題仍未解決。

在北方，朱棣也不相信不介入政策。他自己即親率大軍討蒙古五次，兩次渡過克魯倫（Kerulen ）河（今日在蒙古人民共和國境）。在此之前，中國的君主未曾親率大軍如此勞師遠征，朱棣的部隊每次大概有二十五萬人左右。當最後一次遠征南返途中，他因病而死在今日內蒙的多倫諾爾附近。

重建北京的宮庭與城垣，在他督導之下經營了十二年，使用的匠人達十萬，勞工達百萬，城垣高四十呎，周圍十四哩，直到1962年代因為疏暢市區的交通，這城牆才被拆除，今日只有前門和地安門，兩座像堡壘式的建築依然存在，上有雕樓數層，好像表彰著中國在歷史上的生命活力，自十五世紀迄至今日，已在各種變亂之中經歷了不少的風霜。此外紫禁城裡的故宮則全部保全完整，宮殿內有房舍九千間，當初由朱棣下令建造，以後又續有新添，更因清朝的大規模翻新，現有的故宮成了中國傳統建築最大規模的現物陳列。有了這些，經營明朝的第三個皇帝又修正朱元璋的設計：他於公元1421年移都北京，將南京稱為「留都」；由蒙古人創建的南北大運河，朱棣也將之重造，既將河道掘深，又加築閘壩以增進其效率。

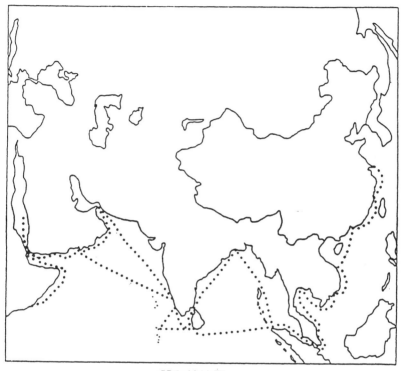

鄭和航線圖

鄭和下南洋

　　在這一切紛至沓來之際，朱棣更命令宦官鄭和屢次下南洋。第一次航行發動於1405年，計有大船六十二隻，小船二百二十五艘，上載軍民二萬七千八百人，最大的船，長四百四十呎，寬一百八十六呎，即次級之船亦有三百七十呎長，橫寬一百五十呎。這樣的巨船只見於書刑不見於實物，可是1957年考古學家在當日船廠附近發現有船舵舵竿一樁，經過估計，其舵葉之

高寬都應當在二十呎以上。

　　鄭和曾前後下南洋七次，最後一次航行於1432年間，已在朱棣之身後。在後面主持此次派遣的乃是朱棣之孫朱瞻基，明朝的第五個皇帝。平均計算起來，這七次航行中每次費時二十個月。這艦隊曾在馬六甲海峽（Malacca　Straight）與海盜作戰，干預爪哇（Java）之內政，擒獲錫蘭（Ceylon）國王（今日之斯里蘭卡 Sri Lanaka，企圖劫奪鄭和之船隻），發解南京聽訊，又勸說了好幾十個國王與酋領向中國進貢，有些國王還親來中國觀光。這艦隊巡弋於印度洋，派遣分隊前往主要航線之外的地方，從波斯灣到荷姆茲（Hormuz），非洲海岸之桑吉巴（Zanzibar），紅海之入口處亞敦（Aden）。艦隊之中有七人還曾往回教聖地麥加（Mecca）。

　　鄭和之後再未有遣派艦隊之事，船員被遣散，船隻任之擱置廢爛，航海圖被兵部尚書（軍政部長）劉大夏焚燬。現代中國學者，對於鄭和之下一輩在上述燦爛光輝的創舉之後不事繼續，既感驚訝也覺得憤恨。看到不過百多年後，中國東南沿海即要受日本來犯的倭寇蹂躪，澳門且落入葡萄牙之手，不免令讀者切齒。中國從此之後，迄至十九世紀無海軍之可言。而十九世紀向外購辦之鐵甲船，也在1895年的中日戰爭被日本海軍或擊沉或拖去。

　　這問題迄今仍沒有確切的解答。不過朱棣的經歷，在歷史上確有離奇巧遇之處：1045年坦麥能（Tamerlane）正準備侵犯中國，但卻在舉兵前夕逝世。中國的幸運君主因之避免了與

世間最偉大的軍事領袖之一周旋；西歐之海上威權，則待到朱棣艦隊耀武於南海縱橫無敵之後，又經過若干年才開始出現；他之攻安南併交趾所留下來的不利後果，不在他生前暴露出來，卻遺患他的子孫。為甚麼這些事在時間上如此巧合？我們不能置答。可是在已經發生的情事內，我們倒可以提出若干解釋：即朱棣之作為已超過他可以支付的能力，他的帝國接受了極度的負擔，已近乎破裂點，他的繼承人必須全面的緊縮，才能避免朝代之淪亡。

在此關頭 需要特別提出的則是，朱棣的徵歛只能因循他父親的規劃，得自農村經濟。而農村經濟既缺乏省區間的連繫，又無各行業間的經營，於是籌措的辦法，要不是直接科歛，就是引用足以產生反效果的手段，有如將朱元璋辛苦存積的貯藏抽用，加緊添發紙幣，再不然就是平面的向下層加壓力，勒派額外捐輸，增添不給酬的工役。朱棣為人機警而有城府，也帶著幾分魅力，他經常在身邊役使著一群文學之士，他們將他的年鑑和施政的號令一再修飾，也算寫得令人動聽，只是皇帝的苛政既已施用廣泛，已不能全部掩飾了。例如各地的方志即提及國都北移，多種賦稅之附加，平空的派上了八百哩的腳費；工部的報告提及，工匠原應服不給酬的工役，每人每年只三十天，而修建北京時，卻有整年不返情事；一個知府因反對額外科徵，被置放在一輛檻車之上押解赴京，由皇帝親自審訊；戶部尚書（財政部長）夏元吉任官二十年，只因為反對漠北用兵，被朱棣監禁三年，直到皇帝去世才重獲自由。

　　現存的資料證實，鄭和準備航海時有權向沿海地區直接徵用人力與物資。這艦隊之出動雖也有商人參加，可是其被抨擊，仍是由於其缺乏利潤。鄭和最大船舶有甲板四層，內有家屬用之船艙及公用廳房，有些船艙內設衣櫃，亦有私人廁所，使用者持有鑰匙。隨行家屬包括婦女及孩童。雖有商人夾雜其間，他們並非個別出資經商。海船的往返，找不到一種不可缺少的商品作大規模的載運，因之其勞師動衆，更爲人指摘。這些船舶所載出口商品爲綢緞、銅錢、瓷器和樟腦，回程的入口商品有香料、珍寶、刀剪、油膏、藥料及奇禽異獸，此類物品可以增加宮庭生活之色彩，卻不適用於大衆化市場。即使胡椒與蘇木被政府使用當作文武官員薪俸的一部分，其價格仍不值得建造和維持如此巨大艦隊。鄭和所率領的軍隊雖在海陸戰役裡獲勝，可是一次戰役也可能死傷數千。另外南京之龍江船廠曾造大小船隻數千，所有的人力和物料全係向民間徵用，此更招民怨。

明宣宗朱瞻基

　　當朱棣於1424年逝世時，皇位由太子朱高熾襲承。不到一年，後者也相繼駕崩，接位者爲第五個皇帝朱瞻基，當日不過二十六歲，他曾受極好的儒家教育，御前也有好顧問，在個人講，朱瞻基不乏對國事判斷的能力，在明朝皇帝之中可算難得。他的藝術天才與宋朝皇帝趙佶相比，尙可能較趙佶爲優。今日他的作品可見於美國麻省劍橋的福格博物館（Fogg Museum）、

堪薩斯城的勒爾生美術館（Nelson Gallery of Art）和紐約之大都會美術博物館等處。朱瞻基與宋朝優柔寡斷的君主不同，要是事勢須要的話，他既可以極端的強硬，也可能極具決心。

他登極不久，北方邊境的情形已相當的和緩，原因乃蒙古人分作東西兩支忙於內鬨，已無暇問鼎中原。而困難的問題來自南方：朱棣之征安南，至此用兵將近二十年，休戰之日尚不可期，中國的資源與人力好像投入一個無底洞裡。朱瞻基登極時越南人又以游擊戰術大敗明軍，新皇帝派遣他手下能將帶著援軍前往，而戰局只有更惡化，援軍司令只能與越南人談判，讓中國文官和殘餘部隊撤回明境，而他在公元1427年回國即被拘押而判死刑。

國內全面叛變情形尚未展開，可是徵象已相當的明顯，長江三角洲為全帝國最富庶的地區，看來也最是當日危機四伏的地區。此中尚牽涉到一段法律上的問題，因為南宋強迫購買這地區內的民田，迄至朝代覆亡，所應付之價款並未付清，元朝又據之為公田，且更擴大了這地產的範圍。朱元璋創建明朝時，同樣的規避了法律與主權上的糾紛，他只稱此間人民在他登極之前曾支持過一個和他作對的地方首領，因之他以戰勝者的地位沒收了全部有問題的產業。可是他也未設局司掌管這帶田地，所謂租金也混同在一般土地稅之內，而在久歷滄桑之後，地形也有了變化，人民田產分割的買賣因之含糊不清。及至此時，問題已不在產業的主權，而是管業人每年向政府所付費用，稱為田租也好，稱為土地稅也好，超過其他各處納稅人所付遠甚，

使很多小自耕農無法支應。朱棣的額外徵收更增加了問題的複雜性。

在朱棣最後幾年內,此地區的稅收,已開始累欠。中國人民的欠稅一般有傳染性,很多納稅人看到鄰居不付稅也依著照辦,他們也知道如果欠稅的人多,衙門別無他法,只有將一部豁免,於是無論有力攤付與否,他們都同樣的拖欠。公元1430年蘇州府一府即欠稅達八百萬石,是爲此地三年應繳的額數。所以朱瞻基登極之日,並沒有繼承到一個舒適的皇位。

安南的問題與長江三角洲欠稅的問題一時俱至,年輕的皇帝不得不採取果斷的行動:他提議從安南撤退,立時使朝廷意見分裂,因爲這地區名義上已構成中國之一行省達二十年,當然是全帝國之信用和威望所攸關,所以朱瞻基不得不利用本人權勢去堵住主戰派之嘴。當全部撤退付諸實施時,他也赦免了已判死刑的司令官。對付長江三角洲的問題,他則任命周忱爲當地巡撫,此人無官僚習氣,而勤於任事,茲後他任巡撫達二十年,遠超過朱瞻基的在位期間。他的辦法是將減稅的方案不彰明昭著的施行,因之避免了向時下壓力屈服的窘困。他也經常巡視各鄉村,與農民展開對話,調查收稅納稅之程序,研究拖欠付稅的遠近原因,同時將過程中各項罅隙填實,將零星的錯誤糾正。關於貨幣問題,皇帝接受了戶部尚書的建議,此人即是祖父朱棣囚禁了三年的夏元吉,其建議新闢一些商業稅,所收全用紙幣,以和緩通貨膨脹。朱瞻基並未全部停止鄭和的航行,但減少了舉行的次數,他御宇十年之內只批准了一次。

此外，他也延緩了無數的建築事業。

　　他的政策全站在消極方面，因之不能擴大帝國的威權，也不能增加其聲望。假使沒有採用這些更正的步驟，以後的結局如何殊難斷言，可是從須要撤退和緊縮的程度看來，我們至少可以說，如果環境的開展與事實上的情形稍有差異，朱棣在歷史上的聲名很可能和隋朝的第二個皇帝楊廣等量齊觀。

縉紳成為社會的中堅

　　當朱瞻基在公元1435年去世時，大明帝國已不復可能由上端隨意的操縱把持。中國的朝代以一種權利的架構築放在一個大規模的社會基礎之上（縱使我們並不把經濟因素介入），所以它不能隨意創造，或隨意的顛覆去適用於短時間的目的，即使根本上的改組也不能避免某種程度的暴力出現。當朱元璋主持國政時，當日的社會尚在一種游動狀態，可以由他以勤苦節儉的情調組織擺佈。他的農村政策，主要仍是地方自治，儘量的避免干涉，所以其精神為簡單節儉。他的文官組織充其量也不過八千人，薪給之低，即依中國的標準看來，也算特殊，因為朱元璋自己以農民而為天子，在他的心目中，官僚之為人民公僕，就必定要照字義上成為公僕。在類似情形之下所有稱為「吏」者，也另成一系統，尚且是官僚組織之下層。多數的吏員係奉召服務，一般不給酬，如果他們有薪給的話，最多亦不過維持家室的食米而已。

　　這時候每一個村莊沿照朝廷的指示制定它的「鄉約」。又

構築「申明亭」和「旌善亭」各一座，村民之有善行及劣跡者，其姓名由父老查明公佈。此外，村民因為遺傳，婚姻，財產交割，及毆鬥而發生糾紛者，也由父老在這兩座建築物前評判分解。

　　每當農曆正月及十月，一年兩次，各地方主持「鄉飲」，所有的人戶都要參加。在分配飲食之前，有唱禮，演講，宣布朝廷法令和批評鄉民不守規則行為之各種節目，如果有劣行的鄉民規避被指責的程序，則由全體與會者指摘其為「頑民」，按情節可呈明政府，充軍邊疆。這樣一來，所有地方政府按部就班的職責都已經在鄉村中實施兌現，於是官僚即可以在城垣內執行他們的任務。在朱元璋的時代，所有官僚除非特准，否則不許下鄉，如有擅自下鄉的，可以以「擾民」論罪，判處死刑。

　　經過七十年之後，以上各種法制規章大致已被時代淘汰而不復生效。文官組織已經一再擴大，其員額超過當日二倍而成長至三倍。一般官僚生活舒適，即使名義上的薪給如舊，他們已有各項半合法的額外收入。當初的14,341股實的戶口此時已無人提及。他們已被「縉紳」階級替代，西方的學者照英國習俗稱之為gentry。這縉紳階級包括所有文職官員和他們家庭中的成員，並及於監生貢生和捐資納監的人物，他們由政府准予「冠帶榮身」，人數遠較朝代草創期間為多，可是最多時仍不及全國人口百分之二。並且也只在朝代末年，土地已有相當的集中，捐資納監的氾濫，才有這程度。切實的數字無法獲得，

只是我翻閱過一大堆各地方志、傳記、官方文件等等，約略估計可能有二十五萬戶各擁有田地在二百畝（約強於三十英畝）至二千五百畝（稍強於四百英畝）之間，而且下端的戶數遠較上端的為多，超過以上資產之戶數則極稀少。

這縉紳階級要不是與文官集團通聲氣，即是當中的成員，所以他們是全國中等地主和大地主，既為朝廷的執事人物也是鄉村間的地方領袖，因之構成了高層機構和低層機構間的聯繫。他們公認，良好之政府植基於保持傳統的社會價值，並且這一個優秀分子集團的成員又因為社會之向上及向下的流動性不時更換。一般因為科舉考試的成敗，影響到一家一室之興衰，如此也替這集團覓得新人物而淘汰舊戶室。明朝之後又繼之以清朝，這種組織及其功能在中國近代史裡發揮而為一種穩定局面之因素。可是積習所至，也在二十世紀的中國需要改造社會時，成為一種切實的障礙。

明代歷史的特性

官僚階級既將他們心目中的政府當作一種文化上的凝聚力作用，其目光又離不開小自耕農用精密耕作的方式去維持生計，自是不能欣賞現代經濟的蓬勃力量。後者從不平衡的情形而產生動力，而中國的官僚與縉紳階級則預先製造一種平衡的局面，使各地區勉強的湊合一致，因此他們背世界的潮流而行，與宋朝變法的人士立場相左，而整個的表現內向。

明朝的稅收制度也是一大阻礙力量。簡單說來，明朝的第

一個皇帝不顧世界潮流，製造出來的一種財政體系，過於簡陋；第三個皇帝又不顧其設計之目的，只拉過來將之濫用，第五個皇帝採收縮退後政策，使之不致全面崩潰。可是演變至此，要想改造這制度的機會業已一去而不復返，如果要構成經濟上更為有效的組織，則必須採用一種不同的會計制度，如是則整個文官集團都要重新訓練，更用不著說要組織銀行培養帶服務性質的事業了。可是事實上，這時候明朝政府手中所掌握到貨幣工具，即令維持現狀，仍屬牽強。雖有朱瞻基和夏元吉的方案，紙幣還是因為印刷過多，逐漸被人拒絕使用。這弊病還要追究到元朝上面去，自先朝濫發紙幣，即忽略了製造銅錢，這五銖錢是中國傳統上民間交易下至鄉村的媒介，及至白銀大量輸入於中國，民間即用碎銀作為交換工具，流通既久，明政府不僅無法禁止私人交易之用銀，連它自己的財政單位也逐漸的以銀為本位，於是政府對貨幣整個的失控，既不知道使用貨幣的數量，更談不上接濟操縱其流通了。

明政府與自然經濟的力量分離，是它行政上的特色之一。其衙門機關既缺乏在業務上增加活動範圍的力量，也只好強調儒教的意識型態，而且其施用政治上的威權也愈來愈過火了。在許多情形之下，這政治威權帶著負性格，而甚至影響到皇帝之使用特權。皇帝可以處罰任何官僚或一群的官僚，可是他極難提拔一個親信或者令之任要職，他可以在現行法令之中批准例外情事，可是他沒有權力推行新法影響到全國。如果在皇帝的龍椅上宣布御旨，要不是一種儀禮上之做作，即是追認某項

既成事實。

　　這可不是說明朝的歷史讀來只是乾燥無味，相反的，這相持不下的局面內產生無數的縱橫曲折，包括了各種陰謀巧計。只是讀者如不具備若干基本知識，則可能在這各種花樣之中迷惑，也不能分辨何者為重要，何者不重要，何者為離奇古怪的矯情造作，何者為真精神好漢性格。讀者不要忘記當1960年文化大革命在人民共和國興起時，明代史即曾被用作一種武器，為宣傳專家拋擲來去。

【第十五章】

晚明：一個停滯但注重內省的時代

明朝自宣宗以後，很少皇帝能專注於國事，朝廷作為主要操在官僚手中，而皇帝則被賦予濃厚的神祕性格，仲裁百官間的爭執，強迫性的執行開明專制。當時的士紳官僚，習於一切維持原狀，而在這種永恒不變的環境中，形成注重內思的宇宙觀，使今人看來，晚明時期顯得停滯而無生氣。

　　明朝有十六個皇帝。第一個皇帝葬在南京，第二個皇帝的遺骸迄未發現，下面要提到的第七個皇帝朱祁鈺，則單獨埋在北京西郊，另外十三個皇帝全葬在今日國都北方約二十五哩處，這十三個陵寢大致以馬蹄形的形狀環繞著一座儲水池。今日很少旅遊者去過北京而錯過了明陵，原因之一，第十三個皇帝朱翊鈞（中外人士都稱之爲萬曆皇帝）的陵寢於1958年被發掘，茲後幾百萬人曾往他的地下停柩室參觀。

　　我們參閱歷史紀錄反而可以看出這些皇帝有一種奇特之處：自朱瞻基之後，他們很少有機會在重要關頭定決策而影響到全帝國，只有最後一個皇帝朱由檢可算例外，可是爲時已晚。所謂奇特之處乃是他們在和戰的關頭，君主與臣僚通常意見一致，很少有爭辯的地方，反而他們的私生活倒成爲公眾的問題，百官爭吵不清，通常牽扯著皇帝御前的行止和他家庭中的糾紛，好像人世間最重要的事體不發生於他們祖廟之內，即發生於宮闈之中。

皇帝的更替

　　第六個皇帝朱祁鎮不到八歲登極。自小他就受著宦官的影響。公元1449年他年近二十二歲，有一個宦官勸他巡視北方邊境，在行程之中他遭蒙古人瓦剌（Oirat）部落的酋領也先（Esen）奇襲被擄北去，群臣與皇太后商議之後決定立朱祁鎮之異母弟朱祁鈺爲帝，以免也先挾制當今皇帝而在談判時逞上風。這計策成功，次年也先恭送朱祁鎮返京，自後他稱太上皇，

居住在宮廷之內的偏僻之處，在中國「天無二日，國無二主」的傳統內，其被監視有如囚禁。公元1457年，在這樣的安排六年半之後，朱祁鈺因病不能臨朝，太上皇的手下人趁此兵變而使朱祁鎮復辟。他們始終不承認朱祁鈺有登九五之尊的資格，也不算作名正言順的皇帝，所以他身後遺骸也不能佔用北郊千秋享配的地區。歷史家自此承認公元1449年可算明代的一段分水嶺，象徵著這朝代的軍事力量由盛而衰，可是這與朱祁鎮的關係不深。此外他兩次御宇的期間並無其他大事值得渲染，即算1457年的兵變也仍不過是弟兄間的私事。

　　第九個皇帝朱祐樘的母親是廣西土酋的女兒。因為當地土人叛變，她被明軍俘虜，帶至京師分派在宮廷內管理儲藏雜事。她和第八個皇帝的邂逅生子先保持著為宮闈間的一段秘密，迄至他五歲，其出身尚在隱匿之中。不久他的母親去世，他被立為太子，公元1487年，朱祐樘十七歲得登大寶。傳統的歷史家一致恭維他為好皇帝，既明智而又體貼人情，可是我們翻閱全部紀錄之後，看不出此人有何值得誇異之處，看來也不過是一位膽怯而缺乏安全感的年輕人，風雲際會一朝得為天子，被安排成為一個業已整體化之文官集團名義上的首長，在位十八年。當時唯一的事變為1494年黃河改道，這災難有兵部尚書劉大夏適時對付，此人即是當初焚毀鄭和的航海紀錄，以免以後再耗費國家財力和人力的模範官僚。

　　在個性方面講，第十個皇帝朱厚照，是明代君主之中最具風味的人物（雖說不是每個人都覺得他是最值得同情的人物）。

也因為命運的安排，他在公元1505年承繼皇位之前很少受到傳統父母的管束，其時尚未滿十四歲。不久之後他即遷出內宮，而在皇城之內他自己營造的「豹房」內居住，與他交往的多是宦官和喇嘛僧，有時也與聲名狼籍的女性廝姘，更有異方術士加入他隨從之行列。他的尋樂與冒險，了無止境，有一次朱厚照親身出面馴虎，險遭叵測。

他不舉行早朝，而在傍晚和群臣聚會，當朝臣中文學之士和他的教師對其一再規勸時，朱厚照即給各人升遷並派遣他們至遠方的職位。公元1517年蒙古領袖小王子伯顏猛可（Batu Mengku）自長城之北侵犯明方的邊鎮，年輕的皇帝接受了這挑戰。他將防軍撥歸自己指揮，親往前線規劃，兩軍接觸之後蒙軍被擊退，可是所有的文官都沒有參加這次征役，他們強調明軍的損傷超過殺傷對方的人數。

1518年皇帝又出邊搜索敵軍，這次經過沙漠邊際，始終沒有和蒙古人相遇。當群臣諍諫，天子以九五之尊不應冒如是之險時，朱厚照即下令任命自己為明軍之將領，接著他又封自己為公爵，以後他更以命令發表自己為太師，自此他自己的官階都超過所有文武官員之上。1519年消息傳來，皇帝又將以公爵、太師，和大將軍的資格往江南遊歷時，一百四十六個文官赴闕啼泣，哀求收回成命。請願者的心目中以為皇帝的舉止乖謬，朱厚照大為震怒，他指令凡抗命不離宮門的官員每人受廷杖三十下，其中十一人或當場打死或以後傷重而死。

皇帝將他的南行日期延後到秋天，他逗留於南方迄至1520

年年終。在一次釣魚的行程之中，朱厚照所親駕的小舟傾覆，雖說被救不死，據說他從此不癒，一直沒有完全復元。次年他身故於豹房，未有子嗣。廷臣與皇太后秘密商議，決定召皇帝之從弟朱厚熜自南方入京，他因此成為明朝的第十一個皇帝。

當日廷臣的想法是，這年輕的皇子不僅繼承皇位，他更應當視自己挑承為伯父之子，因之皇室之遺傳才能一脈不斷的出自正裔，在祭祀時，也不生枝節，可是朱厚熜拒絕這樣的作法。他登極之後，表明他仍舊以親身父母為父母，並且給他業已身故的父親皇帝的名位，他的母親也取得皇太后的地位。廷臣因皇帝的舉動而意見分歧，這一糾紛也經年不得解決。公元1524年又有一大堆的官僚赴闕啼泣，皇帝震怒之下將其中一百三十四人囚禁，其中十六人死於廷杖。而且很不幸地，朱厚熜亦即嘉靖皇帝，御宇期間長達四十四年之久。

第十三個皇帝的行止更令人扼腕。朱翊鈞又稱萬曆皇帝，刻下他的陵寢供眾觀鑒。他在位四十八年，在歷史上頗得荒怠和浪費的聲名。傳統的歷史家認為他最大的過失，乃是讓他自己的私生活阻礙公眾事務。他的長子常洛出生之後不久，他熱戀著他第三子常洵的母親。當他企圖傳位於洵而置常洛於不顧時，整個朝廷為之震動。群臣要求他立長子為太子，他一再將建議延擱。各方指斥他廢長立幼，違背了傳統的習慣。他又一再否認，可是痕跡俱在，雖否認也不能令人置信。在常洛四歲時，七歲時，十多歲時，至近二十歲時，廷臣不斷的催促，皇帝仍是接二連三的推諉。直到公元1601年，實在無可再推，朱

翊鈞逼於眾議，才意態決決的立朱常洛為太子。可是這還不算，宮闈之間傳出，有人企圖謀殺太子，此消息或假或真，或者應當據實查究，或者應當大事化小，小事化無，總之就使百官站在不同的立場，掀動了他們本來原有的各種明爭暗鬥。公元1620年朱翊鈞逝世。常洛以三十八歲的成年人即位，是為明朝的第十四個也是在位最短的皇帝，剛一個月之後他即隨父親而駕崩。群臣聽說其死因在於用藥不當，又要追究責任，將這疑案和以前的爭論糾纏在一起，如是者二十四年，直到明朝覆亡方止。

官僚體系成為決策的中心

當我們企圖將中國歷史之綱要向初學者及西方人士介紹時，不論是口講或筆寫，以上糾纏不清的人事問題，都使我們感到為難。一方面我們固然不應當規避這些情節，本來各項軼聞與秘史，也是歷史的一部分，我們提到英國的宗教改革時也不能撇開亨利第八因為熱戀著安波琳（Anne Boleyn），想離婚而不遂，引起和教皇的衝突；在說及俄國女皇凱瑟琳的開明專制時，也免不了要提到謀殺彼德第三才使她獲得政權之由來。以此看來，中國歷史也就避免不了類似的情節，即算這些事故輕佻瑣屑，只要時人視作重要，也不便由我們於幾百年後另自作主，將之摒斥不提了。只是此間我們所說困窘之處，無非明代史裡此種故事接二連三的整幅出現，有時翻閱十年的紀錄幾乎無其他的事可說，全部歷史儘是輕佻瑣屑的故事。

幾經思量之後，我們覺得後面還有一點待提的地方，這是當時人既未提及也無法提及的。當明朝經過創造的階段而固定下來時，朝廷的主動部分實為百官臣僚之集團而不在君主。文官因為科舉取士，也就是甄別選擇的所有程序都有定規可循，即一般的考核升黜亦復如是。即算朱元璋罷宰相這一官位而終明代未曾復置，以後之各「大學士」實際上亦填補了此缺陷。大學士為文筆之士，起先參加皇帝各項詔書之起草，逐漸因擬稿而有了決定方針與政策的能力，到後來官階和聲望與日俱增，實際上成為統合文官組織的主持人和他們的發言人，只不過他們的行動與決策還是要通過皇帝的正式批准而已。

這實際上是一種表面奇特而內中有理的安排。當一個國家尚不能用數目字管理時，君主立憲不可能成為事實。可是獨裁制也有它力之所不能及的地方。當日北京的朝廷自認將無數的村莊集結，而在其管制之下維持一種難得之平衡，絕不可讓皇帝盡量的發展其人身的權力。雖說在理論上講，這種權力並無限制，最後的辦法仍是以人本主義調和這天授皇權，或者說是強迫的執行開明專制。皇帝登位之前既為太子，則有管文學及教育之臣僚任太子的師傅，講授自我抑制，對人謙讓的大道理。從十五世紀末葉的情形看來，恐怕此時的君主已經瞭解，他們惟一的實權不過在懲罰方面，但其施用自然有限度。另一方面則朝廷之中毫不含糊，也從不間斷的舉行各種儀節以強調皇帝寶座的神秘性格，以致構成一種弄假成真的信仰。這樣一來，如果有任何爭執找不到確切的解決辦法時，有了以上的安排，

則皇帝的仲裁自然有效，他既本身不介入，也無個人之利害在其爭執內，他的判斷就具有天子所賦予的威權了。

從此我們也可以窺見，為甚麼頑皮的朱厚熜要給自己官銜與職位，以便將他自己和皇位分離，可是其臣僚卻不能將這輕浮的舉動一笑置之。他們既不便公開的反叛，只有採取消極的不合作辦法。而另外的一個極端：朱祐樘為人中庸，也無個性上的表現，正是做好皇帝的材料，也算是無才就算有德了。

其他的故事中可以看出百官對皇位之繼承極端的注意，他們堅持立長不立幼的原則幾乎帶著宗教性的虔誠。這問題容易產生敏感，乃因其關係臣僚本身的安全。如果皇位可以由人為的力量給與或褫奪，則其神秘性已不存在，百官的信仰也成問題，以後的結果極難逆料。有了這樣的理解，我們可以看出上面各段軼聞並不全是無關宏旨的小事，既有這麼多有識之士以生死爭，這也是在尷尬時期內，以一種笨拙的辦法對付可以謂之為憲法危機的諸項問題。

財政紊亂的原因

明朝有兩個主要的原因，使它不能在數目字上管理：它歷代沿用的軍戶制度很快的衰退，它的財政稅收過於遷就農村經濟之習慣，而不易作全面的改組。

軍制的衰退不難解釋：最初奉命以軍戶登記的戶口並非全部出於本願，很多是被強迫「垛」入。如果他們分配有耕地的話，則其地產並非集納於一處，而係和其他私人產業相錯縱。

被分配田地的戶口，將地產買賣轉當無從查悉禁止，經過數代之後，有的戶口死絕，有的逃亡，軍戶只有不斷的減少，總之就是去多來少。在邊區屯田，其情形稍優，在十六世紀初葉，大概很多屯區尚能維持到百分之四十的人戶數，在內地的衛所則所存通常不及什一。

稅收當然較朱元璋時代已有增加，可是其增加從未有系統的制定，基本的稅收數以穀米之石計算，整個朝代很少變更，歷二百七十六年，其基數大致如故，所增加的是基數外的附加、加耗、和盤運的腳費等等。一般情形下，因為上層要求下級政府作主，自行裁酌的添增，所以毫無管制。朝代初年以責任繁重之役加在富戶頭上的辦法已不復施用，接著的是將其負擔配予中等人戶，最後只有攤及全民。不給償的工役很少例外的，已改為出錢代役。服役的年限最初每戶十年一輪，中間改作五年一輪，最後則每年出錢代役。這樣的調整有將全部義務按年徵取全部用銀，也有將土地稅和服役之役錢互相歸併之勢。其詳細辦法各州各縣不同，大概視其經濟發展的情形而定，只是其趨勢則全面一致。在十六世紀這樣的調整歸併通稱「一條鞭法」。

可是事實上沒有一個縣分做到理想的境界，將所有的「賦」與「役」全部歸併而整個的一次以白銀徵收。讓有些納稅人擔任財政上職責的辦法迄未完全革除。因為它自身沒有帶服務性質的機構，中央政府只能將收稅機關與經手開銷的機關成對的配合。對中央政府講，收入和支出如是已一款一項的彼此對銷。

當稅收以實物繳納時，全國充滿了交錯的短距離補給線，又因為缺乏銀行及中繼機構，其收支用銀的出納方法大體上仍是如此。一個邊防的軍事機構可能接收到一打以上縣分的款項，同樣的一州一府也可能向數以十計的倉庫庫房繳納。這種辦法除了極少的調整之外，以後也為清朝襲用。政府之中層缺乏經理能力是第三帝國一個極為顯明的特徵。

從現代的眼光看來，雖說稅率增高，但一般所抽仍低，情形也每州各縣不同。因為稅率是水平的施行於全體納稅人，及於每家僅有三畝或五畝極為單薄之下戶，其稅收極容易達到飽和點，亦即逾此一步，納稅人已無力負擔。將下戶免稅或以累進稅制增額於大地主的辦法迄未曾提及，大概交通、通信困難，民智未開，無法在鄉村之中確切的監視，即使用簡單的現制執行，各地方政府已感到棘手，再要將稅收的程序繁複化，恐怕技術上的困難足以使整個制度解體。很少人注意到，此中尷尬之處乃中國在近代史裡所遇到的最大難關。因為如此，這帝國的資源才不易收集作有效使用，地方政府的效率也無法增進。另外戶所積存之剩餘很少用在投資的用途上，要不是用作高利貸的本錢，即供無謂的消費。因為財政之本身緊貼在農村之上，它也無力扶助村鎮工業和地方上之商業作更進一步的發展。

其弊端尚不止如此，財政之實施既缺乏強迫性的管制工具，其帳目數字錯綜，無從標準化，因之隨處都有錯漏，某種程度的不盡不實，只好任之聽之。雖然中央政府在上端以嚴格的標準行事，其所加壓力因有技術上的困難在，愈至下端只有愈鬆

懈，在執行上，效率也愈低。這樣令人扼腕的種種情形，有如
痼疾。

倭寇的侵擾與蒙古的犯邊

在十六世紀的中期，大明帝國的雍容安靜氣氛被「倭寇」
犯境而打破。倭寇在西方文件中稱為「日本之海盜」，他們以
波浪式的行動在中國沿海騷擾。按其實，他們的領袖為中國人，
也有中國人參加其隊伍。不過在作戰方面講，本地人效用淺。
其進攻的根據地在日本，所有的戰法和裝具全由日本人供應。
嚴格說來倭寇亦非海盜，他們從未在海上作戰，只是登陸之後
包圍攻取城市。

明帝國因為組織上的特殊情形，務必保持一種與外間絕緣
的狀態。倭寇之起與走私貿易有關，這樣的不法活動業已進行
一段相當的時期，政府官員既被沾染，地方上之士紳也雜身其
間。中國向無海事法庭，當中有力量的船主在參加這貿易的人
士中，便有了武力仲裁者的聲望地位，一切以自然之態勢形成，
這些人終為倭寇之頭目。

當這些強人愈無忌憚的上陸修船，並且私出「傳票」，指
令村民在他們「判案」的程序中出「庭」作證時，明政府猛然
省悟此風不可長。這海上之威權雖說尚在新生狀態，如不及時
對付，遲早會向以農立國之朝代挑戰。可是問題愈嚴重化，明
政府愈暴露了本身之弱點。有的衛所早已在歷史之中被疏忽遺
忘，此時無從動員，臨時募集的士兵則不願戰，也不知戰法，

更缺乏款項足以供非常狀態之開銷。因之自公元1553年開始，倭寇流毒於東南沿海達二十年之久。

　　只是堅持到最後終有想像力豐富之戚繼光將之剿平。他憑空創造了一支軍隊，從召募、訓練、給予補充裝備幾乎全部從頭做起。他的軍官由他一手提拔，所以保持著袍澤間密切的情誼。他的士兵全部由內地農村中招募而來，其選擇之重點在於堅韌性而不在於靈活。他給隊伍具有折磨性的操練，他要部隊間生死與共，而以連坐法相脅迫。士兵的餉給只比農業的工資略高，他的武器全在本地製造。從政治的角度看來，他的戚家軍完全符合明朝之農村氣息，並無優秀部隊之形影。軍費之由來乃自現有各種稅收內統添上一種「兵餉」的附加稅，所徵收限於為倭寇侵擾的地區，只因為附加率低，收集時尚不發生太大的困難。只是有些縣分之內原有稅額已近於最高限度，再經過此番之附加，則所有可以徵收的稅源至此用罄，以後再想增稅，即無能為力矣。

　　在北方蒙古酋領俺答（Altan Khan）自1540年間即已從各部落間構成一種力量龐大的同盟，起自今日中國之東北，西迄青海，所以他能在一次戰役中投入十萬戰士。自1550年代以來，每到秋天即來犯邊，無歲無之，有時甚至逼至北京郊外。所幸俺答無農業基礎，為他服務的漢人，人數稀少。1570年俺答之孫投奔明軍陣內，中國防區將領乘著這機會與俺答媾和，授之以順義王的名號，允許他每年互市，又予以津貼，自此之後，終明代，蒙古人未再為邊防之患。簡概言之，倭寇及俺答

之侵犯，雖說一時局勢緊張，其為患仍不深，未能逼使明帝國改組。

　　我們今日看來明朝末季停滯而無生氣，可是當時人的觀感很可以與我們的不同，特別是身兼地方上紳士的官僚，他們習於一切維持原狀，在這種永恆不變的環境之中，個人生活不是沒有令人心悅之處，大凡個人在科舉場中得意即有社會上之名望，而做了中等以上的地主，其優秀階級的地位已有了相當的保障。這一時代地產換主的情形經常有之，反映著社會上的流動性依舊存在。大概一家一戶之盛衰與科場之成敗互為表裡。此外不論做清官或貪官，只要像我們現代人物一樣被逼著至死方休的求長進，那麼只要做了幾年的官便可以退居林下，雖然不足以過奢侈的生活，至少也可以舒適的享受清閒了。

明代的文藝

　　這種種條件構成一個注重內思的宇宙，在散文、詩詞和繪畫諸方面表現無遺，在哲理談論上也可看出。明代的藝術家極少例外，都屬於縉紳階層，這批優閒人物逃避了世俗間的繁忙，他們目光所及的世界，表現著他們自己心境上的靈感。明人所寫小說至今猶為人欣賞，其題材有歷史與社會背景，又及於色情與幻想，可是最流通的小說，每篇都各有天地自成一系統。作者有把握的將人物和事物以極大規模的結構盤托出來，但通常其組織不脫離對稱與均衡，在其衍進之間造成一段大循環。即使是現實的描寫，也被籠罩於一原先具有輪廓的宇宙之內。

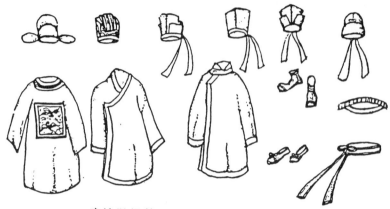

官僚階級的服飾與名位有關

如果還不算，小說家又在每章段之間以韻文和故事穿插，表現出作者的智慧，超過日常生活的疇範。這樣看來，這種小說家的藝術可以與日本之石鋪庭院相比。

明代最大的哲學家爲王陽明。他將佛家頓悟之說施用於中國儒家的思想體系之內。只是迄至明末，王之借重於自然的傾向，被極氾濫的引用，因之也產生了不少的王學支派，這和王陽明的注重紀律有了很大的區別。

從縉紳官僚階級的立場上講，教養在先，富庶在後。學術上之精到，文質上之選擇和舉止上的合乎大體超過一切。所以利瑪竇（ Matteo Ricci ）於公元1583年來到中國時，他讚美這國家是由一大群的「哲學家」管理。可是向人炫耀爲人之常情，尤以暴發戶爲甚。一個縉紳家庭可能在門前樹立幾椿旗竿，以表示子弟進學中舉以及捐輸爲監生的人數，地方上顯赫人物

也有在轎前擺佈著一大堆的隨從；修築花園和精製桌椅使富庶之家的屋內外更爲講究，這在明末風靡一時；收藏藝術品也成爲風尙，古物尤被珍視，有時一塊古硯可以值銀三十至四十兩，足爲農家全年用度。

經濟制度仍難突破

可是所謂資本家在這時代產生的說並無根據，雖說間有商人成爲巨富，但數目極少。農業商品化也只有間或一見的例子，並且缺乏繼續經營的證據。製造棉布仍是一種家庭工業，婦女紡紗可以補助家庭的收入，在貧困佃農的戶內尤不可少。雖說這與歐洲同時的「外放分工制」（putting-out system）有若干相似之處，單獨的有這樣的安排卻不足以使社會經濟改觀。總而言之，提倡晚明中國經濟有突破的說法，有它基本的弱點在。與當日帶服務性質之事業無從展開的情形相較，這種說法不攻自破。這時候無銀行，無發放信用之機構，保險業始終未被提起，相反以高利貸爲主的當鋪倒以千計。此時也沒有適當的法律和法庭組織足以提倡現代型的商業，而促進資本之存積。何況支持現代商業的法律程序以私人財產權作基礎，首先即與孟子道德觀念相反，而後者正是官僚體系奉爲天經地義的。本書前面也曾提及，明政府自十五世紀中以來已無從制定有效的貨幣政策，當這麼多必要的因素全付之闕如，現代商業如何能在中國發展？

科技的進展經過宋代之最高峰後，明朝缺乏繼續之進展。

從絲綢之紡織至陶瓷之焙烤，特殊之機械設計及處理，似乎都端賴技工的眼光。水力工程及藥物學因具有實際需要之價值，明人在這兩方面頗有作為。可是無意於節省勞動力和不注重以探索知識為其本身之目的，可能為停滯的原因。因為中國人既已有了現階段的成就，如果繼續研鑽，似乎不難引至利用更高深的數學工具，獲悉宇宙內更奧妙的神秘。

在農業方面，明代特別值得提出之處為菸葉、玉蜀黍、甜薯及花生自新大陸輸入。後面兩種農作物因其可以栽種於前未耕耘之山地，對於解決食物問題更具有特殊之價值。可是在農業技術方面說，明代甚少進展。元代忽必烈所頒發之《農桑輯

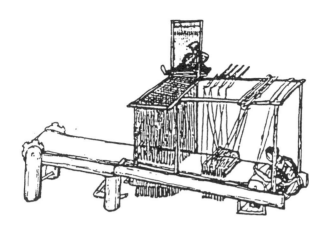

要》內中圖釋之農具，幾個世紀之後再無增進，可見得傳統的
農業技術在相當時間之前即已達到其最高限度。

　　然則明朝盡力使中國內部均勻一致則超過以前任何朝代。
中期之後華北即無異族逗留的痕跡，華南有了省區之間的移民，
使人口更能疏散到廣大的地區，也使西南之少數民族更感到壓
力。歷史上估計中國的人口，總多少帶有冒險性。可是中外學
者已有共同的觀念，認為公元1600年前後，中國人口已接近一
億五千萬，這是歷史上的最高點。雖說明律不許人民泛海，事
實上向東南亞各國移民好像未曾間斷。公元1567年明政府已片
面開放福建之月港，當地接近廈門。以後國際貿易相次展開於
廣州及澳門似從1578年始。

　　利馬竇於公元1595年來到南京，1598年到了北京，留下了
一段有趣的晚明紀錄。我們今日看來，可以想見中國在十六世
紀末葉，頗像一種玉製的裝飾品：從美術的角度看來有它本身

之完滿，可是在結構的方面看來實爲脆弱。因爲受著法律和制度的限制，內部的增進已至極限。用不著說，這樣一個國家不容易動員，對外界的壓力亦缺乏抵禦的實力。

張居正與萬曆皇帝

實際上在利馬竇行經大運河北上之前，大明帝國已經嘗試著窮最後之力作一番振作。這運動是由張居正一手經營，他這時是首席大學士，同時也是朱翊鈞（即萬曆皇帝）的導師。當萬曆在公元1572年以九歲登極之日，張居正因皇太后之信託，成爲皇帝的保護人。他和宮內的首席宦官有了默契，於是行使職權時具有相當的威望，有如宰相，只是沒有宰相之名目。他將自己的親信佈置在內外機要之處，也將自己權勢推廣至朝臣之監察彈劾部門和文書教育部門，同時親身管理吏戶禮兵刑工六部。張居正不辭勞瘁，經常以個人之書牘和各地巡撫總督談論國事中之各種問題，所以各種方針與政策事前已有了默契，當各臣僚建議於御前，而張居正以大學士的資格代皇帝批答時，不過將經過協定的謀略具體化。張居正既有人事權，便常引用各人的升遷爲餌來籠絡部屬，張居正以這種方法獨攬國事達十年之久，迄至1582年他剛五十七歲卻出人意外的溘然長逝。

張居正具有智謀，精力充沛，也會使用手段，而且經恆持久。他遇到最大的困難乃是明太祖朱元璋一手造成的大帝國自創立之始即不容改革。它不像一個國家，而像由一種文化塑成的形體。在某些地區，衛所制度無法廢止而找到接替的辦法，

而國家的財政資源則過於分離散漫。

張之運動不能算是整體的改革或局部的改革，它不過重整紀律而嚴格的奉行節儉。在他策劃之下，所有不緊急的支出全部從緩。預算之緊縮及於各部門，所有帳目均嚴格的核查。各地方政府必須強迫達成節餘，毫無寬貸。所有官員都要將任內稅收數額如預定的徵足，非如此則不能升遷，即已退休的官員也可能召回追究責任。此時剛值倭寇蕩平和俺答和議成功之際，這一套部署使明帝國在十年內，國庫裡存積銀一千二百五十萬兩。茲後在公元1592年及1597年明軍兩次被遣往朝鮮阻擋豐臣秀吉的入侵，作戰時兩方都犯有戰術及戰略上的錯誤，經年勝負未決，只是明軍能支持到1598年秀吉之去世，因此雖無決定性的勝利卻已達到戰果。造成這結局的一個主要因素，即是支用張居正攬政時代之庫存，使軍費有了著落。

可是張居正從未企圖改組政府或重新創制文官組織。除了加緊邊防之外，他惟一可能導引到主要改革的步驟乃是1580年的全國土地測量。不過在測量結果尚待審核之際張本人先已去世，以後無人主持，其數字未得繼任者的切實注意。

張居正的籌措雖有限度卻已使百官踧踖不安，一到這運動的主持者身故，反對派及被他逐放的人物也乘機捲土重來。而另一批人則認為張逾越了他的權限，他們連合起來進行一場平反，而此時擁張人物及其所提拔的官員則被排斥，他所主持的各事也為之停頓。

萬曆皇帝到此已成年，他接受了反對派的指摘，認為張居

正確實蒙蔽了御前的視聽,而下令褫除張居正生前的各種榮銜。他沒有看清臣下本有各種小集團,也各懷不能公開的利害關係,倒因藉著擁張與倒張,整肅和平反,更分成派別。再加以萬曆自己對於傳位的問題處置乖方,使情形更為惡化。這兩件事原不相關連,只是彼此都與明帝國的基本組織有關。自當時人的眼光看來也彼此都與道德有關,於是各種問題一起時匯集,都助成黨派間的辯駁。1587年前後,臣僚又開始因對皇帝之諍諫而指責御前的過失,稱萬曆奢侈荒殆,偏愛於皇三子的母親。

起先萬曆赫然震怒,可是他領悟到,懲罰向他攻擊的人,只使他們在其他諍諫者心目中成了大眾英雄,於是他也採取消極抵制的辦法,他將各項呈奏擱置不批,重要的官位出缺他也不補,同時住在深宮之內,停止了各項儀節,不在公眾之前露面。

當他向臣下罷工,使百官缺少絕對仲裁的權威時,皇帝已不能加於他們頭上更大的災害。後來臣僚又集中攻擊各大學士,使有為的人無法安於這職位。在這情勢愈來愈不對之際,一群較年輕的官僚組織一種重整道德的運動以期挽回頹局,因為當中有好幾個利用無錫的東林書院作為議論朝政的講壇,他們的運動也被後人(尤其是今日西方的漢學家)稱為東林運動。可是要拯救明朝,除此而外,他們不能採取更為成事不足敗事有餘的手段。在我們看來,明朝的上層官僚組織已將道德的名義一再濫用,因著意識型態造成派別,其爭執愈為籠統抽象,愈使他們無從看清當日的技術問題已超過他們所能對付的程度,

其中又以我們所謂「憲法危機」尤然。當東林人士自稱君子而指責其他的人為小人時，和他們作對的人也與他們一樣，使用窄狹的眼光，隨便評議人物，只不過將君子與小人的名義倒置，而應當作仲裁的皇帝卻高高在上，不聞不問。

朝代的殞落

經過這段蹉跎之後，萬曆之孫朱由校亦即明朝的第十五個皇帝（他即位時緊接萬曆，因為第十四個皇帝朱常洛在位只一個月），在位期間有一個「宦官獨裁者」魏忠賢出現。他用特務人員迫害文職官員，使各方憤怒。可是今日研究歷史的人將所有紀錄仔細檢討，只看出當時的官僚組織已不堪管制，文官吵鬧之中卻無一定的目標，也就不能自辭其咎。

萬曆時代還發生一些事沒有被人察覺。白銀由海外流入，使東南受益卻未及於西北，西北諸省倚靠中央政府向邊防軍的津貼，才能維持平衡，而且流通於全國的銀兩總數也有限。例如張居正存積庫銀時立即引起通貨緊縮，重要的商品價格因之下跌。當明帝國用兵於東北，與滿洲人作戰時，朝代的資源重新安排，實陷西北區域於不利。我們不能忽視此中關係和以後流寇橫行於西北的影響，他們終使朝代傾覆。還有一點則是北京攻府處在各種爭論而且僵化之際，全國各處地方政府之行政效率也都有衰退的情勢。

這些隱性因素必須與明朝覆亡的顯著因素相提並論，例如萬曆的懶惰與奢侈。而最值得注意的：此時缺乏任何值得振奮

的因素。張居正身後被謫，等於昭告中外明朝已無從改革。

　　玩世不恭的萬曆無法逃脫應有的後果。公元1619年4月，去他死期不遠，他的十萬大軍在今日東北被日後廟號稱清太祖的努爾哈赤擊破，後者最多亦不過率兵六萬，卻膽敢以騎兵向擁有火器的明軍衝鋒。現存的文件證實，清朝的創始人將明朝之天命奪取過來之前，已看清對方的各種弱點。

　　努爾哈赤自己將於下一次的戰役中殞身，萬曆皇帝朱翊鈞的生命尚有一年有餘。他的皇位終於傳給他不願由之接替的兒子。一個月後他的一個孫子又接替為繼承人，也在位不過七年。另外一個孫子再接替而在位十七年，終於在朝代覆亡時自縊殉國。可是自1619年戰敗，朝代的命運已被注定，此後的四分之一世紀只有令人感到頹喪。戰場上一時的勝敗不足以左右一個基本方向：明帝國今後要兩面受敵，西北有農民暴動的流寇，東北有滿洲的騎兵，而帝國的之財政資源大致在南方，無從有效動員利用，去支持這兩面的戰爭。最後，亦即第十六個皇帝朱由檢，為人急躁而帶不妥協的性格，只向各方表現出命中註定他輪上了一個悲劇性格的角色，卻又罄其所有地掙扎，結果，成為一段實足道地的悲劇。

【第十六章】

滿洲人的作爲

面對流寇及滿洲人的內外侵擾，財
政早已破產的明朝迅速崩解，清朝
大軍隨即在吳三桂等開關延領下，
入主中國。儘管他們是來自長城外
的異族，儘管他們曾因實施薙髮令
和文字獄，而大肆屠戮漢人，但在
他們刻意弭平滿漢間歧異的努力下
並未引發大規模民族衝突。相反的，
歷經清初四帝的治世，清朝成爲滿
洲人和漢人共同的帝國。

我們不容易找到適當的解釋說明，何以滿洲人人口只百萬左右，卻能在公元1644年取得中國的皇位。直到1599年他們始有文字，所謂八旗兵制，釐定了動員程序和部隊間應有的農村支援，於是使部落的結構適用於官僚組織的支配。可是這制度於1601年才剛施行，而自1635年他們才自稱滿洲（曼殊）人，一年之後又稱清朝。前後不出半個世紀，如此一個部落組織間尚不十分緊湊的同盟竟能搖身一變而爲一個領導集團，統率一個文化悠久的大帝國。

滿清征服中國與以前少數民族入主中原的情形不同。以前來犯者，都在中國內部分裂時加入而爲競爭者之一；而他們是在長城之內取得了立足點，管理過胡漢混合的民衆才開始南進。滿洲人從中國本土之外一躍而爲華夏之主。

公元1644年，明代流寇李自成向北迂迴至長城經昌平而入北京。當他取得外城將入皇城之際，明帝朱由檢自縊而死。他的遺旨稱：「任賊分裂朕屍勿傷百姓一人。」今日故宮的景山，亡國之君懸頸之樹已不復在，只是小山坡上有牌匾標明約三百五十年前悲劇終結之處。南望北京城，垂楊與璘瓦相間，旅遊者猶可想見當年情景。

滿洲人入關

1644年的春天，明軍部隊唯一可能防制這悲劇演出者，爲山海關總兵吳三桂。當北京危急時，曾有旨召吳三桂勤王，只是這計劃尚未能付諸實施，京城業已失陷。吳三桂於是開關讓

滿洲兵進入。各方傳說吳對明朝及崇禎帝朱由檢全不關心，他原有意降李自成，聽說李在北京已奪其愛妾陳圓圓才改變初衷降清，於是影響到數億中國人今後幾個世紀的命運。這說法逐漸爲人所信，甚至登入歷史之門，主要原因是因爲有當日名士的一首詩，內稱「痛哭六軍俱縞素，衝冠一怒爲紅顏」，辭意含糊似若影射。作詩人吳梅村自己就降清，後爲國子祭酒，亦即新朝代國立大學之校長。

這傳說縱使確實，仍不能解答當前基本的問題，不過和其他傳聞一樣，這種故事倒反映著當日亡明的群衆心理。當這朝代初建立時，其組織之原則稀少，可是這簡單結構之下的複雜問題，卻不能得到解決。自我抑制和對人謙恕實際上妨礙了合理的爭辯，每個人甚且不能將本身的利益道出。明代官僚既缺乏技術上的能力去解剖「硬」的問題，轉而以爭辯對付「軟」的問題，於是涉及道德標準與皇位之繼承。而對於朝代覆亡的責任，也以同樣方式對付，亦即避堅而從柔，在各種傳說之中夾雜著理智上取巧之處。明代覆亡時，其變幻之速超過一般人的意料，事實之演進令人驚詫。當時人可能因爲歪曲的報告使他們對實際發生的情形視而不見，或者有意自圓其說，以便甩脫他們的內疚和狼狽。總之，以後人目光批判，這種心理不能算作正常，也不健全。

公元1644年4月25日北京落入流寇或農民起義軍手中，對明朝遺民來說，是令人涕泣日子。當日戶部尚書倪元璐在家中懸樑自盡，一門同時殉身者十二人；其他高級官員自殺者有工

部尚書，副都御史（監院副院長），刑部侍郎（副部長），大理寺卿（最高法院法官），中級官僚殉身者不可勝計，宮女約二百人自溺而死。

顯而易見的，明朝並沒有完失去其軍民的擁戴。可是，何以李自成僅在入北京之前兩個半月在西安稱帝建國號大順，此後渡過黃河，通過山西省的全境，取得長城上的堡壘，如入無人之境，即攻京師也遇到極弱的抵抗？

滿清入關之後，地方上之抵抗首先在長江下游零星展開，以後又在湖廣與廣西持續進行。看來要是有合適的領導，各地方人士不是沒有犧牲的決心。那麼他們何以當初又如此的短視不慷慨捐囊，籌募適當的人力與物力拒敵於千里之外，及至清兵犯境才倉促舉兵？

這一類的問題沒有簡單直捷的答案。

此悲劇牽涉之廣泛，使我們不得不重新檢討當中主要的幾段發展。歷史家似有公議，認為明代之覆亡由於財政之破產。迄至1644年明軍欠餉達白銀數百萬兩，很多士兵已經年累月領不到餉。一般看法則又稱，自軍興加餉以來，各地稅收過高，可是實際上並不是賦稅有附加，超過全國納稅人力之能及，而是現有的財政機構本身，力量脆弱，經不起動員的壓力，在執行任務時先已拖垮。

其崩潰有好幾個原因在。第一，當明帝國兩面作戰的時候，軍費應由比較豐裕的地區擔當，可是既無適當的統計數字，又缺乏執行時的威權，戶部只好將額外徵收數平均分攤在全國各

州縣上，其計算則根據各省的耕地。這數字既不正確，且早已過時，結果使某些原來應受接濟的縣分更爲不堪。早在1632年各處繳解中央政府的欠稅數即達百分之五十以上，以縣計即已爲全國縣數的四分之一，當中有一百三十四縣分文未繳。第二，即在各縣之內，新增稅也是以同等稅率加於所有納稅人頭上。過去捐資納捐可以使某些納稅人一次向政府整數貢獻，之後就得到了優免的特權。迄至朝代覆亡前夕，有些縣分一縣即有如此的特權戶數一千戶以上，所以付稅的責任只有被轉嫁到低門下戶間去，而他們最無力應命。第三，所有軍費，極少例外，概用白銀支付，而大部分出自長江以南。每年北運數預計約爲二千萬兩。當日全國民間所有之銀，據時人估計，可能爲一億五千萬兩，所以其竇付之數量過於龐大。第四，即使此龐大數目之銀兩如計劃北運，其運轉也缺乏民間經濟的支持。在十六世紀末期，原來南方各省每年向北京及北方邊鎮輸銀五百萬兩，接收之地區即用此數購買棉花、棉布以及其他產自南方的物品，使銀兩回籠。可是因軍需而北運銀兩突增的時候，卻沒有另作安排，保證此數目之南還。向從來罕用銀兩之處拋散大批銀兩只有使物價昂貴。即在公元1619年，總督熊廷弼已提出在遼陽縱有銀兩亦無法買得所需之衣服裝具，因他親見士兵裸體穿甲，無內衣可言。茲後監察官員報告，發付之銀兩並未正常使用而爲將領所中飽，並隨即將銀兩送回內地。

　　滿洲人和造反之農民軍與貨幣經濟不相關連，完全避免了上述的問題。

改造帝國

對滿洲人講，1644年6月6日進佔北京，開始了朝代的接替，為使清朝的權威下達民間永久有效，他們必須在組織期間提出一套辦法。加上漢人的合作，他們可以如計劃執行。由此也可以看出他們有心改造一個大帝國，使之復蘇。所以以清代明，並非等閒。

當他們站住腳跟之後，他們即將八旗制度行於華北。一「旗」並非一個戰鬥單位，而像一個軍管區，它下轄若干軍屯單位，在作戰軍需要兵員之際，各按預定之額數供應。公元1646年及1647年，華北地區被指定承擔如此之組織。「圈地」開始之日，被圈入的人戶強迫另遷他處，於是留下來的農地房舍，撥為來自東北的八旗人戶之用。前朝所嚴重感覺到的兵員與軍需等問題，至此大為和緩。旗兵以前蹂躪的中國邊區，茲後反成為當地的保護人。

在南方作戰，滿清以明降人作先驅，壓制了所有的抵抗。亡明的三個皇子，在這時候前後稱帝，但都被各個擊破。當大局抵定之日，滿洲軍駐紮在中部的省分，將部隊集中於重要的城市。福建、廣東、廣西、四川、貴州與雲南則劃為三位明朝降將的防區，此三人之中吳三桂當然也不可少。

所以這佔領的部署表現出梯次配備的原則。滿洲人發祥之地東北原封不動，華北則以預備戰鬥人員盤據，佔領軍分置於長江流域的重要城鎮。更南的地區，明朝遺民的力量依然存在，則以漢人對付之。這樣的佈置使滿軍不至過度的分散，也無各

方受敵之虞。迄至公元1681年「削三藩」（即逼著三位明將造反而將他們討平）之日，此部署維持了三十多年。1683年清軍又佔領台灣，自此全中國才被全部佔領。

在財政上講，清勝於明的一個因素，乃是用銀的輸送至此改變方向，從此白銀不向邊區投散，而集中在內地周轉。前朝的貢生、監生捐資免稅的人物至此也失去特權，使地方政府鬆一口氣，同時也開新朝鬻爵之門。將來這捐資免稅的辦法雖構成滿清之累，不過那已是很久以後的事了。當時滿清的另一長處，乃是它有實力執行稅收政策。公元1661年對長江下游欠稅人的懲罰，列舉了13,517個犯者，實際上也將同地區內縉紳階級幾乎一網打盡，內中甚至包括欠稅額白銀千分之一兩的，所以看來其雷厲風行帶有恐嚇作用。明朝對鑄造銅元歷來疏忽，清朝則殷勤將事，起初十年之內所鑄錢數已超過前朝二百七十六年所鑄造總和，於是民間得有廉價的貨幣流通。

民族主義在此時期的中國牽涉到很複雜的因素。在本能上講，沒有人會志願擁戴異族為他們的主子，何況在他們入主之前十年，滿洲人還迂迴於內蒙古，越長城而入華北平原，攻略城市、蹂躪居民。在1644年以前，漢人之任職滿州者，大概為被俘之後被迫降清。當日的習慣法，俘虜若不稱臣換主即罹殺戮，而本國懲罰降人則不僅嚴厲也及於家屬，處在兩者之間，實在沒有自身作主的機會。

從另一方面講，滿清人與華北漢人在容貌上很難區別，同時他們有心漢化。除了強迫執行外表上及儀禮上對新朝廷之臣

服外,他們也不另外生事,構成種族間的軒輊。滿漢通婚被禁止,但是兩族沒有法律上的不平等。滿洲人以八旗軍籍世襲,可是漢人和蒙古人也能在旗下入籍。當滿洲人在1644年入北京時,他們命令所有明代官員全部在職,次年即繼續舉行科舉取士。語言文字上由滿人沾染華風,而不是由漢人接承滿習。一般說來,滿清的君主之符合中國傳統,更超過於前朝本土出生的帝王。

從歷史家的眼光看來,滿人成功,端在他們肅清了一個憲法上的死結。他們在十七世紀給中國人提供了一種皇帝所具有的仲裁力量,此時的漢人反而一籌莫展。朱明王朝業已失去信用。李自成入北京之前,數度勸誘崇禎帝禪讓,而由新朝廷給他封王,可是始終沒有成功。如果誑天之明命,除舊佈新,傳到民變的首領頭上,有了前朝退位之帝的承諾,則事實顯然;可是朱由檢寧死而不屈,他的遺囑在群眾心理上有如致命武器,它給李自成的打擊力量不亞於他自己投繯的繩索。他自殺之後,再也沒有一個明代遺民能夠臣仕於李自成,而能不感覺廉恥喪盡,良心有虧。

在實用的方面,清朝不待財政上的改組,即已使帝國的府庫充實,這也無非是嚴格執行明朝留下來的法律,有如張居正執政時。李自成既被稱為賊,即很難不用暴力而能獲得同樣的成果。

這樣一來,明朝亡國遺老就進退兩難了。傳統上孟子的原則,只要民情歡悅,國君的出處不成為問題。在這條件之下,

他們沒有抗清的憑藉。可是依照當日習慣，消極的承受就是變節，於是也免不了內心的矛盾。很可能在如此緊張的心境裡，名士吳梅村才寫下了一首抒情詩，指出當日混淆的局面，咎在一個漂亮的女人。

有了這些複雜的穿插，反滿情緒也不能一時平息。抗命於新朝的人士感覺到一生的名譽與對朝代的忠忱已不能區分。有些覺得做人的大節在此時受到考驗，有些在故居本地舉兵的，可能覺得保衛鄉土事關自己的身家財產，這也與做烈士的動機有關。

在長江下游立即引起反抗的近因出於薙髮令。對男子的理髮作規定，原來是中國的老傳統，明代即規定頭髮挽髻，以針插在腦後；滿洲人則將頭髮之前部及於腦頂剃去。1645年新朝代命令全國男子一律照辦，限十天之內辦畢，如不照辦則是違抗天命。漢人越覺得薙髮為一種被奴辱的處置，而滿洲人執行命令的態度也越強硬，好像大帝國的出處全靠臣民遵命與否，而一切存亡去就之間全靠剃頭刀作主宰。一位翰林學士私下裡議論這政策，立即被判殺頭罪，只因他與皇室接近沾恩以絞死執行。究竟有多少人決定寧死不願在這命令之前屈服，無從計算，因為這薙髮的問題也和其他抗滿的原因混為一體。

滿清另一不榮譽的政策，為大興文字獄。任何印刷文件如有謀反的嫌疑立即被官衙追究，通常並將情節奏呈於御前。極少數例子，撰文者會直率的提出他們忠於朱明王朝，多數情形，只在文字之中提及史事，從側面後面看來則似有對新朝廷不滿

的嫌疑，例如有諷刺性的詩句、被禁止的字體、非正規的辭語、諧音的文句等等。如果一項文件被認為有謀反的罪名，不僅作者和出資贊助者被懲罰，也連累到讀者、刻板者、印刷者和售書者。在最嚴重的案情中，犯者被凌遲處死，家屬被判死刑，或流放，或發放為奴。即犯者雖已身故也剖棺割屍。當皇帝震怒時，一件案件可以株連好幾百人，可是也有不少案情被告判為無罪而開釋。這類文字獄斷斷續續的執行到清朝的前半期間，直到十八世紀末年才停止。

然則所有殘酷生事的地方，抵不過各處近代史裡提及的民族間的緊張。因著漢滿兩方缺乏永久的仇恨，使我們想到現在所謂的民族主義其實是近代社會的產物。在現代社會裡，文化上的影響，再加上經濟上的利害，使每個人切身感到集體之間在對外態度上有其獨特之處，如因外界的干預而使這些社會價值有劇烈的改變，必招致強烈的大規模反動。在十七、十八世紀時，滿清無意將中國傳統作大規模更動，漢人也未曾覺得他們的文物制度整個的被威脅，所以受激動的仍在全人口中佔極少數。

清初盛世

對大多數的民眾講，這一個半世紀（大概自清朝入關迄至1800年）是一段和平與繁榮的時代，滿清最初的四個皇帝因之享有盛名。

順治（本名為福臨，在位於1644年至1661年）幼年登極，

康熙時的北京

初時由叔父多爾袞執政。順治宗教思想濃厚,他既受耶穌會教
士湯若望的影響,也對佛教極感興趣。康熙(本名玄燁,在位
於1662年至1722年)在各項標準上,符合了傳統中國所謂內聖
外王的尺度,他既仁慈也不乏決斷力。他在國內主持大政,也
帶兵領將馳騁於邊疆。在位六十一年,也正是滿清在中國鞏固
其統治的日子。他的臣民不會忘記,當南巡的時候,船泊於鄉
間,而皇帝燈下讀書至午夜未歇。康熙雍容大度,他的兒子雍
正(本名胤禛,在位1723年至1735年)卻嚴刻而有心計。他在
這時注重紀律似有必要,但是因本身及家事間的糾紛而對臣僚
採取嚴密的監視,引起特務政治的抬頭。因他而流傳下來的偵
探政事,帶有驚險的色彩。四個帝王的最後一個是乾隆(本名

弘曆，在位1736年至1795年），在位六十年。他並未在1795
年去世，只是傳位於子而自稱太上皇，仍在幕後操縱國事至
1799年駕崩方止。全中國歷史中，未曾有如此數代帝王，繼續
不斷將開明專制政績保持到如是之久。四人個性不同，卻都富
於精力，也都稱能幹。他們對政局之用心，集體說來也是特出。
在朝代開始之日，皇位左右備有大批譯員，可是順治朝結束之
前譯員已無必要，皇帝已熟悉漢語漢字。雍正只在咒罵時才用
滿語。康熙與乾隆本身即是學者，只是他們漢學造詣的深淺，
歷史家並無定論。

　　尚沒有充分說明的則是，此期間的和平與繁榮也由於各種
有利的條件一時匯集所致。這一個半世紀之內，國際貿易對中
國最為有利：茶葉行銷於俄國，生絲及絲織品見愛於日本（自
德川幕府初年即如是），而此時歐洲正值啟蒙運動抬頭，沙龍
鼎盛之際，中國之磁器、地毯、漆器、首飾，與家具使西歐各
國首都表現著富麗堂皇。未漂白之棉織匹頭稱為「南京貨」，
初行於歐洲，後及於美洲。在工業革命前夕，中國鄉鎮工業產
品仍保持著一種黃昏前的質量優勢，直到西方超越中國為止。
中國所賺得的外匯有助益於傳統之農村經濟，由外輸入之白銀
主要來自日本及菲律賓，經常又持久，於是使流通的貨幣量增
多，加上國庫及各省區的銅錢鑄造，更使流通加速。通貨雖膨
脹但為效溫和，在人口增加，耕種地擴大的環境裡，也無惡性
的後果。

　　1680年代消滅吳三桂等三藩後，省下不少向南輸送的兵餉。

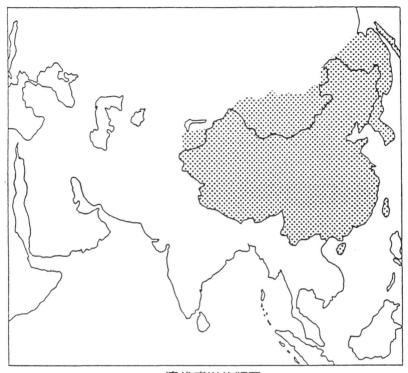

清代盛世的版圖

於是稅收所得之銀兩可以向北撥付。這時候八旗制度仍然生效。公元1696年康熙親率兵八萬出塞，與蒙古領袖喀爾丹周旋，軍中有西方式的炮車，為前所未有。昭莫多一戰公認為歷史上結束中國邊疆游牧民族以騎兵佔優勢的轉捩點，戰後喀爾丹可能服毒自盡。十八世紀乾隆又繼續佔領新疆，所拓領土至巴爾克什湖以西。

在這期間中國與沙皇統治下的俄國接觸，1689年尼布楚條約和1727年的恰克圖條約都在有清一代軍威最盛年代所簽訂，

於是將北部疆域固定化。當日所轄地區遠較今日爲廣。

高麗（今日之韓國）已在滿清入關之前臣服，這時候暹羅（今日之泰國），安南、不丹和尼泊爾也爲朝貢的屬國。只有蒙古與西藏另有棲處，滿清不以之爲國家，但是其爲邊境的屬土，卻又與內地之省分不同。

及至康熙在位末年，國庫充實，於是詔令全國人丁稅以公元1711年爲準則，以後人口增加亦不增稅。按其實，皇恩浩蕩，但臣民之所得卻不一定爲御前所賜，因爲中國賦役之「役」內的「丁」，一向只是一相對的單位，可能沒有任何年代之丁數與成年的人口數完全吻合。各地區編造丁冊的方法就各不相同，以後按丁冊徵取人頭稅，也依中央及地方之需要而向上或向下調整。只是康熙的一道詔令，表現出當日皇帝對現局有絕對的自信而已。

整個說來，清朝對明朝的制度很少更變。官員的俸給仍然是極度低薄，各員的額外收入，從各種既非違法又不合法的「事例」而來，例如熔解銀兩之「火耗」。雍正下令茲後將這一半合法的附加正規化，因之「養廉」成爲一種公開的名目，凡是經理財務的官員，都有是項收入。

滿清雖承襲了朱明王朝組織系統，可是它在功用上的表現和以前不同。最顯著的是，清朝前期在財政擴張之際，皇帝能行使之職權，遠勝於明末之帝王，他們在明朝只是百官名目上的首長。清室堅持皇室之繼承問題全係家中事，不容外人置喙；他們也讓皇帝之親王稱爲「貝勒」者爲御前的顧問。如皇帝未

成年，他們正式指定攝政王，而不像明朝還假裝是由幼年皇帝實際作主。這樣使漢人的官僚分為朋黨藉此爭辯，及以監察官倚靠抽象的名目爭執的辦法無從實現。清代的宦官一般只在宮中，活動較受節制。

　　所以除了最初的抵抗之外，滿漢關係與時增進。通婚受禁止，實際上則一直未施行。好幾個滿洲皇帝有漢人的妃嬪，傳說康熙及乾隆的生母均為漢人。漢人參加政府的機會極少限制，只是最高的職位要和滿人分權。每一部的尚書（部長）二人，滿漢各一，侍郎（部長）四人，滿漢各二。大學士為皇帝的秘書，也依法如是安排。1729年雍正創設軍機處，在軍機處「行走」的官員或為大學士，或為尚書，或為侍郎，都由皇帝指派。他們同時又兼理原來的官職，所以這更增加了官僚權力，而減低了滿洲親王貝勒的力量。以後漢人之任總督巡撫者也愈多。

　　因此，用現代眼光的學者想從清代的紀錄之中尋覓漢人民族主義的導火線，卻找不出來。在清朝入主之後所出生的漢人，仕清已不能算為服侍異族之主。這是「他們的」帝國，他們有出仕的義務。

【第十七章】

1800年：
一個瞻前顧後的基點

西元1800年前後，西方人因爲工業革命的成功，促進了文明大躍進，也開啓現代國家的序幕；但同時期的中國，雖然出現實用主義學說，却因改良的科技武力仍然屢戰屢敗的經驗，及往後一連串的文化罹難與退却（文化大革命），致令「現代中國」遲至二十世紀才在台灣一隅出現。

公元1800年拿破侖在義大利向奧軍進攻，傑弗遜和蒲爾在美國選舉中相持不下，英國首相庇特好像已將不列顛和愛爾蘭的合併構成事實。中國的乾隆皇帝曾自稱「十全老人」，死去不過一年，他的親信和珅已被拘押而由御旨令他自裁，從他家中沒收的財產以億萬計。白蓮教徒的反叛已一發而不可收拾，在湖北、山西和四川他們獲得廣泛的支持，政府軍一再宣稱叛徒已被擊潰消滅，可是事後看來他們的力量尚在擴大。因著兩廣總督的建議，皇帝下詔禁止鴉片入口，不許白銀輸出已在一年之前奉旨施行。這一連串發展，引導著一個新世紀的來臨，對中國來講，這是一個失敗和極端困難的世紀。

從上一章所敘的光榮和成功的事蹟來看，讀者不免要發問：何以中國由盛而衰竟有如此之神速？

朝代循環與長期停滯

中國作者通常強調朝代循環。當乾隆退位之日，清朝已達到成長的飽和點。旗軍的尚武精神至此業已消散，這也和明代的衛所制度一般無二，前所登記的人戶也不見於冊籍。雍正的「養廉」雖說各主管官的薪給增加數倍，仍不能供應他們衙門內的開銷。更不用說官僚階級的習慣和生活費已與日俱增，而為數萬千的中下級官僚，他們的薪給不過是聊勝於無。因此貪污的行為無從抑制，行政效能降低，各種水利工程失修，災荒又不適時救濟，人民鋌而走險為盜為匪，也就事勢逼然了，這一連串的發展前後見於中國之歷史。在西方與中國針鋒相對前

夕，滿清已未戰先衰。

今日距當時即將過兩百年，我們的觀點因之似應伸長。前述四個皇帝的紀錄初看燦爛光輝，但從宏觀的角度判斷已與時代相違。雖有剩餘的款項來往手中，但他們從未用以改造上端組織或者加緊上下之間的連繫。這時仍然沒有一個中央的金庫，全國的收支仍是由收稅人和派用者零星的側面交授，因此一切統計無從覈實。經濟方面縱有進展，但民法仍無長進，也不能相輔而行。中國仍不過是一個多數農村的大集團。

也只是因爲我們又有了近兩百年歷史的縱深，我們可以看出中國的改革，說來容易做時困難。多數農民只能集體的指揮，官僚既以一千五百個縣爲可以互相對換的職位，也不便令他們互相競爭以增進技術上的進步，唐宋的歷史已有殷鑒，第三帝國要想領導全體大衆，只能注重那些共通之處，那就只好著眼於意識型態的和諧了。當我們檢閱科舉考試的內容，人事考核的程序，以及地方政府的施政情形，我們可以看出其倚賴於意識型態的情形極爲顯著。

可是保守的力量作主，中國就像一個龐大的「潛水艇夾心麵包」。上面一塊長麵包稱爲官僚階級，下面一塊長麵包稱爲農民，兩者都混同一致，缺乏個別色彩。當中的事物，其爲文化精華或是施政方針或者科舉考試的要點，無非都是一種人身上的道德標準，以符合農村裡以億萬計之小自耕農的簡單一致。以這道德標準輔助刑法，中國缺乏結構上的實力足以成爲一個現代國家，她缺乏必要的應變能力。

　　一個現代國家，其社會由貨幣管制。內中分工合作情形，物品和服務工作彼此交換，與其因此而產生的權利和義務全有法律明文規定。一個多元的社會成爲可能，是因爲它所需的數目字以公平觀念爲準則，能使其公民做以前不能做的事。新的教堂由信民出資支持。藝術家和自由職業人士互相競爭，贏得贊助者和雇主。現在看來這種程序被稱爲「由封建制度進展到資本主義」①實爲歷史學裡的一個錯誤安排。這說法將階級鬥爭的觀念一提出，就把其他各種原則與程序全部抹殺置之不顧。也因爲這說法具有道德的含義，加上技術上的困難，使人不便將整個問題分析清楚，忽略了其在東方和西方的不同發展。

---

①布勞岱（Fernand Braudel）提出資本主義（capitalism）一詞
　在十九世紀很少被使用，馬克思即始終未用此一名詞。布勞岱認爲
　首先以現代的意義使用此名詞以和社會主義對立的是宋巴特
　（Werner Sombart），時在本世紀初年。見布著 *Civilization
　and Capitalism, 15th-18th Century*, Vol.II: *The Wheels of
　Commerce*, trans.from the French by Sian Reynolds（New
　York:Harper & Row,1982）,p.237.克拉克爵士（Sir George
　Clark）則使用資本主義一詞表示「現代經濟制度」是十九世紀中
　期社會主義者所「發明」的辦法。見所著 *The Seventeenth Cen-
　tury*, 2nd ed.（New York:Oxford University Press,1947），
　p.11.
　亞當‧斯密與乾隆同時，他在世時不可能知道自己會被後代稱爲資
　本主義的發言人。他只區分「政治經濟之系統」爲兩種：一爲「農
　業之系統」，一爲「商業之系統」。內中商業之系統亦即是「現代
　之系統」。此節出自《原富》卷一冊四導言，即 *An Inquiry into
　the Nature and Causes of the Wealth of Nations*, Vol. I,
　Book IV, "Introduction".

　　清朝組織有它的特點，它不可能效法西歐的民族國家。西方民間的自由源自於封建體制裡額外頒發的城市特權。可是市民階級的資產力量，仍無從構成社會的大改造，只有國際貿易增多，在全國經濟裡的比重升高，商業財富的力量伸展到農業財富裡去，牽動了全局，才構成實力，如此才可以改造社會。當日政府也仍不肯立時服輸，只是抵禦不得，才無可奈何的承認改組，此後便以商業原則作為施政的準據。同時中國的情形，可自亞當・斯密所述一節看出，他說：「中國歷來就是世界上一個頂富裕，也是一個最肥沃，耕耘得最合法，最勤奮而人口最眾多的國家。可是看來她長久以來已在停滯狀態。馬可波羅在五百多年前遊歷該國，盛稱其耕種、勤勞與人口廣眾的情形，和今日旅行該國者所說幾乎一模一樣。可能遠在當日之前，這國家法律與組織系統容許她聚集財富的最高程度業已到達。」

　　斯密所說中國的法律與組織賦予存積資本之限制，無疑的合乎實情。明清政府構成時，其宗旨即在支持大多數小自耕農，可是後者的生產方式一進展到某種飽和點即再也無法增進。正如上面已經說過，六百年來基本的農具仍是一模一樣。另一方面，現代商業須要廣泛的展開資金之借用，經理與所有權分離，各種技術上的支持因素全盤分配。這三個條件能夠行得通，全靠信用，而信用要在法律面前生效，可以由司法機關強制執行。所以政府消極的不干預各人公平交易，使物品和服務互相交換還是做得不充分，它必須有維護這種制度的贊助者、法官和警察。我們只需看一看明清政府的財政管理情形就可以斷言，第

三帝國既無力也不願盡到這樣的責任。中國感覺到自身連用數目字管理的程度都還不夠，也只好提倡各人對自己抑制，對人謙讓，但這樣，不可能在治理億萬人眾的範圍內，做到公正合理的地步。

斯密所說的停滯狀態也值得批評。沒有一個國家可能先後停滯到好幾百年。實際上在這段長時間內，中國經過好幾次政策的改變與反覆。遠在十一世紀，王安石就決心將宋帝國財政片面的商業化。不幸地，當中一個失敗原因，卻正是由於他的規劃缺乏商業資本和民間的支持，當時慘痛的結果，歷久而不能忘。這財政之展開既無出路，蒙古人入主之元朝也未貢獻任何對策，至明朝才打開僵局，其辦法卻是大規模的全面退卻。從此中央政府不再親身隻手去掌握各種財政上的資源，而用預算及限額去節制其抽取與支用。政府本身不與經濟上最前進的部門發生關係，而且也坦白聲明，提高人民生活程度不是它的宗旨，所以它所標榜的道德無非也帶著泥土氣息。滿清雖然也無意於改革，但到底將它手上所主持最缺乏彈性的管理法稍微放鬆，例如讓較多量的貨幣流通，在某種條件之下，對財政採取現實的態度，不完全的期望官僚枵腹從公，開放廣州的海禁等。然則大體上講，全局已定，也無從推翻。國家體制的最大功用是將千萬的農村糾結在一起。意識型態較科技優先，文化上的影響比經濟更重要，各級官僚的消極性比他們適應環境的能力還要被重視。甚至邊境上的武裝衝突也不足改變這作風。與第二帝國的高度動態相比較，第三帝國確為機動性，這結果

可能使《原富》的作者覺得中國長期「停滯」。

地緣因素

　　這是誰的過失？我們是否要責備宋代的改革者，他們過於輕舉妄動？要不是他們的失敗，為何一千年後，無人再敢嘗試以貨幣作管制的基礎？是否咎在忽必烈？他一心只顧到戰勝取功，而未將中國本部構成一種系統？是否我們又要譴責明太祖朱元璋？他是否對宋朝的失敗反應過甚，因此才把鐘錶向後倒撥，超過了任何合理的程度？是否清朝的皇帝也有罪愆？他們一心只想做中國式的天子，而不敢真實的恢復中國固有文化的長處。甚至今昔環境已有不同，他們生在十七世紀與十八世紀，應當對外間世界多幾分認識？簡單的說，從短視界看來，或否或臧，以上假定，其中的一個或是全部都可以經過一番蒐集，構成令人置信的專題。

　　但是把這些事蹟擺在一起，前後貫通的看來，我們則覺得當中有無可避免的地緣政治因素在，它的影響超過所有歷史人物及各朝代作為的總和。本書在前述各章內，前後提出各種議論，綜合起來都可以歸併於亞洲大陸整體性所賦予歷史的影響。既有二千哩容易被人侵犯的前方，中國不得不構成一體，於是才能生存。戰略上的需要不僅要顧及攻勢的力量，能對沙漠地帶有衝擊力，尤要整備後方，造成長期作戰的持久性。更重要的則是，要有後勤的能力支持以上兩種要求。在這些條件之下，斷定了數量的優勢超過質量。亞洲大陸的氣候如是，所有的皇

帝與中樞主政的官員，不得不經常想起饑饉和可能引起的謀反與叛亂。如何使生活更豐富優渥只能擺在這些顧慮之後。另外要防制地方力量威脅中樞，則貴族的莊園不容考慮，在此情況下只有向個體農戶直接抽稅。簡單均一成了當中最重要的原則。開庭審案在這種體系之下不容易，法庭的用費以及訓練一批精通法律的職業人才都得再三考慮。有了以上的前提，則在經濟上比較合適的安排，如唐宋之交「五代十國」時，南方比較有效率的國家設施都不能經久。中國歷史上的大帝國如漢如唐都是建立在粗線條的基礎之上。宋朝對貨幣的著眼較為前進，可是結果仍被比較落後的明代制度席捲。清朝皇帝的優點與劣點已經擺在眼前，從歷史上長期合理性的觀點看來，他們等於被邀請鬆解一個憲法上（此指不成文憲法，亦即基本的組織）的死結，他們文化程度較低，至此反成為長處。因為他們無牽掛，所以更能一視同仁。他們也更能心甘情願的學習，因之他們施政之綱領有社會環境的支持，它總是重視最主要的事物，也注意於滿足人類最基本的要求。

於是，有一個可怕的情形要預先提出：有朝一日中國被迫改造，革命程序定要推翻一千年來之所作所為。在西歐和日本，以商業上的條理治國可以從組織的中層發動，商人可作有效的貢獻，中國則需要將商業條理與組織加於成百上千的官僚或以億萬計的農民頭上。而社會的習慣又一向不注重民法，內中私人財產權有了君子不言利的習慣，又用自我抑制、對人謙讓的教條阻塞正當的爭辯，結果只有使真偽不分，上下顛倒。有了

這些複雜的因素，來日革命要將這一切清算，必定會曠日持久，也會悲痛慘切。

社會經濟方面的限制

現在我們可以再從1800年的立場重新檢討朝代循環說：乾隆的紀錄不如他誇示的完美。一開始，他並沒有接收一套完善的財政系統，有如最近的研究所發現。也像和珅事件所顯示，他生前有不少難爲人言的事蹟，當時仔細的遮蓋，事後才逐漸暴露。傳統官僚主義的作風，眞理總是由上至下，統計數字反映著上級的要求與願望。「十全老人」的「十全武功」主要是由漢人組成的「綠營」擔當，他們曾遭受嚴重的損失，只是沒有對外公佈。白蓮教爲一種秘密結會的組織已有多時，事實上也在他御宇的最後數年內公開叛變。

與群衆暴動密切相關的，是由於過去一百五十年內部的和平與繁榮引起人口之激增。迄至1800年，中國的人口已接近或超過三億。無可懷疑的，在滿清前四個皇帝在位期間，他們所統轄的人口已經增加一倍。在這農業國家內，勞力即是資本，農業上的剩餘很難轉移到其他方面去生利，只方便的用以支持人口。可能開拓的新地日見稀少，這國家就不幸的落入馬爾薩斯的「慘淡的科學」疇範裡去。馬氏的人口論與法國大革命同時，只比乾隆去世日早了十年。

接近1800年，山西之票行已開始在各大城市設立分行。蘇州與南京地區間，絲織品的緞機據稱以萬計。製鹽業、銅礦和

瓷業的製造僱用了大量的勞工。這些傳聞通常零星的載於各種資料之內，缺乏詳細的記載陪襯，有時使現在的讀者感到迷惑與懷疑。實際上這些情形最多不過表現，迄至歐洲工業革命之前，中國仍有若干財富單獨集中的例子，爲西方所無。可是這些零星的情節不足以構成一種系統。如果我們一定要用資本主義這一名辭的話，我們一定要想像其爲一種組織和一種運動。一個社會要從「農業的系統」轉變而爲「商業的系統」之際，不僅它的法律工具要全部調整才能適應新環境，而且所有人民也要經過相當的準備，然後他們之遵守新法，才具有一種社會的強迫力。個人及各公司給予彼此之信用，所涉銀錢證明私人財產權已經固定，所以分工合作，將服務及貨品互相交換已是不教而能，也不待勸說而自願參與。因此癥結不在財產之多少，而是這財富如何才能交換而用於投資，使它繼續成長生利。及至今日爲止，所有的國家有了如是一段的突破經驗後，即發覺其改變無可逆轉。中國在1800年毫無與這程序接近的徵象。所以將上述例外的情形集合起來，而稱中國已有了「資本主義之萌芽」實無意義，這等於說一個小孩子不稱他爲小孩子，而勉強叫他爲「預備成人」。

清朝實用主義的局限

清朝在學術上以「實用主義」著稱，在1800年前，好幾部偉大小說已經出現。可是這裡所稱實用主義的只不過說當時的學者不效法宋儒之作形而上的揣想，也不學明儒之接近於參禪

以求頓悟。他們仍然缺乏一種物質上的環境足以使他們獨立的
思索，所以也無法脫離根深柢固的社會價值，這些社會價值既
已與官僚的經理管制結不解緣，他們也就信而不疑。這一批思
想家更正了過去學者若干的矯揉造作，可是所謂實用主義者緊
隨儒家經典與歷史，始終無法產生一種透視的眼光，看到肉眼
之所不能見。實用主義有何用場？還不是脫離一種思想系統以
便製造另一種。像培根和笛卡兒所發現，科學因長久的和堅持
的「不相信」而產生。清代的實用主義者無此徹底，他們也沒
有希臘科學家的程度，相信自然法規須要不斷的展開（這種想
法日後對歐洲的文藝復興產生了作用），且清朝的實用主義尚
不能產生有如戰國時代「百家爭鳴」的多元型態。

　　清代的小說也實有它們獨特之處。它們將當時的生活狀態
以極優閒的態度寫出微細之處，非其他文字所能勾畫。可是從
歷史學家的眼光看來，這些小說仍爲官僚主義之下的產物。
《紅樓夢》帶著唯美的色彩，過度的追懷過去，過於感情化，
過於女性味；《儒林外史》極端諷刺，卻好像一部論文集。作
者之憤怒和自我憐惜表彰著他們生活範圍之窄狹，他們的讀者
與愛慕者想必深切的瞭解而具同感。

　　我們是否把一個時代批判得過度？如果我們的目的只在敘
述十八世紀，那可以說立論過於苛刻。要是不脫離十八世紀的
眼光，本來我們也可以循著歐洲的啓蒙運動，讚揚中國爲社會
上和諧的好榜樣，或者像法國的重農主義者一樣，相信中國人
總是將注意力集中在要緊之處，再不然又可以學著當日的技工，

欣賞著各種中國式（chinoiserie）的物品，從柚木桌椅上的鏤空彫刻到幾尺高的漆器花瓶，其外表有如綢緞之精美。可是片面的優雅高尚只引起另一方面的危機和危險。公元1800年距鴉片戰爭只四十年，那一天來臨時，中國和滿洲的士兵要用過時的梭標與大刀對付一群以五百四十尊火砲擺在十六艘船艦之上渡海而來的敵人。以後尚有接著而來的一百五十年苦難事蹟，這些事蹟也都是源於同一基本原因而產生的壓力與緊張性，一路下去終至於文化大革命。外間的觀察者看不清其來龍去脈，所作分析，才會以「瘋狂的根原」（Roots of Madness）為題。

我們雖對十八世紀中國有苛刻的批判，其用意無非說明此中確有「根原」，但無「瘋狂」。假使讀者願意追溯深遠的話，則表面上看來不可思議的地方仍有其解說。其根源出自地理，也出自歷史。在那情形之下，1800年並不是一個分裂點，它是一個適宜的基點，讓我們稍作逗留，瞻前顧後地反思一遍。

【第十八章】

從鴉片戰爭
到自強運動

十七世紀以後，西方列強的勢力正
逐漸侵入亞洲，中國更成為列強競
逐的場所。經歷了鴉片戰爭、英法
聯軍……等等一連串的挫敗，使朝野
部分有識之士體認到改革的重要。
外來危機越深，改革呼聲也就越高，
中國近代歷史發展，便是在這種危
機與改革不斷深化的情形下，前仆
後繼，犬牙交錯。

今日有了一百五十年的縱深，我們對鴉片戰爭以前的一串行動有可以和前人不同的看法，雖說基本上的事實並未變更。先說欽差大臣林則徐，他也可以算是採取了主動。他給維多利亞女王的信籲請英國自動停止鴉片貿易，抄寫了約二十份，凡遇有任何歐洲的船隻西返，即給予一份，請代投遞。可是他沒有把英國糾集船艦即將遠征中國的消息放在心上。他以爲英人之舉動不過恫嚇。他一方面查詣詢華特爾（Emeric de Vattel）所著《國際公法》（*Law of Nations*），另一方面他又依著中國的官僚習慣執法起來，將以前雖在書上見諸文字但始終無人注意的條文一時雷厲風行，照字面上不打折扣。而且執行的辦法仍是「集體的責任」。也就是說他處置犯者時，分門別類（例如視所有英國人爲一個集團），只圖適應官僚系統之方便，不顧對各個人內在的公平。義律（Charles Elliot）當然無意將爭執和平解決。他勸英商將鴉片交付與他，因爲他是英國的商務督辦，經過他轉手之後，欽差大臣沒收和焚燬鴉片就要向英國女皇負責。自是構成了以後取賠六百萬銀元之根據，列入英國向中國要求戰後賠款二千一百萬元之一部分。道光皇帝（本名旻寧，1821-1850在位）處置問題不能說是持正。他對臣下的要求超過他們能承辦之能力。他起先鼓勵他們冒失從事，一到事情做壞，又毫不猶豫判各人死刑，雖說一般情形其判決按傳統遞減爲充軍於邊疆。

鴉片戰爭

　　戰爭的本身倒沒有甚麼了不得之處，但這是第一次戳破「天朝」威嚴門面。英國派遣遠征軍四千人，他們的裝備訓練遠勝於華軍。1840年初，由印度政府代英國宣戰。不久他們即占領舟山之定海，封鎖長江的出海口及珠江，才繼續北上威脅中國首都。清朝也可能在此時屈服。兩方人員已構成了一種臨時的協定，只是事後同爲兩方政府所否定。北京認爲讓步過度，四敏寺(英國政府所在)認爲讓得不夠。

　　當1841年秋天戰事再起時，英軍占領浙江沿海之寧波。遠征軍經過增援，有兵員一萬人，蒸氣輪船十四艘。中國軍隊在珠江口及舟山的抵抗英勇而無濟於事。全面反攻由皇帝之侄兒主持，只是在失敗之後再加孟浪和失策。他司令部裡不少幕僚全係文人，無軍事訓練。反攻前十日他們只望著寧波收復在即，競相預寫勝利的露布。爲了籌備戰費，在不同的地方設立銀櫃，以接收朝廷命令各地方政府交納之現款。大批銀兩出入於此銀櫃之間，可是總數無法對頭。火器臨時由無經驗之人根據二百年前之書本在戰場上臨時製造。中國之火筏，原來希望焚燒英國船艦，可是在遠距離即先被對方擊中著火。夜襲寧波則落入英人陷阱之中。1842年夏天，有組織的抵抗結束，英軍占領了上海與鎮江，後者接近大運河，尤爲南北之孔道。一月之後，南京條約簽字。

南京條約

　　和約包括了巨額賠款，如上文所敘。中國將香港割讓給英

國,開上海、寧波、廣州、廈門與福州五口通商,以後進出口的關稅稅率有了定規,又決定今後兩國來往文書採取平等地位。次年之附約決定關稅稅率大致為值百抽五。又由中國承認治外法權,英國領事得以裁判與英人有關之案件,又承讓「最惠國待遇」,亦即此後中國向其他任何國家讓步,其同等之優惠即須自動給予英國。南京條約簽定後不久的中法條約和中美條約也將最惠國的條款寫入。

一個多世紀以來,中國的作家和西方的作家已對道光皇帝和他的臣僚作口誅筆伐之能事。無數譴責字眼,如自大、不負責、貪污腐化等都堆在他們頭上。雖說沒有人能替他們辯護而撤除此類惡名,可是今日事後看來,既有組織上的重荷和文化上的傳統壓在他們頭上,其他任何人處在他們的地位也不見得能做得特別不同。中國是無數農村組成的一大集團,當中的弊病尚且大過貪污。她的整個組織即是不能在數目字上管理。如果讓中國繼續閉關自守,那她也會繼續以精神和信仰上的運作掩飾組織上的缺陷。施政要帶美感,這種要義以近乎宗教的力量支持。所以即在危機之中欽差大臣林則徐仍在吟詩,而且在賞月。傳統習慣要他對皇帝之章奏和向人民之布告不離道德眼光,這種要求勝過內容之真實。可是林則徐並非不誠。這樣說來,中國人之公眾心理也確有一段自欺之成分。真理並非出自客觀之觀察,而出自皇帝之志願。天子最大的德行不是對每個人給予其所應得,而是不偏不袒。道光可以罰林則徐充軍;但是他也能判自己的侄兒奕經(反攻寧波的將領)死刑(後減免)。

這樣的無偏袒才使百官能團結一致。

清朝之內向和缺乏對外競爭性尚不及明朝。不過承續著明朝，它也接收了前者很多性格。維持著億萬農民安居就業和上萬官僚寧靜在職，緣於一種精微的平衡。為保持如此之平衡，清朝也不願對財政作更大的更革和尋求科技發展。自此我們也可以注意，鴉片戰爭失敗之後，滿清政府並未組織一調查委員會事後決定事體發生的情形與各人的責任。沒有派官員出國考察，也沒有在組織上作任何更改。美國官員願意供給製船造砲之藍圖，被婉言拒絕。南京條約和附約裡各種苛刻的待遇，滿人漢人的官僚都接受。倒是內中提及今後兩方的文書要用平等語氣來往，開「夷人」隨意置喙之門，反而使他們不安。耆英與英國的濮鼎查（Sir　Henry Pottinger）接觸談判，他給道光帝的報告，繼續輕視西方的國體組織，將它們缺乏中國式之門面一致即當作無道德品格之證據。對中國多方面的缺陷，一字不提。

戰敗之影響：圖存

可是中國人之不幸，則是公元1839年11月3日珠江穿鼻島附近兩方之交火，已將他們對外不取競爭性的地位永久摧折。即是為了拒毒而戰之正直，也無從發生作用。中國在今後一百五十年的歷史成為長期圖生存的奮鬥。基本上，一個龐大的農業國家因社會價值而結構鬆懈，又有寬宏的度量，向來能容納行政上不規則之處，今後被逼務必要變成一個在數目字上管理

的國家①。通常的觀察沒有看清當中的困難，因爲這項規模龐大
的工作只能由一種群衆運動造成，也只有億萬計的農民和詩人
似的縣官──亦即這社會裡的主要人物──參加動手，才有希
望。從這裡我們也可看出，將內部的連繫性加緊，使與現代科
技接近，其目的不僅如亞當・斯密之所說只在「使人民富裕」。
從今後一個半世紀的事蹟看來，這是一種出死入生的奮鬥。

　　可是這種景象即公元1842年8月29日南京條約於英艦「康
瓦利斯號」（Cornwallis）簽字時仍無法看得清楚。即是最近
幾十年內，我們也仍無從了解在我眼前的暴力與動亂也還是這
長期而慘痛奮鬥之一部；這種鬥爭上溯至道光皇帝和欽差大臣
林則徐，下至今日。只有所有的眞相大白，我們才能意識到這
龐大運動的恢弘範圍。

---

①通常很少提及的，英國本身也須經過一段改造才能爲一個商業性的
　國家。宗教改革之前，義大利之銀行家經理在英收入之匯兌，他們
　通常先預付於教廷，再利用各地所收集與英國之牧羊者構成契約。
　於此，他們操縱了英國羊毛向歐洲大陸之出口。倫敦之銀行街稱
　「朗巴德街」(Lombard　Street)，乃因當日之義大利人混稱爲
　「朗巴德人」(Lombards)。因此義大利人之區域已有日後在中國
　出現之「租界」的現象，因條約而開的通商口岸內有特別區域，由
　西方人管理。在上述情形之下，義大利人亦享受「治外法權」(ex-
　traterritoriality)。名義上治外法權爲互惠，可是對英國人缺乏意
　義，因英人在威尼斯、熱內亞及西安納居住者少。英國站在劣勢之
　地位，因爲商業法律無法在鄉村實行。因當時英國不能說可以在
　數目字上管理，或在貨幣上管理。這種情形一直到內戰期間及斯圖
　亞特（Stuart）王朝後期才得改正。

今日南京條約和附約的規定大概都因以後事實之衍化失去了效用。人民共和國之收復香港尚待實現；但是和平接收的協議業已簽署。這皇家殖民地分作三部分：香港島割讓於1842年，有如上述。九龍半島已在大陸，由於1860年中英北京條約而割讓。所謂「新界」（New　Territories）則在原割讓之九龍更向大陸延伸，包括整個殖民地百分之九十的面積，因1898年之九龍租借條約而租與英國九十九年，至1997年滿期，也是刻下預定全部地區歸還的日期。北京已保證讓本地人自治，在接收後五十年內不更變現有經濟體系及法律制度。

這政權所標示的「一國兩制」如何在將來施行尚待揭曉，歷史家所能確切指出的乃是，將一個疆域廣大人口眾多的國家由農業管制之方式更換而為商業管制之方式，問題複雜。粗率看來，當一切趨於穩定之際，即國家這一觀念與馬克思主義的定義都可能因著中國而改變它們習慣上的面目。很明顯的，中英處置香港的妥協方案算是得體，乃是因為它處理這問題時將之視作後面一個更大問題之一部。當中有地理與文化之影響，而不僅經濟與政治。

英法聯軍

本書之敘述，尚要回到十九世紀之中期。

南京條約簽定之後十年，感到更不滿意的不是戰敗國而是戰勝國。和約將中國之商業開放，可是商業有賴於雙方自願的和積極的參與。假使通商口岸的居民受官僚的鼓勵對外來者採

取敵視態度，又當如何處置？假使中國商人與外商訂約，卻又違約而逃赴內地，不在領事職掌之內，又如何處置？外商如何抗議，要是他們照規定關稅付稅，內地的官吏卻在同貨品上科以昂貴的轉口稅？關於鴉片貿易，問題更多。1842年和約始終沒有提及鴉片。是否今後其貿易可公開？抑或中國禁煙的法律依舊有效？簡概說來，「條約之系統」如果要有實際效率，各通商國家理應在北京設立公使館駐留永久代表，中國內地應開放外商來往，轉口稅應有節制，若鴉片貿易已開放，應當明白承認其為合法。1856年有了一個新機會提出以上各種要求。中法和中美條約簽署於1844年，內中有十二年後可以修訂的文句。英國人則根據最惠國的待遇，如果法國和美國提出修約，他們當然也可以坐享其成。

自1854年，三國的外交官及海軍軍官即已在中國海岸南北來往，企圖得到中國的反應而有成果。中國官員之中以廣州總督葉名琛最為執拗。廣州市民也曾在前後數年抗拒英人入城。更使問題惡化的是新皇帝咸豐（本名奕詝，1850-1861在位）極端仇外。這種情形促使兩個歐洲國家再度用兵，此次的軍事行動有些歷史家稱為「第二次鴉片戰爭」。

一艘中國的船隻在香註冊，懸英旗，葉名琛的兵士登輪將英旗拆下，這就給英人以用兵之藉口。不久法國也參加，其緣由則是一位法國傳教師在廣西被中國官員殺害。克里米亞戰爭（Crimean War）和印度兵士的叛變（Sepoy Mutiny）將這聯合行動遲緩一段時候。可是英法部隊一度集結，他們在

1857年最後幾天毫不費力攻占廣州。葉名琛被俘,客死加爾各答。廣州在戰爭期間受英人治理三年。

1858年夏,英法美俄軍艦集結於天津附近海岸。前二者採取軍事行動,後二者在近距離觀望。大沽砲台被攻下,天津被占領。所謂天津條約簽署於六月,實際上包括四種條約。這些條約一般的讓各國派遣使節駐在北京,關稅值百抽五,轉口稅百分之二點五,此外指名將內地口岸通商,於是所有的內地省分,包括台灣和海南島,中國承認外國船隻可航行於內河。這數國持有護照之公民得自由來往內地。在中英條約上,承認鴉片貿易為合法。中國向英法賠償軍費。

以上條約,彼此政府批准互相交換繕本之後生效。次年,外國軍艦準備執行交換,抵達塘沽海岸時大沽砲台正在修理,海河至天津一段設有障礙。只有美國公使接受中國官員之指示由陸路入京,交換繕本,雖說中國方面之接待缺乏友好態度。俄國使節原由陸路來華,也交換如儀。英法公使率領船艦十八隻,決心掃除河中障礙,與砲台上新砲位互相開火衝突。中國方面之部隊由蒙古將領僧格林沁指揮,英艦四沈六傷,死傷四百餘人,可是到頭中國仍須賠償損失。

1860年英軍一八千人與法軍七千人,又在華南僱得中國苦力二千五百人擔任後勤,由陸路側背攻襲大沽後占領天津。途中和議耽擱了聯軍的進展,但是在十月他們已進占北京。咸豐皇帝逃往熱河,死在行宮。圓明園為皇帝夏季離宮,去今日之北京大學不遠,首先被聯軍掠奪,次由額爾金伯爵(Lord Elgin）下令焚燬。1860年之中英中法條約由咸豐之弟恭親王奕訢出面簽定，承認1858年之條約有效，將九龍割讓與英，並承認法國教士有在中國內地購置地產的權利。

在連串事件之中得到最大收穫者爲沙皇統治下的俄國。俄國領使自稱有勸說英法軍離京之功，要求並獲得黑龍江以北、烏蘇里江以東之地，包括今日之海參崴（Vladivostok）及伯力（Khabarovsk），雖說在中國內憂外患無力支顧期間俄人已進入該處空曠地區戡界築屋，並威脅中國地方官接受其主權。此間所轄土地逾三十萬哩，1860年之中俄條約只算承認既成事實，又擴大範圍。

太平天國

在此段外患過程中，滿清尚要在另一方面迎戰，以圖延續其生命。自1850年始，華中與華南捲入幾個大規模內亂之中，當中最有威脅性的無乃洪秀全所領導的太平天國。這個鄉村私塾先生曾在廣州街頭接到一紙基督教傳教士所發的傳單，又科舉場中失意之後爲病魔所纏，於是在昏迷狀態之下發生幻視。復元之後他讀及傳單，才確切相信自己乃上帝耶和華之子、耶穌基督之弟。當時廣西村民在憂患之中又受政府煎逼，聽他的福音即爲所煽動。因此他不難策動好幾個與他背景相似的同謀者，從此驅使被說服的農民。他的拜上帝會相約爲善而拜眞神，凡信男都爲兄弟，信女都爲姊妹。他們立誓掃除的魔鬼既包括鄉村中的偶像，也涉及貪官及其皂隸。1851年春，洪秀全以太

平天國發難，他自己爲天王，其他五個助手爲東西南北王及翼王，以羽佐天朝。額前不薙髮，腦後不蓄辮使他們看來與人不同。這些信徒有熱忱，又受招術把持，立即屢敗派往剿伐他們的清軍。1852年，在數月之內太平軍相繼圍攻桂林及長沙，亦即廣西與湖南之省會，雖說兩城都未攻克。洪秀全放棄這兩處的圍攻，繼續北進，1853年初取武昌，亦即湖北省會。自此他擁有大量船舶，也從滿洲軍奪下不少武器與供應品。至此他手下已有五十萬之衆。兩個月之後，太平軍擁有武昌至南京之間長江流域的重要城鎮，於是定都南京，改稱「天京」。他們盤踞達十一年之久，直至1864年夏天爲止。

　　從今日的眼光看來，太平天國的積極性已不容過度重視。只在一種極含糊的形態之中，天國人物似乎提出，中國農民被傳統政治視作籠統一團的生產者，無發言之技能，似應改變，倘非如此，中國不能產生新秩序去適應世界潮流。可是太平天國不是這問題之解答。過去不少歷史隨著前後之事蹟，責備洪秀全取得南京後不盡力於北伐，又不與中北部所謂「捻匪」或上海一帶之「小刀會」聯合，也不爭取西方人士同情。本來西方人正在與滿清交涉時覺得北京不可理喻，幻想著太平天國人物既爲基督教徒，或可爲較好之對手。從全盤組織結構的角度看來，這類臆度，著眼過微，今日已無意義。

　　太平天國人物因爲他們的戰鬥意義，非理性的性格，對政府不存信心，原始的共產主義，在某些方面像歐洲宗教改革期間新教之左翼。可是在歐洲，左翼活動僅在城市表現其擾亂性。

洪秀全因著他片斷的基督教義，企圖發動一項全國運動，其為效更微。因為新教所提倡的良心自由在中國農村社會中缺乏實際意義。太平天國的神基始終未離開巫術性格，他們起自社會中之低層，也未預計在組織上使全社會整體化。如果全民都解放，只有使社會解體，是以天國的破壞性至為明顯。

這樣一來，傳統國家社會之結構，過去既能經恆歷久，此時仍可發生作用。尤以科舉取士，以一種隱蓄的辦法給予有關人士物質上之報酬，責成他們維護正統社會價值，這種社會價值自孟子以來一脈相承至今，使農村社會上文教力量之終點即是國家政權力量之起點，兩相縫合，不生罅隙。亦無法嚴格分辨此係一種經濟組織或一種社會習慣。中國皇帝的君父地位和基本組織接近，遠踰於舊約中之上帝。他也在各種儀節之中取得實際的權能。雖說從以後的事蹟看來，清朝將這安排一再誤用（如慈禧太后拘禁光緒帝及以幼童宣統登基等），可是在十九世紀中葉，要想改換朝代而且更換傳統朝代各項組織，顯然過早。

太平天國禁鴉片、娼妓、纏足、嬖妾與賭博。可是其提倡男女平等不能阻止最高層人物妻妾成群。定都於南京，所有各王也不再生活儉樸。1856年之後，其上級已在互相傾軋。所謂天朝田畝制度，本來即以傳統架構方式寫成，也始終只是紙上文章。「天朝」也舉行過它的科舉考試，從現存考卷的資料看來，即出題人亦未看清這科舉取士的社會經濟意義。

湘軍與淮軍

　　於是曾國藩得以以傳統之正宗作號召，爲清朝剿滅太平天國。他出身於朝廷文職之士。和三百年前的戚繼光一樣，他的「湘勇」招募於農村，軍官由他一手選拔，內中很多爲小地主，來自曾之故里湘鄉。於是部隊間精神上團結鞏固。他的軍費出自「厘金」，亦即一種新的物品轉口稅，也有了各地的津貼，大概自願捐助與勒派均有。他組織的水師其實乃是一種兩棲部隊，起居於內河帆船之上，持有火器，使戰事帶機動性。湘勇首先爲團練，僱用以保護地方，因其成效超過正規部隊，1854年之後出征各省，其人數從最初之二萬人增加數倍。湘軍與太平軍全面戰鬥展開後，長江中游及其兩大支流即湘江與贛江成爲拉鋸爭奪之處。有牆圍之城市不僅因戰略價值而被爭奪，尙以其操縱人口與資源之故。交戰兩方都向對方施用殘暴手段，殺俘之事屢見疊出。戰區食物缺乏，又疫疾流行，人口減少而助成以後戰事之結束。

　　但是1860年以後太平軍失去對內地省分之控制，尙死灰復燃，將叛變引伸到長江三角洲沿海一帶，蘇州、杭州、寧波與上海爲爭奪的地區。這區域的絲綢工業遭受打擊。也是在這一段戰爭期內，曾國藩手下之李鴻章從此露臉。他仿傚湘軍體制，在他出身的安徽省組織一支淮軍。滿清對英法戰事結束，「常勝軍」也參加討伐太平軍。他們原來是上海商人組織的自願軍，以西方人爲軍官，用以保衛本地。至此由列強贊助，正式爲政府軍助戰。他們的功績樹立了美國人華德（Frederick

Townsend Ward）和英將戈登（Charles George Gordon
）的浪漫聲名。有了他們襄助，李鴻章肅清了東部沿海地區，
使曾之湘軍於1864年七月收復南京，洪秀全於事前服毒自殺。
肅清太平軍在福建之殘部於次年完成。即是最後這一段戰事，
也與美國內戰四年時間相埒，而中國之內戰死傷人數更多②，而
解決的問題反少。

自強運動

「自強運動」名稱出自《易經》，由「天行健，君子以自
強不息」而來。用這標語概括1860至1870年代中國大傚西方，
其名稱已表現著防禦性的動機。當日提倡向西方學習的人物恐
怕自己的行動必被批判，因之引經據典強調時代之不同，才有
這舉動之必要。同時他們也用「中學爲體，西學爲用」的解釋
說明學自西方的無非一種技術性之事物。在各種基本的條件內，
他們始終不脫離中國文化的傳統。

實際上縱有對他們的批評，其態度並不苛刻。可是維新運
動本身範圍如是窄狹，也就無從達到預期效果。

1860年各國與中國訂立和約之後十年，一段短時間雙方關
係良好。西方人既已由中國滿足其要求，不再施以更多壓力。
強硬派如額爾金及巴夏禮（Henry Parkes）已離華，一批新
外交人物如英國公使阿禮國（Rutherford Alcock）、美使蒲

---

②此次戰亂死傷估計達二千萬人。

安臣（Anson　Burlingame）和任中國總稅務司之愛爾蘭人赫
德（Robert　Hart）都主張雙方開誠善意相待。他們相信，若
予以適當鼓勵，中國為本身之利益，亦必將門戶開放。同時恭
親王為「議政」，輔助幼年皇帝同治（本名載淳，1862-1874
在位），也覺得條約帶來的天地無從規避，中國理應對條文真
實的履行，不當妄想藉機廢除再回復以前外夷進貢的局面。因
為這種和諧之氣氛，自強運動一時有了長足進展。

　　1861年北京設立總理各國事務衙門，對待外國使節，管理
因條約而產生的各種事務，與舊式的部院同時存在。又設同文
館，教授外國語言，不久其他類似的學館也開設於各通商口岸。
輝登（Henry　Wheaton）所著之《萬國律例》（*Elements
of International Law*）於1864年譯成中文，由總理衙門刊
刻成書。與太平天國決戰之最後幾年內，中國以學者出身而總
管軍事之人物對輪船及新式器具有極深刻印象。所以一到太平
天國剿平，曾國藩、李鴻章和另一湘軍領袖左宗棠都藉著他們
在各處為總督的地位，於南方大城市設立機器局和造船廠，其
器械由海外購來，也僱用外人技師。至1870年後與歐洲各國關
係再度惡化，這種舉措亦並未終止。輪船招商局設立於1872年。
一群中國學童被派往美國留學。開平煤礦始於1876年，在天津
附近。這期間內，中國城市也開始有電訊的聯絡。

　　有了這些活動，自強運動表示著一種意志單簡的目的：中
國希望借西方之科技以充實軍事力量而已。改革者所需要的乃
是輪船與鎗砲，所以他們設立的是船塢與兵工廠。所有的改革

也與其他部門隔離，以免防礙舊有法制規章。所訓練的「洋務」人才，預定爲中國舊式官僚手下之技術助手，所以傳統教育制度不因之而更變，科舉取士的程序也原封不動。

這有限目標始終無法獲得，原因不難解釋。當時人所謂「洋務」，實際爲「西方事物」，乃全部西方現代物質文明所產生之後果，緣於社會上注重效率，在各處講求準確之所得。這和中國的官僚組織立場全部相反。後者有了一個龐大的架構，一向站在非競爭性的立場，幾百年來只望維持一個大體過得去的標準，以保持內部凝聚力。因生活方式之不同，西方採取重商主義，中國維持農業社會習慣。這習慣之不同，影響到每一件兵器的製造者和使用者，更別提到他們的組織人與協調人。這差異也在每一日發生影響，在每一行動之中發生影響。

這些兵工廠和造船局設立時好像商業組織，可是它們沒有相對的公司可以發生商業上的關係。他們爲製造者，可是社會上沒有材料與零件供應者和推銷員。它們與外面有來往，其關係也鬆懈。組織中的帳目無從認眞核算。他們也無從編製預算，因爲政府本身尙無預算可言。人事之管制必漫無標準，因爲中國全部的經濟生活即缺乏人事管制標準。

稱以上情形爲「腐化」，可能對整個問題產生錯覺。腐化必由以前正常之形態惡化而產生，用如此道德上的名義加以譴責，則必須承認事前已有一個完整體制，在其惡化之前確曾站得住腳。

事實上它站不住腳。一個測驗立即於1884年來臨，中國由

於對越南之宗主權與法國發生戰事。短時間內法國艦隊使臺灣基隆砲台無所施其技，也占領了澎湖。法國人回顧中國大陸之際，他們只花了幾小時就破壞福州的船政局，這馬尾船廠過去也由法國資助而開辦。

在長時間講，失去越南的宗主權等於塞翁失馬不爲非福。可是1885年中法之戰結束時中國覺得藩籬盡失，其弱點也更暴露，以後只能挺身而作生死戰。十年之前，日本即已不顧中國主權，逕自征臺。在中國西北角，俄國又已攫取一大塊土地。公元1881年彼德堡條約名義上尚稱爲中國外交上之勝利，可是中國仍要向沙皇付盧布九百萬，而且失去巴克哈什湖一帶疆域。與法國停戰之年，英國也奪緬甸爲其保護國。

十九世紀末期，因著西方工業革命之成熟，已是社會達爾文主義時代。任何鬥爭之失敗者，都可能被視爲品格低劣。中國在外交上一貫的失敗也愈使自強運動看來差勁。最低限度，它使中國拋擲了二十年寶貴時間。可是在中國現代史裡，它尚不過是一段連續「失敗」之第一次。直到最近，我們才有機會將這串事蹟以較積極的眼光看待。有了新的縱深，我們可以斷言，即算失敗，它們也是一種龐大革命之前無可避免的步驟。與鴉片戰爭後之全無反應對照，1860年間的改革在實踐方面很嚴肅向前跨步。因其如此，改革者尚要以傳統的名目自保。他們小心謹慎，但傳統中國之架構已被他們打下了一個大洞。他們「自強」的結果在我們看來固然失望，可是從當日時間與環境看來，已不足爲奇。我們不能忘記，他們使中國工業化，尚

要從編撰最基本的數學教科書做起，學習語言的學生也限在十四歲以下。這使我們想起其道路是如何的遙遠！自強運動以接受科技作基點。三十多年之後，公元1898年的「百日維新」，已準備寫憲法，在制度上求改革。再過二十一年，中國進入民國時代，知識界也猛省到改革不僅應從他們自身著手，而且要從他們自身的思想開始。雖然無計畫，這一套事情向前推進，似有階梯，使我們感受著歷史力量之大。它有它的邏輯；它的長期之合理性也讓中國的革命多出一點時間作充分的準備，更給它相當壓力使它貫徹到底。以目下問題之大，這一切龐大的規模與縱深只能算是合理而有實效。

【第十九章】

百日維新、民國成立和五四運動

甲午戰爭的挫敗，不僅使清廷顏面
掃地，民族自信心盡失；戰後的割
地、賠款更使中國從此成了列強的
俎上肉，變法圖強的主張乃在知識
界中日益高漲。從甲午戰爭到五四
運動時期的中國，在保守派、改革
派、革命派三種勢力互相激盪的情
形下，傳統的制度、文化、思想等
方面都產生了激烈的變化。

中國在1894年和1895年被日本從海上到陸上戰敗，產生了嚴重反響。中國作戰的目的在保持高麗為屬國，經此一戰，這局勢已失去而再不復返。遼東半島、臺灣和澎湖因此割讓與戰勝國。戰敗賠款銀二億兩是一種極難承受的財政負擔。中國向日本商業上的讓步除了向歐美國家提出的之外，尚加上日本可以在中國城市開設工廠的條款，寫入馬關條約。當然，因為最惠國的規定，這特權也為其他國家分享。總算有了俄、法、德三國干涉，遼東半島的割讓未成事實，由中國再加添賠款三千萬兩算數，可是沙皇的政府僅候三年即提出整個半島租與俄國二十五年的要求。從此之後這地區落入俄國手中，又從日俄戰爭之後轉交日本，第二次大戰之後再度由斯大林的蘇聯掌握，直到1955年中國才收回主權，至此前後已六十年。

甲午敗績之辱

被日本打敗，中國感到深恥奇辱。中國過去曾和日本作戰，可是未曾認為日本人是優勢的對頭。不用說，種族優越感雙方都無從避免，這也是1894年戰爭起因之一。此時尚未及注意的一點是，一個國家之現代化，主要是以商業組織之原理加於國事之上，因之公眾事務之分工合作也和私人生活之分工合作異途而同歸，所增加之效率，使這國家的功能提高。所產生的機動能力與品格無關。日本在德川幕府後期本來已朝此方向發展，與中國無法分類的大多數民相比，顯然效率要高，此中差異也在戰場上表現無餘。

　　在兩個世紀相交之際，世界上遍處展開的人種主義達到了最高潮。德皇威廉第二是它熱烈的發言人。日本人很容易接受了他的解說。日人愛國而好戰，好像比懶惰而無氣息的中國人要強得多。伊藤博文與李鴻章交涉的時候，確切的掌握著機會報復。過去中國不少作家筆下提及日本時很少注意到日人的敏感，一味以輕蔑字眼寫出。李鴻章及中國的高級官員受勝者粗魯待遇，也早有其原因。

　　這深恥奇辱使中國群眾的反響注入相反之極端。一派主張接受日本人之優越，應聘請伊藤為中國首相。另一派主張不承認和約。日本對中國的要求不妨分作數份，贈予沙俄和其他國家作為報酬，只要他們向日本交兵。雖說李鴻章沒有採取後說，他已受這說法影響。他於1896年與俄國外務大臣簽定密約，西方稱為李與羅拔諾甫條約（Li-Lobanov　Treaty），所給帝俄的讓步，包括修築中東鐵路貫穿滿洲北部。謠傳俄方曾以豐厚賄賂酬答李鴻章簽定此約。

　　這戰敗給中國當前最大的困難仍在賠款。只有向外借款能解決問題。願意向中國放貸的大有人在。可是他們每一個代表一個外國政府，他們的目的，在以中國海關關稅和內地工礦的權利作為貸款的保障。中日戰爭之前中國所負外債不多。茲後中國行政完全被外國銀行團把持。凡出口進口之關稅，鹽稅之收入，以及內地之轉口，同為外債之抵押品。此後因修築鐵路也涉及外債，才激起了1911年的革命。以上情形在中國進入民國時代後基本上未有更變。也因為對關稅收入的處理，孫中山

與西方各國爭執,才決定與蘇聯聯合。

回頭再敘十九世紀。1898年為諸事紛至沓來之際。英法德俄日五國都於此時在中國構成勢力圈。如果中國任何行省劃入某一國家之勢力範圍,中國必須申明此省永遠不割與其他國家。當中一個重要的港口城市若是租借給享有勢力範圍的國家,租借期間為九十九年。中國不得在內外設防,也不得派兵進入附近地區,通常以十五哩為度。此外,列強也在省內獨享鐵路工礦和敷設電訊的權利。要是中國本身在省內營建此類工程,則不得由第三國投資,也不得僱用其他國家的工程師。當中此類的條件有由外強以最後通牒方式提出限四十八小時內承允的例子。這情形使孫中山稱中國為次殖民地,亦即低於一般的殖民地,他們與中國不同,只服侍一個主子。當世紀之交中國受著列強壓迫,美國國務卿海約翰(John Hay)於1899年及1900年兩次提出的中國「門戶開放」政策,對中國很少實際裨益。

百日維新

1898年夏天,北京的官僚圈經歷了一段前所未有的情形。從6月11日到9月21日,一共一百零三天,御前頒發了二百多件詔令與批示,宣稱政府之組織必須改造,預算將要編製,海陸軍將要現代化,所有教育制度和文官組織也要改組,所有農工商業一併都要提高以符合世界標準。如果這套工作可能因皇帝龍椅前之公告而完成,則中國應當立即成為一個現代國家。可是這西化之決心以與西方習慣相反的姿態提出。「百日維新」

如傳統以意志力事，並且引用了真理由上至下的原則。這種辦法相信一項工作由皇帝詔令宣布，即等於工作已實際完成。

維新人士並不是全不了解此中的毛病，他們還是做了。一百零三天之後，全部運動突然終止，皇帝被軟禁，終身再未重享自由。六位維新人士被處死刑，兩個最顯著的領導人亡命海外，又有約四十個官員被革職。

光緒皇帝（本名戴湉，1875-1908在位）乃慈禧太后之妹與老醇親王的兒子。醇親王奕譞乃是道光的兒子。堂兄同治皇帝於1874年無嗣而終的時候，光緒才三歲，被意志堅強而好賣弄權力之慈禧指定為皇嗣而繼位。可是迄至他在1908年去世，慈禧未曾放棄她為事實上的國君之地位。她即使不垂簾聽政，也仍在幕後攬握大權。她也利用親信大學士和宦官與廷臣連繫。在這朝代進入暮期之際，凡是滿清的總督等重臣及海陸軍高級將領要不與這後門發生關係，則官位難保。

光緒帝頗為明智，也容易動感情，他看到一本說得剴切的奏呈，就會流淚。以這位有志改造一個龐大國家命運的君主而言，他在宮廷裡幽居的生活與自孩提之日未曾有機會執行本身決策，都可算作嚴重缺陷。他維新的贊助人為康有為和梁啟超，同為廣東省人。康是古典學者，擅於使用古籍裡利於改革的文字推陳出新，翻作今朝之標榜。梁比較趨向實用主義，他的文字流暢而有普及性，所敘也不只古典。在1898年之前，他們至少已提倡改革三年。他們以普及新式教育為論壇，曾組織會議，到處演講，發行期刊，捐募款項以貫徹這宗旨。也有西方傳教

士贊助,使這運動傳播甚廣。如果自強運動可稱為造船製砲的改革,則百日維新不妨稱為編預算寫憲法的改革,雖說康梁等人胸中另有城府,他們的志向超過目前之規劃。

慈禧深切注意侄兒所作的一套,只是在短期間之內沒有直接干預。一個使她採取行動之近因似與人事有關。當皇帝一貫的排擠反對維新的人物而提拔親信的時候,新舊兩派之衝突終不可免。也因此觸發了滿漢大臣的互相嫉妒。據說皇帝將接見伊藤博文,可能被勸說遊覽日本,成了一時的警報。最後導至政變之原因為皇帝召見直隸按察使袁世凱密商,不通過直隸總督兼北洋大臣榮祿。後者為滿洲人,也是太后親信。

在這裡我們要相信袁世凱數年後給《倫敦泰晤士報》的談話,他在這裡提出,他出賣各人的原因乃是改革者唆使他謀殺太后,事實上她也是皇帝之養母。或者我們應當相信《上海字林西報》和《申報》的報導,內中提及光緒密令袁世凱向御躬保駕。事實之發展則是袁世凱成了告密人,他出賣了皇帝和維新人士而站在慈禧太后和榮祿一邊。慈禧突然由頤和園回到北京宮內時,維新人士的計謀為之挫折。他們被整肅,有關國事的政令全部作廢而恢復百日維新前的情形,光緒皇帝和他的親信要付出前後行動和秘密交往之代價。

提到目下歷史之題材,作者別無他法,在敘述時不得不循照以前歷史家之鋪陳,可是他要再三提醒今日讀者,在解釋以上情事時,前人之論點大體已失去用場。因為他們批判以上事蹟時,缺乏我人眼見之縱深,是以強調當事人物之人身關係,

而低估組織與結構上的原因。百日維新使全部武職人員震驚，他們的官銜職位由八旗綠營的背景而取得，也使全體文官失色，他們熟讀四書五經和朱熹的註解，由科場發跡。這點，以前的歷史家也重視。我們還要更進一步講出：他們不僅保持了既得利益，事實上他們也代表著這帝國和中國社會組織的邏輯。幾百年來中國倚賴一種世襲的武職人員，他們在技術上的教養不深，也倚賴一個以文字見長的官僚機構，他們意識型態的凝聚力成了這永久組織的磐石。這樣的安排不斤斤計較技術上之進步，只圖贏得社會的安定，因之構成了全國的均勻一致，使帝國無可動搖。如果將這些支援的力量消除，則全國的組織也將立即垮台。可是另一方面的難處是，若不宣告此類組織遲早必須更換，就無庸談及改革。

　　百日維新失敗，光緒被批評為猶疑膽怯。可是沒有歷史上的證據可以解說他有別路可走。他既為皇帝，就以人身為表率，代表著傳統的道德。這種德行從村舍里甲一路上來，透過整個社會，而以「孝」為先。稍一決斷，他就會損壞了他在臣下心目中的觀感和皇帝這一職位。他或者可如康有為在九月上旬的建議，出走上海。可是那樣一來他既背叛了社會習慣，也逃避了自己的朝代。如果改革者願意做到那樣徹底，那他們又何必一定要依附著光緒皇帝和清朝，兩者已不過是改革的累贅？他們難道不能直捷的樹立民國，問題簡化？以後事實之演進也表示歷史終於肯定的容納了這條路線。

　　只是以問題之大，使其程序無從簡化。革命前途之任重道

遠,已由譚嗣同看出。他是慈禧太后一怒之下被判死刑的六人
之一。他決心爲烈士,也不願逃避。他在遺書中提及除非新舊
兩黨流血遍地,中國永遠無指望:「各國變法無不流血而成,
今中國未聞有因變法而流血者,此中國所以不昌也,有之請自
嗣同始。」

公元1898年9月28日他實踐了他的預言當日被派往監刑的
剛毅,不久即成爲支持義和團的清朝大員之一。

經過9月21日的政變,慈禧企圖褫奪光緒皇位,另以一小
童皇帝替代。可是她遇到幾位南方總督和一群社會上文教領袖
反對,後者以上海爲中心,有西方各國的支持。百日維新首要
人物康有爲逃至香港,有英國人援助,梁啓超則由日本使館的
保護離開北京出國。各國使節猶且一再詢問光緒帝下落,也帶
著質問的態度。太后的企圖無法實現,她反外的心理激熱化,
以後影響到她對義和團的判斷。

義和團

義和團照字面上的解釋是仗義又擁護和平的集團。它不過
是華北人民秘密結社中之一種,會員練習武術,主持神秘的集
會儀式,所以也被稱爲「拳民」或「拳匪」。當中有些自稱練
氣功可以阻擋子彈。在世紀末年,山東居民和德國僑民暨華人
基督教徒發生衝突,義和團參雜其間,乘機生事擴展。不久之
後,他們見外人即攻擊,對一切由外洋輸入之器物均行破壞。
在1899年,山東巡撫本人也是一個仇外者,稱義和團員爲「義

民」，收容他們入團練。次年，義和團蔓延至直隸省。慈禧親信中只有榮祿稱義和團不可用。

　　此時太后之心境值得臆度。她之把持不定，有時顯然是由恐懼及遲疑而生，並非一貫的堅決透徹。期間所發詔書有時稱義和團爲「游勇會」及「亂民」、「拳匪」，可是有時有稱其爲「拳民」、「朝廷赤子」，甚至「義民」。直隸提督聶士成既剿拳匪，又拒洋兵，最後戰死於天津近郊。好像外人愈逼清廷剿匪，太后愈決心抵抗外來壓力。此間詳情充分暴露中國皇權的內在危機。這時候世界情勢之複雜，要求政府機構極端警覺以應變，北京的朝廷尚且完全從人身關係的角度對付問題，以至外行的氣象可以一眼看出。這樣，慈禧太后在歷史上有用之處即在於她幫助揭露了組織上的缺陷，使對中國兩千多年帝制的清算得以加速。

　　1900年6月21日她公布了她的宣戰令。作戰對象不是一個國家，也不是條列的某些國家，而是「遠人」和「彼等」，事實上就是與中國接觸的所有外國。此時義和團在北京攻擊使館火焚教堂，已生事十日。6月11日本使館書記杉山彬遇害。6月16日各國聯軍要求天津外圍的大沽砲台於次日晨二時以前交出，天津總兵不應命，聯軍於晨六時開火而攻取之。至此總理衙門於6月19日照會各國公使於二十四小時內離京。20日德國公使克林德（Baron　Klemens　von　Ketteler）仍想交涉，在往總理衙門途中遇害。

　　宣戰之前，朝廷反外集團交付慈禧文件一紙，據稱係各國

勒令她歸政之照會。及至此時，她仍召集御前會議，廷臣百餘
人跪在殿前，太后詢問各人意見，可是內中二人反對敵對行動，
終由她下令處死。

　　各國使館被圍五十六日。當中停戰三次。七月下旬，中國
政府送往使館麵粉西瓜果蔬數車（前哥倫比亞大學教授富善先
生 Dr. L. Carrington Goodrich 時年六歲，隨父母被圍於
北堂教堂，親告本書作者不知有贈送食品事。富先生耆齡即鋒
鏑餘生，但是對中國人民不存惡感，對中國文化極端尊敬）。
榮祿不許部下用巨砲攻擊，將可能之死傷數減低。解圍時外人
約二百五十人喪生，本國基督教徒死者猶多，但是無確切數字。
聯軍出自英、美、德、法、日、俄、義、奧八國，入北京時只
一萬八千人，以後疊增至十萬五千人。內中除日美部隊外，其
他見中國人即恣意報復，對平民施用奸淫擄掠及枉殺等事亦不
堪記。在全部敵外期間，南方之總督巡撫與各國僑領協商彼此
保持鎮靜，對朝廷6月20日以後之詔令置之不顧，事實上持中
立態度。其稱「拳匪叛變」或「義和團造反」（Boxer Re-
bellion），理論上謂朝廷被暴民脅迫，所取行動非復本意也。

　　慈禧太后與光緒帝於8日15日即聯軍入北京後一日倉卒出
奔，一行抵達西安，至1902年初始回北京。這段期間李鴻章得
以從容與聯軍交涉和議。所謂「辛丑條約」（Boxer Protocol）
於1901年9月簽字，去李鴻章易簀只兩月。聯軍要求縱容義和
團之朝臣十一人判死刑，四人至此業已自殺，以後三人由朝廷
「賜死」，又二人被判減為邊省充軍，實際處斬者只二人。

條約其他款項停止四十五個拳匪生事城市之科舉考試五年。中國派遣特別使節往德國及日本謝罪。所有自海岸至北京之通道不設防，連大沽砲台一併拆毀。外國有在北京使館駐兵之權（後來盧溝橋事變時日軍出現於北京近郊，即是引用此項特權）。中國兩年之內不得輸入軍火。中國對各國賠款銀四億五千萬兩，大略為全國五年之財政收入。再加以應付利息，此數必至四十年方可償清（以後美國發起以賠款在中國興學，有數國循例照辦）。條約簽定之後，帝俄占領滿洲之一部分不撤兵，是為1904年至1905年日俄戰爭之導火線。

即仍在西安避難之日，慈禧太后已開始下詔改變方針。回京之後，她實際等於重新公布光緒之改革，亦即四年之前她所嫉視之改革。在某些方面她尚將其範圍擴大。例如改官制，即成立內閣之十一部，將以前各舊式部院裁撤歸併（如陸軍部轄以前之兵部及太僕寺，禮部轄以前之太常、鴻臚、光祿三寺）。全國科舉包括殿試鄉試概在1905年停止。又派遣考察團由親王一人率領赴海外觀察各國行政情形，準備立憲，定期召開各省及全國之諮議局及資政院。

此時太后無從了解中國縱在二十世紀之末期亦難行使民權、組織民選政府、對選民負責，何況八十至九十年前。當中基本的困難已由本書一再指出；傳統中國有如水中之魚無從立即化為空中之鳥。其缺乏適應之能力尚超過滿清之品格性質。滿清為帝制最後一個朝代，在這情形之下，它也可以被視為歷史上受罪之人。中國龐大而不按技能分科的文官組織在皇權仲裁之

下能發生功效，限於這國家保持內向而不帶競爭性。在那情形
之下，凡公眾的事務可能產生公意，天子的權能也可以在舉行
各種儀節的莊嚴大度之中執行。下面龐大且不因南北水旱地域
而有劇烈差別的農民，能在各行政區域範圍內馴善而各安本分，
可以視作良民。這也不是法制或非制，而是文教與紀律。及至
公元1900年夏天，上端成了一種專制魔王，既愚昧無知，又缺
乏自信，下端則成了無法管制的暴民。很顯然，如此組織結構
不能僅憑自由解放和紙面上的改革即度過新世紀之難關。

帝制結束，民國肇造

公元1908年11月14日，光緒皇帝去世。不到二十四小時，
慈禧太后也駕崩。這離奇的遭遇似有暗算。雖說他已多時健康
欠佳，她卻健康活躍。事實上她在13日主持立宣統（本名溥儀，
1908-1911在位）為嗣君，後者才三歲（可是也有她身體欠安
的傳說）。其實，內幕如何，已無關宏旨。宣統命中注定為中
國最後一個君主。再三年而有中華民國，不僅滿清入主二百六
十七年至是終結，而秦始皇於西安創造之帝制共歷時二千一百
三十二年，也成了歷史上的往事。

醫學博士孫中山，大革命家，看來曾希望實現他改革之理
想而不推翻清朝，否則他不會作上李鴻章書而盼望能見。到
1895年中國被日本戰敗之後，他才蓄意反清。他既是廣東人，
又諳英語，就容易和海外華僑接近。可是從他的回憶錄上看來，
他起先覓取支援仍至為艱難。

　　在1911年10月10日前孫曾發動推翻滿清運動十次，每次失敗都免不了人命犧牲。其中有些烈士尚為他切身的好友。他的革命會黨基本上是社會精英，卻無法和群眾接近。初時他們也採取「古典型」革命行動，散發煽動性的傳單、暗殺和占領官署發難。逐漸的，他們才認清他們也可以利用現有的秘密結社和潛入清朝新成立的海陸軍作為以後行動之根據。

　　孫先生也寫出：各方在八國聯軍後的反應給了他的革命行動新的力量，入黨的人增多，海外籌款，較前有效。可是十次之中的最後一次在1911年4月於廣州發難，仍然失敗，七十二烈士因此喪生。不料，不出六月之後，竟能成功。這次，革命黨員在漢口的地下組織不慎，使一顆炸彈爆炸。經過巡警調查，一批黨員名單敗露，內中牽涉新軍裡面的下級軍官和士兵。事既如此，他們逼不得已提前舉事，既無安排好的領導人物，也無預定計謀。黎元洪，滿清新軍協領（旅長），被強迫推戴為革命軍總指揮。又在這緊急關頭，清朝的總督不戰而逃，給革命黨人一個求之不得的喘息機會。不久其他省份接二連三宣告「獨立」，也就是脫離專制的朝代，準備與武漢的革命黨人協商。清朝的新太后（隆裕太后，即光緒正妻）只有替義子主持退位。

新舊體制不銜接

　　民國成立後的二十年是一段令人愁喪的開始。孫中山將總統的職位讓與袁世凱，他就是1898年出賣光緒帝的人物，只因

爲他這時候還控制著滿清的新式陸軍,理論上還有打敗革命黨的可能。有了這樣的妥協,和平成爲事實。歐戰在1914年爆發,列強無力東顧,日本於翌年向袁提「二十一條」,這些條件如果全部履行,中國在理論上和事實上都成了日本的保護國。幸虧袁世凱死在1916年,他的皇帝也只做了八十一天,因爲各方的反對,他臨死之前已將帝制撤銷。在這段混淆的局面裡,又有蓄辮的將領張勳復辟。1917年他將宣統搬出來再度稱帝。這一次爲時更短,君主制度只存在了二十一天。從這時起迄至蔣介石於1928年北伐成功在南京成立國民政府,中國進入軍閥割據階段。

在這十餘年期間,中國有兩個中央政府:一在北京,由北洋軍閥承接交替;一在廣州,以孫中山的護法運動爲理論上的重心。可是兩方所能控制的地域都極有限。內戰經常沿著鐵道線上展開;軍閥以他們的派系區分。西藏與外蒙脫離了中國的掌握,後者的分離從此具有永久性。外國的砲艇不斷在中國內河航行。國際貿易由各大城市裡的外國租界操縱,注重各色商人的短期利潤,無視於中國的長期發展。出口物品以農產爲主,進口貨品主要針對新興小市民階級的嗜好與購買力。這批人士爲數過少,他們的興趣過於傾向於西方,因之不足以改變人口眾多和帶著大塊陸地的中國之命運。

以上各種情節與景象有如萬花筒,只在半個世紀之後才顯示了它們歷史上的一貫性。中國的首要問題仍是新舊之間不能銜接:現代體制需要所有因素都能在數目字上管理。舊式的組

織不以中央爲各部分總和之代表，反倒以一種道德上的力量自居，將各部分牽扯出來，也將它們的力量視作彼此相等而互相抵銷，於是全體都立於一種微妙平衡的局面裡保持表面上的寧靜。這種新舊之間的不相融洽已在民國成立時看出。所以帝制必須取消。根據過去的經驗，坐在龍椅上的人物雖以道德號召，要不是以出賣旁人爲習慣的老手，即是一個被人愚弄終身的小兒。況且皇權之極端與社會組織之無法妥協互相倚重。要不是有了這些原因，1911年的革命不可能如是僥倖成功，以後兩次重建帝制圖謀也不會失敗那樣厲害。

可是向「負」的因素反抗，本身並不能立即成爲「正」的力量。我們確定中國的問題適於英文constitutional一字的解說。可是constitution固然可以譯作「憲法」，也可以解釋而爲一種品物之人身結構影響到它的性情、品格和行動範圍。中國人歷來以文人治國，過度重視constitution爲一紙文書，簽字蓋章而莊嚴收藏著，而忽視constitution有似於我人天賦之性能。殊不知議會採一院制或兩院制，行政權由總統或內閣掌握，當日所寫之憲法與下面一大群農村組織之關係極微，因爲鄉民的識字率一般認爲只百分之五，農民只能集體指揮，而重要的統計尚付之闕如。傳統的管制辦法著重男人優於女人，年長的優於年幼，讀書明理的優於目不識丁，這和全民投票的原則以及每一個人都有同等經濟之機會不僅不相銜接，而且大相逕庭。況且以千計的貞節牌坊，歌頌大人物豐功偉烈之神道碑，以及祠堂裡的神位和鄉祠裡的偶象，代表著中國的大傳統及小

傳統,過去統統有利行政之輔助工具,至今無一可資改造利用
以增進民權,或者轉變為多元社會之橋梁。更有甚者,1905年
停科舉,高層機構即政府衙門和低層機構,亦即鄉村鄰里對話
交流的聯絡線,即因而截斷。在這種情形之下,代議政治只是
一種偽裝,新成立之政黨縱以不同的宗旨號召,當中無一可以
切實代表各選區(constituencies)。同時城市內新興的市民
階級力量也過於低微。如果他確有能力決定全國的政治,一會
向那方向動手。換言之,中國之現代化可能容易得多了,假使
中國文化之發展一向與西方傳統平行,那麼人民之自由權
(civil liberty)可因城市權(municipal franchise)發軔,
以後普及於全民,或者有如日本,他們私人資本力量在德川幕
府後期即已超過大名藩主的力量。

我們讀過無數記載,指出賄選,強制解散議會,或者公開
違法的行動。可是在這段混淆的時代裡,真正的悲劇是由軍人
出身的總統或總理執政,其為好人壞人不說,當中無一個可以
成為實際之強人。他們缺乏效能的主因在於財政。民國成立,
所接收過來的是一個空空如也的國庫。傳統之收入大宗為土地
稅,可是這用以維持舊式之衙門,為數過少而且分布過廣泛,
不能算數。其他的收入又當作向外借款和賠償軍費的抵押品。
對內發行公債則無人認購,於是只有向外舉債一途。誰願向中
國放貸?無非受外國政府支持的銀行集團。這樣一來,中國的
領導人看起來總是外國主子之工具而對自己本國人民跋扈囂張。
此中最好例子即是第二次世界大戰期間所謂西原借款。此事因

接洽之日而得名，外表上之目的在充實中國實力以便加入協約國赴歐參戰，實際情形則利及接收款項的人物，他們對內傾軋而符合了日人的意向。

　　軍閥割據在這段期間成為普遍現象。舊體制既已拆卸，新的尚未產生，只有私人軍事力量可以在青黃不接之際維持短期團結。可是這種辦法全靠高級軍官間的人身關係，也就很難在超出省區間的場合生效。於是「實力政治」（realpolitik）更進一步，陰謀與政變成為家常便飯，一切都帶流動性。

　　軍閥一般為帶悲劇性格的英雄人物，他們也並非個個存心做壞事。一位英國觀察者指出不少中國軍閥可能在英國陸軍裡成為出人頭地的將領。他們將個人之野心和他們所想像的救國救民宗旨合為一談，因之極難向他們的部下及中國民眾解釋明白。張作霖初受日人培植，以後成為熱烈愛國者。馮玉祥起先被稱為「基督將軍」，以後向蘇聯靠攏。閻錫山組織了一個「洗心團」，給以種種宗教式點綴。唐生智幾乎完全皈依佛教，他以超度的觀念補償他的殺戮。軍閥也非個個粗蠻，吳佩孚即係詩人。可是性格淘氣的張宗昌據說生平不知所帶兵員人數、手中錢數和各房姨太太數。

　　話說回頭，軍閥給中國之損害並非不嚴重。他們給中國經濟的壞影響無可衡量。當日創造新社會的工作亟待著手，軍閥之行動除有極少例外，大都具破壞性。他們也使全國士氣受挫。軍閥割據使剛出生的中華民國喪失了所有尊嚴，這情形也造成十多年的憔悴和失望。如果軍閥在歷史上有任何貢獻的話，那

是在八十年外強侵略之後他們更增加了內部壓力，於是強迫著中國的青年自行著手尋覓著一套救國方式。

有了「五四事件」，他們找到了一條線索。「五四運動」則賦予他們行動一種意識上的支持。

五四運動

1919年5月4日是星期天。當日午後一時三十分，三千個學生代表北京十三所大學和學院集結於天安門前示威抗議凡爾賽和會將德國在山東所享特權劃歸日本。這種特權出自「勢力範圍」，也是不平等條約中令人最不能忍受的部分。中國因1917年對德宣戰與以後之派遣勞工服役於戰場，已站在戰勝國一邊，並且因為宣戰而早已卸除了對德的條約關係。可是在凡爾賽，中國不僅無法分得任何勝利後果，反要將本身領土之完整作為特權轉讓去滿足另一戰勝國，這是前所未有的例子，也更令人髮指。可是會議中將各項秘密條約公開時，中國的地位已動搖。過去勸說日本參戰之各強國已事前各別保證作如是之轉讓。更使中國地位受損害的是，日本代表團當場公布以前東京與北京間所交換的文件，證實中國軍閥主持的政府曾作同樣的認可。5月4日，示威者發散傳單申明中國人決不承認賣國賊將國家主權轉讓與人。他們遊行到東交民巷，將通知送交各國使館。當日下午，他們決定和三個內閣部長級的官僚對頭，因為他們對上述文件負有責任。其中之一被學生毆打，另一人之房屋被放火焚燒。巡警出面彈壓，學生三十二人被拘。

　　不久這消息即傳遍中國。新聞界表示對學生同情，一時遊行示威罷工罷市如野火之燎原。北京政府只好認錯，被押學生開釋，受指控之官員撤職，內閣也引咎解職。中國出席凡爾賽和會代表團則拒絕在和約上簽字。這山東問題終在1921至1922年的華盛頓會議解決。美國總統哈定與國務卿休士召開這次會議，日本代表團取消戰時的秘密協定。1922年簽定九國公約，中國才算收回了山東主權。

　　今日學生示威已是家常便飯，電視螢幕上重見疊出，confrontation（對抗）也成了常用語，我們已難回味1919年現代通訊尚在嬰兒時代期間五四事件之非常性格。讀者可以想像中國是一隻潛水艇夾肉麵包。雖說皇帝這一職位已於1912年取消，科舉考試也於1905年停止，社會之改造卻仍未開始。迄1919年，新式工廠內之勞工估計只在一百萬至二百五十萬人之間。雖說兩種估計間之差別大，總而言之，較諸中國龐大之人口，其數仍不過水桶中之一滴。這國家未曾多元化的經濟可能提供的工作至為有限，尤其缺乏現代社會之不同部門。專業工作猶集中於通商口岸，通常由外人主持之市政府掌握。知識分子發現自己無非社會上之「不適分子」，很少人能心安理得為自己與任何現存社會經濟集團視為一體。因為缺乏出路，知識分子常有歸返以前社會習慣之趨勢。縱為新學制的大學生，不少仍持昔日文士官僚型態。既為受有教育之精英，他們自認為昔日官僚集團之繼承人，應當有資格獲得同樣的安全與特權。這樣一來，五四事件超過了一場示威與抗議，它要各個人參與。如果這群

年輕人覺得潛水艇夾肉麵包內的萵苣葉和蛋黃醬缺乏構造的嚴密性，因之無從發揮應變能力，他們無可推諉，也無旁人可以責備，只能自己應聲而出解決問題。這信息開始傳布時，這上面的一塊麵包開始變化，打破二千年來的慣例，因此成為以後五十年長期革命之工具。

這種行動成為可能，因有後面之激擾與醞釀。把這背景更向後推，我們更要提及幾十年來教士的工作和開通商口岸以來中外的接觸，以及自強運動之遣派留學生。又有偉大的翻譯工作人員，如嚴復與林紓，他們使孟德斯鳩、亞當・斯密、大小仲馬、巴爾扎克、狄更司和其他多人的作品和中國讀者見面。只因為「五四事件」不過是學生運動，中國的作家和歷史從業員認為另有「五四運動」，是為知識界準備工作，以激盪其行動。這運動由大學教授組織，在各學府構成，尤以北京大學為最。在歷史上它可以看成以1917年為始點。經過五四事件之後，這運動更傳得更遠大。只是行動上更增加動力的時候，五四運動之為一種知識界運動，只持續了約二年。大概到1921年夏天，它可說用盡了它的燃料。

智識氣氛

在構成這智識氣氛的工作中，貢獻最多者為蔡元培。他自1917年以來是北京大學校長。以翰林編修的背景往德法兩國留學，蔡元培在中國智識界有其獨特地位。他也曾在民國政府裡任教育部長。他在北大所聘的文學院長為陳獨秀，陳也是前清

獲得舉人地位以後才留學日本及法國。從事革命多年之後，陳在1915年創辦《新青年》雜誌（封面有標題：La Jeunesse）。雖任北大教職，陳繼續著他的編輯工作。《新青年》行銷達一萬六千份，在當日可算傑出。蔣介石是這刊物的經常讀者；毛澤東自稱受這期刊影響，而且曾在《新青年》發表文稿一篇。

在此雜誌最為人稱道的1919年一月號，陳獨秀宣稱他的指南針無非「賽先生」及「德先生」，亦即科學與民主。這篇論文在中國的反響遠逾於執筆者想像。陳獨秀所稱科學，著重於社會科學，而非自然科學。他的科學方法堅持有組織而經恆的「不相信」，與培根及笛卡兒的態度相近。中國的傳統，認為道德標準持久不變，真理與威權同時由上流傳至下，陳的論說因之有革命性格。即是民主這一觀念，尚未用以發揚去支持代議政治，陳獨秀先利用為打破偶像的工具，攻擊的對象為傳統習慣和儒家教條。陳使用「民主」這名詞幾乎與「個人主義」、「自我主義」可以互相交換。讀者應注意，迄至當時（甚至今日）個人主義在中國社會裡帶一種被否定的含義，個人主義即係缺乏公眾精神。

在這雜誌裡有好幾個作家盡力抨擊時人認為「國粹」之傳統道德。當中諷刺最力者為周樹人，筆名魯迅。周樹人早歲在日本學醫，此時在教育部任僉事（科員）。當陳獨秀以論文辯說時，魯迅以短篇小說及短篇評論發揮他筆下專長。他的一段短篇小說，題為「弟兄」，數年之前發表於其他刊物，最能表現他觀察之尖銳及他對傳統道德所持之刻薄態度。據評論家研

究，事實上此文有若干自傳成分。其中提及一個公務人員平日以篤於手足情誼見重於人，有朝發現他弟弟病重。在夜晚等候著醫生上門診治的時候，他心頭感到如軸轆似的上下不定。他以為症象是猩紅熱，也害怕弟弟突然死去，自己無力資送三個孩子再搭著兩個侄兒上學。醫生診斷發現並非猩紅熱，不過是疹症，他也鬆了一口氣。不過，夜間的緊張仍不能使他夢寐之間忘卻。那晚上他夢見弟弟死去，他讓自己的孩子上學而不及於侄兒。一個侄子吵著要去的時候他伸手給一個耳光。他看著侄兒滿面流血而從夢中驚醒，仍不免汗流浹背，喘息未定。第二天上班，同事都恭維他骨肉情深。

李大釗也是《新青年》編輯委員，與陳獨秀工作時接近。在北大他是圖書館長。李早年留學日本早稻田大學，從日本作家的筆下得與馬克思思想接近。在《新青年》裡，他發表了若干關於馬克思主義與俄國革命的文章。他的立場表現出當日中國知識分子所遇難關：雖有無數理論上的選擇，卻缺乏一個實際上的方針以解決面前的問題。李大釗於是集合中外思想予以裁剪選擇，構成他自己的一種系統。不過其結果並非一種無光彩的妥協。不像陳獨秀，他沒有放棄民族主義或國家主義；他也預料到中國的革命會扯上一種強烈的農民運動。他不規避暴力，而認為引用暴力去推翻一個以暴力起家而且用暴力作行政根據的政權並無不合理之處。他提到民主與自由，卻又用道德的名義強迫執行使之兌現，有如盧騷。在這些方面，他留給毛澤東的影響至為深重。在北大圖書館，他也僱用毛澤東為臨時

工作人員。

在這群思想家之間，代表美國的影響者為胡適。他畢業於康乃爾大學，獲得哥倫比亞大學的博士學位，此時在北大為哲學教授。胡對五四運動主要的貢獻為提倡白話文，以代替傳統的文言。他的性格和思想上的立場與以上的同事相反，他主張實用，而不主張以「主義」作標榜，因此他沒有被當時青年熱烈擁戴。後者多為革命之浪漫主義者，企望找到一種意識型態的公式得到立即解放。胡的實驗主義（也是主義？），一部分來自其美國老師杜威（John Dewey），可以用「一點一滴」的觀念概括，因之他不與同時人物的步調相符。在長遠的眼光看來，胡適不能算是完全錯誤。中國的革命注定要採一種途徑，甚至為革命家所無從預料。其問題之大超過當時已有之辭彙。如是看來，以前所用之「主義」，全部都被歪曲或伸縮。

與以前幾十年比較，中國在1919年已更向前進一步。鴉片戰爭結束，這國家未做任合調整。即在自強運動期間向外學習，其範圍也不外科技，仍限於與軍備有關部分。百日維新雖然失敗，維新人士至少已提議將全部政府機構一併改組。現在，五四運動知識分子的行動愈為切實。他們主張將中國文化上的因素全盤托出重新審定，必要時不惜清算，達到了中國人所可能主張之極點。我們提及「西方之衝擊」（Western impact）時，只有採取宏觀的立場才可能看出，以上「全取或全棄」（all-or-nothing）的反應，表現了不到時間成熟以前，技術上執行的困難。

國民黨與共產黨

1919年5月4日之後，事實之衍進速度提高。中國共產黨於1921年7月誕誕生。孫中山之政黨前後曾用四種不同名目，至是改稱中國國民黨。1924年，國民黨召開第一次全國黨員代表大會時，決定改組，自此其機構仿傚蘇聯形式。蘇聯及共產國際（第三國際）在中國革命的過程中一時扮演了重要角色。孫執行他的聯俄政策，已讓中共黨員各別加入國民黨。一時很多青年志士或直接參與北京五四示威，或間接被五四運動感化，都奔向南方，實踐著革命的道路。

第一次國共合作維持了三年多。孫中山在1925年逝世，他在中國歷史中最顯赫的領導人地位，經過一段明暗鬥爭，爲蔣介石所掌握。他的北伐即開始於次年。在消滅軍閥的過程中，這軍事行動甚爲成功，但是自1927年4月開始，蔣發動「清黨」，初行於上海，不久之後，**舉凡國民黨**所統轄的城市都在拘捕槍斃共產黨員，蔣總司令和國民政府以自衛爲解釋。他們提及共產黨人陰謀從內奪取政權。共產國際甚至鼓勵中共對蔣作人身傷害。中共和一部分外國人士則指摘蔣介石背信，他有了上海金融界支持，已不需蘇聯援助。

美國新聞記者艾薩克（Harold Isaacs）稱這段分裂爲「中國革命之悲劇」。這「悲劇」也可以由五四運動領導人物之出處一眼看出。李大釗爲中共發起人之一，被張作霖於1927年拘捕後絞死。陳獨秀也是中共發起人，並且被選爲第一任秘書長，因爲1927年所受的挫折，他首先被黨中人士罷免秘書長，

次又開除黨籍。以後他更被國民黨政府拘獲而判徒刑，1942年
因癌症死於獄中。蔡元培利用他為國民黨元老的身分保障人權，
防制以學生運動遂行政治目的。直到1940年去世，他一直不受
南京政府（後遷重慶）歡迎。魯迅替上海一家報紙寫專欄，也
在左翼作家聯盟和中國自由運動大同盟裡活動，卻終身不離開
上海公共租界，最後死於1936年，享年五十五。胡適在國民黨
統治下任北京大學校長，日後他的著作極受馬克思主義學者的
無情批判。1958年後他在台北任中央研究院院長，1962年死在
任上。此外尚有五四時代的學生領袖，如羅家倫和傅斯年，都
在台灣以教育家的地位著稱。但是二十世紀中國一大哲學史家
馮友蘭留在大陸，受中共當局批判無數次。

　　從這剖面看來，即見問題之大非國民黨或中共能全部掌握。
1920年間，這大問題構成相當的壓力，逼迫著中國受過教育的
精英與傳統分離。倘非如此，這批人士也仍會依老例以文人而
任職為官僚。可是縱然如是，這種運動也方才伊始。如果要使
中國能以數目字管理，所有的改造還要達至下層，影響到所有
農民。即是李大釗和毛澤東有了若干從何處動手的籠統觀念，
此刻也無人能寫成計畫按步實施，也決無人能在此時夢想整個
衍變竟是要將一種「商業系統」加之於下面這巨大而且混同一
致的麵包上去。1927年，李大釗已被絞死，周恩來剛在上海逃
脫，毛澤東決定上井崗山組織武裝部隊。這時候，當權的人和
在野反叛的人同樣不能了解他們自己的行動已是以前歷史之所
無。熱烈的馬克思主義者也只能想到從封建社會到資主本義社

會，再進而爲社會主義，然後完成共產主義。他們將「主義」翻來覆去，也不過希望模仿蘇聯或可將革命縮短，在以上程序裡減省一兩步。只是要從組織農民著手，這提議就已使陳獨秀不能容忍。他想不開何以世界上最前進的計畫可能在人類最冥頑落後的分子手中完成。這時候，即是瘋狂的人也不敢預言，僅是要在中國全面行使以貨幣管制的方式，即先要經過蔣介石五次對紅軍的圍剿，中共的突圍長征，西安事變，八年抗戰，接著又有四年內戰，更還有稱爲文化大革命的十年亂局；即使是我們也不能想像這一切爲必然。假使不把過去三個大帝國演變的程序擺在腦中的話。將一種新的組織之原則加在一個泱泱大國頭上，確有愚公移山一樣的困難，何況在改造過程之中這國家的人口又從當初的五億左右增加了一倍。

【第二十章】

現代中國及其
在世界上的地位

中國的長期革命，近百年來有了重
大的發展。繼自強運動、百日維新、
辛亥革命及五四運動以後，蔣中正
及其所領導的國民黨建立了一個新
的高層機構；毛澤東和中共則建立
了新的低層機構。今後中國的重要
課題，是如何在高低層機構中建立
法制性的聯繫，使整體發展走向合
理化。

嚴格說來，寫一本成為定論的現代中國史，刻下時機尚未成熟。中國的長期革命有如一個大隧道，需要一百年時間才能摸索過去。當這隧道尚在被探索的時候，內外的人物都難於詳細解說當中彎曲的進程。即是革命人物也會被當前困難的途徑迷惑，而一時失去方向感。今日的原始資料充滿著憤怒和焦躁的文字，強調事情之衍化不如理想。可是著眼於宏觀歷史，我們不能不以積極的目光視之。我們所說歷史上的長期合理性有何意義？這就是說，縱使事實之衍化對我們個人不能如意，或者在短時看來為荒謬不合理，可是把這些情事前後連貫，又從超過人身經驗的角度看去，則它們有其意義；最低限度，這些事蹟使我們知道我們生命旅途之原委。

資本主義與中國的長期革命

一個無可否認的事實，是中國在1920年代不能在數目字上管理，今日則走向可以在數目字上管理之途。現在各種徵象顯示中國的歷史如以上各章所敘，本來與西方文化的進度互不相容，今日則已覓得共通之因素可以連結。在闡述這如何成為可能的時候，我們先要將眼光看寬看遠，注意若干外界的事物，因為最能令人相信的證據不存在於刻下觀察題材之本身，而在其外。

今日中外學者提及的一個問題乃是，中國將在資本主義的道路上試驗多久。這與我們背景上的分析有關，此時也不妨從這問題說起。

資本主義是一個令人眩惑的名詞。英國在世界第二次大戰後經驗，她可以立即施行社會主義再回頭重新採取資本主義，當中也並無修改憲法的必要。迄至東西冷戰開始，很少人會因被稱與資本主義相連而引以爲榮。現今這名詞在西方的地位抬高，乃是基於政治上的原因。冷戰和國際關係使西方民主國家覺得保衛資本主是她們之間一個共通的目的。這樣看來不僅這名詞含義模糊，而且被引用遠逾於以前的內涵。

實際上，資本主義能夠施行無阻，無非一種以貨幣管理的安排，由以下三個條件做起。

信用廣泛的展開，

經理不受人身關係限制，

和服務性質的事業全般活用。

更要附帶申明的則是，資本主義施行時，這貨幣管理的制度務必延伸而包括全國經濟各部門，即農業也和工商業相同。一種適當的司法制度必須在後扶持它。如是，通過以上三種條件所交換的價值才能確定，所定合約才能執行。資本有了保障，才能存聚。實行這種體制時，資本主義國家讓私人企業占先，因此私人資本在公眾生活上占著一個比重特大的地位。付出這代價之後，人民大眾就用不著受政府機構很多不必要的管制，只讓經濟因素作主，在自由競爭的條件之下，使效率提至最高。社會主義給這體制以若干修正，它使公眾的資本加入，並對私人資本加以較強之管制。其間之差別也是相對的。即今日美國的經濟生活也不是全然不受社會主義影響。

資本主義的歷史構成

要是我們檢視資本主義在歷史上構成的程序，則當中無此複雜的情形。在「資本主義」這一詞出現之前，亞當·斯密只稱之為「商業之系統」。創造這體系時，以文藝復興期間的義大利為其誕生之搖籃，威尼斯又為這運動之先驅。

在實施資本主義之前，若干內外障礙必先排除。義大利此時在政治上做到這地步。因為羅馬教廷與神聖羅馬帝國爭權，兩不相讓，義大利半島上的很多城市得到實際上獨立自主的地位。教會裡不許放貸生利的禁規都置之不顧。在各城市之中，威尼斯又有它獨具一格的體制，即其經濟一元化。她在大陸上擁有的農業土地數量不重要。她賦閒的貴族有退休金。勞工不足成為問題，因有奴工及僱用之外人。城中鹹水也不宜於製造。所以威尼斯避免了中世紀以來歐洲各國通有的糾紛，例如教會法庭、皇權神授說、寺院利益、貴族特權、同業公會的限制、勞工的要求，以及普通法的習慣等。整個城市社會等如一個大公司，民法即商法。這商人組成之民國只須隨著她的本能構成她的海上威權以商業致富。十四及十五世紀初期，威尼斯達到她聲望和威勢的最高點，儼然為歐洲國家之一。可是也因為她的資本主義缺乏生產的基層支持，其發展的程度有限制。土耳其在地中海東部逞威，葡萄牙也在西方突起的時候，這城市很快失去了她的領導地位。

義大利文藝復興的進度降低，北方文藝復興代之而起的時候，荷蘭民國成為資本主義的次一台柱。以前低地國（包括今

日之荷蘭、比利時和盧森堡）並無組織民族國家的經驗。可是這地區封建領主的控制不緊湊，市的自治權力較其他地域爲強。很多市鎮由封建領主承認的特權已有了長久的歷史。也有很多地方，一個村民只要在城市裡居留四十天即可以擺脫隸農（villien）的身分而獲得市民（burgher）的地位。鄉村的織工和負販商人湧入城市的時候，各城市裡的司法機構已經經過調整，有對付因此產生各種的問題的能力，以後不必走上階級鬥爭的道路。同時，封建領主在市內所有者不過地租，地上房屋尚爲市民所有。貨幣日趨普遍之際，地租無法增值，是以領主之控制及其影響只有愈爲降低。在這些城市之中，尤以阿姆斯特丹一向被鼓勵與其他漢撒同盟（Hanseatic League）的城市競爭（漢撒同盟一般以德境波羅底海沿岸的自由市組成，但阿姆斯特丹也是成員），而活躍於國際市場。

促使荷蘭民國獨立近因爲西班牙之宗教獄。查理五世1550年頒布的詔令稱凡是任何人將若干新教邪說印刷、抄寫、保藏或傳布，未經特准閱讀、講授或討論聖經者一律處死。如果表示懺悔，則男子斬首，女子活埋。至死不悟，則以火燒死。任何教會的法官都有執行上述刑罰的權力，告官者可分得犯人十分之一財產。又準備成立新主教區以便將各地人民籠於更嚴格之管制。查理尚不能將詔令全部執行，嗣位的菲力二世變本加厲執行，一時引起低地國家叛變。他又在這地區抽收貨物零售稅百分之十以支持其軍事行動，更引起當地民眾抱怨，於是宗教自由、地方自治和經濟上之齟齬各種問題糾成一團。

　　低地國對西班牙的抵抗成為一段綿長的歷史事蹟。首先即有菲力所派亞爾巴公爵（Alva）的來臨，事在1567年。他所執行的「血腥法庭」所判一萬八千件刑案是當中發展之一部。英國對叛徒的援助引起西班牙艦隊全部出動征英，世稱「無敵艦隊」（Spanish Armada），不意為海風漂沒。荷蘭之宣告獨立事在1581年。只是不到1609年的停戰協定，新民國無從覺得她的安全已有相當保障。還要待到三十年戰爭結束，各國在威士特法里亞（Westphalia）簽訂和約，荷蘭民國之成立才獲普遍承認，事在1648年，去首先之軍事衝突已八十一年。

　　各種演變互為因果一再觸發，不免產生不少當初無從料及的後果。低地國家南部為首先發難抵抗西班牙的地方，事後卻仍在哈布斯堡統治之下。獨立者為北部。喀爾文教派初由弗蘭德斯（Flanders）傳入，日後成了荷蘭人的宗教；而今日之比利時和盧森堡繼續信天主教。另外一段意外的發展則是聯合省（荷蘭民國最初的稱呼）得到大量資本和技工的注入，以後她的紡織業有飛速的發展，奪走南方的優勢。

　　哈布斯堡的箝制既已推翻，羅馬教廷的壟斷也已解除。卡爾文派的改革教會（Reformed Church）並沒有立即帶來宗教上的和平。在解釋「命定論」（Predestination）的時候，又構成所謂「抗議派」及「反抗議派」的衝突，可是兩派都無力號召充足的社會力量發動內戰。另外一段發展是，在抵抗西

十七世紀的阿姆斯特丹股票交易所
──中國不可能發生的事。

班牙的戰爭中，各地貴族站在人民這邊，戰後他們的產業大部
喪失，雖然保有貴族頭銜，實際上已成了市民階級的僱員。在
這情形之下，新國家除了一意在資本主義的道路上走之外，沒
有其他的邏輯足爲建國的憑藉了。所以這國家出生於北海之濱，
從此專心注意貿易和海上的權威，認爲這是立國的宗旨。她的
民法經過一段提倡，特別注重私人財產權，與水上及國際間的
施用。萊頓（Leyden）及尤特里特（Utrecht）兩處大學也供
給了智囊，解決了當中思想上和技術上的問題。在今後一個多
世紀內，阿姆斯特丹成爲西方最前進的海運中心、海上保險業
中心、商品的交易所和貨幣市場。亞當·斯密曾在《原富》以

整節篇幅介紹阿姆斯特丹銀行的業務。這銀行是當日推進資本主義最有效的工具。

只是這民國的內地鄉村中各部分仍是出產奶油和乳酪的地區。各地根據過去之特許狀組成，內中的習慣法互不相同，於是只能以聯邦制維持。有了這兩級政府的伸縮性，很多不合時宜的法律無須明文廢止，以後就在用進廢退的條件裡被淘汰。同時新的管制方式也可因試驗而生。所謂「聯合省」不僅是由有獨立主權的七個省組成，而且每一省內有些市鎮尚保存若干獨立性格。又如荷蘭印度公司是由好幾家公司合併而成，以後每一公司之後身自成一「廳」，保持著各別的董事會、船隻和般行的日期。荷蘭的海軍由五個不同的海上公署聯合構成。阿姆斯特丹有它自身的郵政局，一直向外國收發郵件至1752年。當日荷蘭省不過是荷蘭民國七省之一，但它有全國三分之二的人口，也曾承辦聯邦四分之三的經費，甚至堅持它有獨立的外交權，不受聯邦拘束。

雖說如此紛紜，看來用貨幣管制的方式終能生效。資本主義最大的用場乃是「任之自然」的處置，遂能利用地理上不平衡的地方獲得利潤。顯然在初期現代社會尤較今日有效。荷蘭民國內部的緊張確實存在，但始終沒有發展到破裂的程度。從商業上的財富能反饋農業的情形看來，當日之作法應算成功。各種海堤、人造草場、風力抽水機、牲口選擇性的繁殖和排水的運河不久也使這個新國家整個改觀。

英國之例

在十七世紀，荷蘭民國既為英國的對頭，也是後者的好榜樣。這兩個國家交戰不止一次。可是英國人也迎接一位荷蘭王子為他們的國王。如果這令人感到驚異，尚有世紀中期的內戰，一共兩次。弒君之後，朝代為之中斷。此時的英國也曾試驗為民國，也接受了獨裁制，回頭又有王室復辟，復辟不已，再來一次革命。即至今日也難有兩個歷史家對以上情事的看法全部相同。也就是說，通常的解釋很難說明為甚麼一個國家要在一種周期上巡行兩圈才領悟了她本身的性格。

從宏觀歷史的角度來，此中情節並無神秘之處。十七世紀初期，英國不能在數目字上管理，至世紀末期情形已有極大好轉。當中的幾十個年代裡，這國家不定的情勢引起很多不同解決問題的方案，一般都有各走極端的趨向，例如專制皇權和議會至上說、大主教勞德（Laud）的注重教會紀律和各教會的自創門戶、從軍事管制到共產主義。當時提倡這些辦法的人沒有省悟到，他們自己的立腳點已延伸到歷史經驗之外。從來沒有像英國這樣大小的國家也有適當的農業基礎可以樹立一種貨幣管制方式，從此她可以首尾相應如一座城大都邦之緊湊。

要從這國家內部與時代不合的情形看來，才可見得問題之大。英國的封建制度早已崩潰，即莊園制度作為一種制度也早不存在。中古以來土地占有的殘跡既無從調整，也仍然沒有掃除。最初封建體制之下土地不得買賣，實際上則買賣層見疊出已好幾個世紀。當初賣主無妨「封」新業主為他的「陪臣」，

成交之後有「每年夏天採辦一朵薔薇花」的義務。隸農在黑死病使人口減少時即已解放，事在十四世紀。幾百年來他們持有耕種土地，傳之子孫，稱「抄本產業人」。習慣法保障他們不被逼著交莊，而他們也仍對業主盡不同的義務，在各種情形之下千差萬別。已改作現金付交之租費則因世紀的通貨膨脹，貶值到近於零點。詹姆士一世在位時，王室賣出了一部分地產，時人以價格低廉，有如贈予。可是現在看來，其價格已是當日一百年的租金。在這段期間，租賃費的增加如果事屬可能，只能改稱為「罰金」。有心計而帶侵略性的地主能在約十餘年內將其地產租金增加至四倍；無法增加的則全部凍結。有些地主令抄本產業人及租賃人接價之後退田；也有地主始終找不到手下的佃農。

這樣雜亂無章的局面使若干投機者且夕成為巨富，也使很多人江河日下。所有佃農雖有對土地之使用權，但法律上的地位不明，惶惶不可終日。這顯然不是保持社會安定的辦法，更談不上動員全國的資源去對付一個極端帶競爭性的新世界。

如果英國此時集中於食品之生產，專門對付國內及內地的需要，問題就簡單得多了。那樣則商業可以歸納於沿海都市之中，不和內地關連。可是英國的出口大都在羊背上，羊毛及毛織品占輸出物品百分之七十五至百分之九十之間。牧羊業使英國農業與商業關係至深，對海外市場價格的變遷極度敏感，也與外交情勢發生關係。更因國際貿易之展開，十七世紀國內的貿易也有平行的發展。內戰前夕，許多循行各地之商人經常來

往於內地次級城市，負販則及於各村鎮。

司法制度缺少統一性，增加了全國的不安成分。所謂習慣法者，根本是農業社會之遺物。它的保守原則著重過去未曾做過之事現在也不能做，所以以各地之自給自足爲依歸。這已和十七世紀的情形極不相容。所謂衡平法（equity）本身並非法律，只是它認爲法律務要使兩造感到公平（equitable），也受羅馬法及寺院法的影響，此時只能行於國王直轄之特權法庭。

在以上情形之下，國王被迫增加新稅以支持海陸軍，因之以對付新問題並且擴大行政範圍，全國意見分歧。很多的爭執與不同的信仰至此集結在一處，也掀動了不同的情緒。教會內外的糾紛，源於都鐸王朝執行宗改革後迄未成定局，只有使爭端愈爲尖銳化。也就是說一切都已投入一個大熔爐裡。

這樣的情況不是上端有了變化，諸事即可解決。當社會下面各階層仍無法管制，而且上下之間適當的聯繫尚未形成的時候，威士敏斯特的人物換班不足以構成任何突破。我們必須注意問題癥結在整個國家組織，不僅是權力的分配或執政者的個性。

當1689年威廉和瑪利，亦即荷蘭的王子和英國公主出身的王妃同爲國家最高主權人時，重新構造全國的工作已大致完成。幾十年來的混亂已使全國土地一般有了合理化的解決。陶尼（Tawney）所說土地換主以打仗的方式完成，要比法庭告狀來得省費。一個實地上的測驗來自1692年。當日土地所有權已經過如是之整體化，是以新收土地稅用不著包稅人。因爲如此，

新稅以中央管制的辦法徵收，得款每年二百萬鎊，全部繳入財政部（Exchequer），此爲前所未有，稅收亦超過歷年各項收入之總和。

自特權法庭被國會取消之後，習慣法法庭即以試驗性質施用衡平原則作判案的一部分根據。最初不過是承乏的辦法，不久衡平法也造成成例，脫離了凡事都是臨時的觀感。這兩種法律的併合，已爲日不遠。1689年賀爾特（John Holt）爲首席法官，他指示以後習慣法處置商人案件時概照商業習慣。這對一般人民的生活有極大影響，尤其是關於遺傳典當、動產處置和不履行契約之賠償等。

事實上奧倫治家的威廉對英國事物沒有深厚的興趣。瑪利承繼斯圖亞特王朝之名，不過是個凡事依從的妻子。他們可以被擁戴爲國王與王后，無非表示下端的改組已大致妥定。這時，元首對國事缺乏成見反可視作一種長處。有了這樣的改組，國會至上至此成爲事實。私人財產權被確定，也成了新政權的施政邏輯。內閣制和兩黨制出現已指日可待。

1693年的皇家礦法（Mines Royal Act）取消了國王自所有礦砂內提取金銀的特權。過去這規定阻礙著工礦的發展，新法案對新投資極有引導力。次年再有英倫銀行誕生。新銀行貸款於政府，使公債從此成爲一種永久制度，國王個人再不對之負責。事實上威廉與瑪利尚爲這銀行首一首二的的股東，可見得公私之界線已劃分明白。有了這些舉措，英國之現代化已具定型。毫無疑義，國事之決策從茲可以用商業原則處理。

　　1689年的革命以「光榮」稱，不僅因為只有極少流血，也因為這革命將幾十年來的成果一併收納。這是一塊新的里程碑。以後只用司法決定何者為合法何者為不合，即可將體制內不應產生的枝節剷除了。

　　自此我們再重新檢討以貨幣管制的三個條件，亦即信用之展開、經理與所有權分離、服務之全般活用，也可看出英國在十八世期初年已充分與之相符。自從1694年成立英倫銀行，這國家經驗到的信用膨脹有了現代尺度。1702至1714年國家歲出由五百萬鎊增至七百萬鎊，同時期內國債由一千三百萬積至三千六萬鎊。馬波羅公爵（Duke of Marlborough，邱吉爾之祖先）能夠打法軍，得力於十多個歐洲大陸的城市貸款支持他的軍事行動。貸款的人一聽說倫敦商人全都支持英倫銀行，不待勸說即解囊。這也可算得第一次「國際貨幣基金」所做的投機生意；現代戰爭之具商業性，自此更明顯。讀到這裡，也可以欣賞鮑爾教授所說「資本主義之成功端在它與國家互為一體，它本身即是國家」的意思。

　　英國既已發展到這程度，她於是在國際財政界突出於荷蘭之前。過去荷蘭壟斷了船舶的海上保險，即英國船隻在十七世紀也由荷蘭保險，現在英國取而代之。一般看來，凡是荷蘭能做的事，英國只有做得更好。其秘訣在於將國家經濟的下層機構發展之後，以習慣法和衡平法結合用作新體制上下之間的聯繫，於是農業之財富和商業之利益有了交流的孔道。兩種事業也可以彼此扶持。英國的鄉紳與新興市民階級相得益彰。自詹

姆士一世從蘇格蘭到英國踐祚以來，宗教上的爭端經常使國家處於動盪的局面裡。可是在現代人的眼光裡，這宗教爭端已毫不相關了。當然，所有工作並未全部完成。更多圈地法案還待通過，農業土地才能極盡其用，付費公路才能修築，農業剩餘的勞工才能轉用到城市。他們構成了城市間的無產階級，為新興工業廉價勞動力之來源。可是至此一種無可逆轉之處業已到達。英國人一眼看回去，他們總可以視1689年為他們歷史上一塊重要的里程碑。其他行動或受調整或被逆轉，而光榮革命的結果永在。

中西對照

　　以上所說與中國歷史有何關係？

　　這些不是天方寓言。所述也並非偶然出現之事物，只在出現的國家裡有效。人類需要自存的天性使他們不斷屯集物資，終於在商業之間找到實踐的滿足。它所創造的式樣，以後成為政治體系的施政原則。這些辦法有好處，也有壞處；它們可以被歪曲，庸俗化，而且濫用。可是當中所有財貨和各種服務都應當能互相交換，也能由法律監視的原則已不可磨滅。它已經打開了科學的探討和技術的引用。它已經使人類的生活更為富麗；它已經被視作將世界各國分等級的標準。這種物質生活有馬基維利、霍布斯與洛克等人所予意識型態的支持，已經成為西方思想的重要體系。在二十世紀末期，世界歷史成為一元之際，我們看不出在研究中國歷史時如何能忽視資本主產生的過

程。威尼斯銀行下接阿姆斯特丹銀行，更有英倫銀行，也和義大利之文藝復興、北歐文藝復興與英國文藝復興印證。這已不是單獨且分散的例子，而是前後互相貫通的史蹟，業已擺在中國人應走的道路上。說來不怕粗略，從直率的眼光看來，中國自鴉片戰爭以來的歷史也可以視作對這種挑戰的各項反應。我們所能想像的結局，也無非大陸整塊土地上產生的中國文明和這西方的海洋文化匯合。

過去歷史之發展未達適當的縱深時，中國之改革者和歷史家同有將中國應做的整備看輕的趨勢。中國的革命通常被與明治維新相比。其實日本在德川幕府時期有帶競爭性的諸藩，已有將他們的社會生活和經濟生活按照商業條理處置之姿態。各封建領主之下有「藏元」，亦即營業經理。銀行業稱「兩替屋」者，有的尚爲幕府匯款，有了幾百年歷史。批發商叫「問屋」，也構成各種「組」。同業公會稱「株仲間」。道路交通網稱「五街道」者已將各大都會連結。「宿驛」遍及各地，通信則有「飛腳」。海船之定期航行者稱「迴船」，又兼理保險事業。所以，構成資本主義貨幣管理的主要因素大多已在事前存在。明治維新不過在這種種商業因素之上加了一個總攬一切的政治組織，資本主義的體制即此就緒。

中國歷史也不能與俄國革命相比。中國缺乏彼得大帝以來種種西化基礎，同時無隸農制度，他們在一百多年之前尚在帝俄裡存在。嚴格說來，正統的馬克思主義無從對中國人提供技術上解決問題辦法。《共產主義者宣言》一向被稱爲革命行動

之指導，讀時應當注重其實際上對問題著手之步驟。「革命之生產方式」僅能由經濟組織最前進的國家執行。共產主義者不當另外組黨勞動階級之黨抗衡。這些都已寫在《宣言》之內。

雖說美國對中國歷來不乏好意的友持，美利堅卻不能在歷史上對中國提供歷史上的嚮導。美國成立時衡平法與習慣法之結合雖未全部完成，兩者交匯至少已有超過一百年的歷史。美國人不能想像農場之管理和鄉村之治理不能以金錢為主的情形；他們了解，立法雖接近現代化，後面沒有社會上強迫執行的要求，則到頭仍行不通。美國的商業效率，亞洲國家不能輕易照抄，因為她有環境上的優點，將一種業已證明有效的系統在長時間內逐漸加於一個大陸的廣大地區之上。另一方面，她奮鬥的特殊紀錄，包括「塞家叛變」（Shays' Rebellion），威士吉叛變，各州否定聯邦法律（Nullification），各州高持「州權」（state rights）的例子，更有關於貨幣、銀行、反對托辣司、管制勞工與跨州商業的立法而產生的各種糾紛。這樣一來，現下美國分工合作的辦法，也是只此一家了。如果我們要從歷史裡得到教訓，最好還是追根看清資本主義在西歐發展的原始形貌，才能為了解今日之中國提供一大有益借鏡。

從宏觀的立場看來，世界上從無一種全然相同的事物在歷史上發生兩次。每一事物都有它獨特之基點。所以在提出因果關係時，我們也應當將歷史事蹟盡量前後連貫看去，而不應因一時一事偶爾相似即下定論。

高層機構：國民黨與蔣介石

在上列例子裡，可以看出所有國家都企圖脫離以農業經驗為作主的管制方式，採取重商主義的辦法，不論其結局稱為資本主義或社會主義。這運動由小國波及大國，從海洋性的國家觸及大陸性格的國家，從歷史文化不十分鞏固的國家到這種力量根深柢固的國家。不僅法國大革命和俄國的十月革命可視作這普遍趨向裡所作的大型調整，即是今日多數國家的掙扎，包括「有錢的」和「沒錢的」、可以在數目字上管理的和不能在數目字上管理的國家，也仍離不開這組織上的問題。

假使我們將這世界史的大框加在中國史之上，即可看出鴉片戰爭以來之事蹟並非一連串，做得無頭無腦上下不得的錯誤。中國對西方之挑戰的反應既強烈，也前後一貫。她起先拒絕改變，以後將改變限於若干方面，並企圖振起傳統的社會價值以為抵制。這和其他各國的經驗比較起來也只算得合乎情理。如果與荷蘭及英國曠日持久的紀錄相較，也不能說中國已放棄了很多機會，坐費了不少寶貴光陰。讀者可以再三考慮目下的一段隱喻：中國是一只大型的潛水艇夾肉麵包。五四運動已經策劃了上面這塊長麵包，昔日文士官僚今日已醒覺為革命的主使人。邏輯裡下面這塊長麵包，亦即為數億萬無從區劃的農民，則構成革命之動力。可是前者的自覺與後者之解放尚不是這群眾運動之終點。最後之目的在使全國接近世界標準，能在數目上管理，擴大這國家功能上可活動的程度，也增進它結構上的實力。

以這樣的眼光看來,中國的當代史可以簡明的條列:國民黨和蔣介石製造了一個新的高層機構。中共與毛澤東創造了一個新的低層機構,並將之突出於蔣之高層機構之前。現今領導人物繼承者的任務則是在上下之間敷設法制性的聯繫,使整個系統發揮功效。

蔣曾受無數指摘。有人批評他缺乏系統,凡事臨時湊合。也有人說他無從肅清內部的貪污不法。也有人指斥他全靠人身上的忠厚和感情上的激動驅使部下。更有人責備他不新不舊,既不全部維新,又不是一意保守。每項批評都有相當真實的成分,可是批評的人自己就不能說明如何可以避免這些錯處,此外他們也沒有另闢途徑的講出應採取的路線。事實的發展表示著各種不如人意的地方無法避免。如果另有較好的方針,中國人不難另選賢能。一個現實的證據是周恩來1927年被蔣的部下拘捕於上海,生命幾遭回測。可是在1936年西安事變時周又周旋使蔣被釋。

看來責罵蔣介石容易,表揚他的成就困難。我們也無從對蔣委員長的言行一句一事無選擇擇性的全部支持。可是蔣是一個歷史人物,他的一生表彰著一個極為偉大的群眾運動,有了這運動作基礎,才可能有日後的人民共和國之產生。要是忽視他的作為的積極性格,則任何人無從以技術角度解釋何以中國在1980年代和1920年代會有如是劇烈的差異。

為了保持歷史上的連續性,我們尚且要承認中國帝制被取消之後軍閥割據不可免。蔣收拾著留下來的殘局,只能兼容並

包，無從憑己意區分去留。他以黃埔畢業生造成部下主力，於是將各省區間的強人和政客拉攏過來，構成一種人事上的團結。此間應值得注意，這批強人也沒有落地生根在下層獲得選民支持。缺乏財政能力是蔣的另一弱點。中國在帝制時代向來無力動員全國上下一致成爲一體和外強作戰，或與類似的國家作經濟上的全面競爭（在這條件下，中國在二十世紀和英國在十七世紀初期相似）。對日戰爭爆發前十年，國民黨之南京政府獲得關稅自主，創立了一家中央銀行（事實上由中央、中國、交通和農民銀行分擔應有的央行業務），利用關稅、鹽稅和菸酒稅支持整個新體系。再有收支間的不平衡，即靠國內發行的公債彌補。即算有了上述的舉措，抗戰前夕國家總預算尚只有十二億五千萬元。以當日三比一折合美金計算，爲美金四億元。雖說當日的購買力與今朝不同，這四億是一個極爲纖小的數目。

　　蔣介石全靠這組織上的能力得世界之公認，成爲中國之希望。也因爲如此，他刺激了日本軍人，終有全面武裝衝突。他也明知中國無力單獨取勝，必須倚藉外國援助。在採取這立場時他只是無可如何，批評者也不應就此指摘，因爲他與當日同盟國家的領袖邱吉爾、戴高樂無異。只是戰局結束後他沒有將歡樂帶及於援助他的人。相反的，與他結盟成爲一種累贅，也成了一種羞愧不能告人之處，因此他一直沒有被人寬恕。將情形弄得更糟的，尚有史迪威事件加在他的政府殘暴、貪污和無能的罪名上。及至今日，很少美國人能想起，以每一援華之美元計，對中國國民政府的支持仍不失爲一種廉價的買賣。如果

將國民黨奮鬥的長期結果綜合看來，觀察者應有與杜魯門和馬歇爾在日不同的看法。蔣介石可以被認為首先給中國製造了一個原始型的統一政府。這政府縱有各色各樣不是，它終究主持了自衛，且在圖生存的關頭裡獲得百餘年來在國際戰爭中的第一次勝利。

現代戰爭有一種特性通常尚為交戰國忽視。全面動員極端講求效率之際，戰線之後方常產生一種重新改造社會的運動。一經掀起，這運動不必與雙方宣戰時之目的吻合。第一次大戰爆發時，德皇及俄國沙皇彼此無從預悉此次戰爭之成果首在清算專制皇權，因其跨地過廣牽涉過多，不符時代之需要。此與其位於何處、當初以何原因投入戰鬥無關。第二大戰爆發時，希特勒以爭取日爾曼民族之「生存空間」（Lebensraum）為志，殊不知曾幾何時此計失敗，反動所及，各色人種之平等傳遍各處，造成一種全球風尚，甚至出於張伯倫和邱吉爾預料之外。中國之內戰與這種出處縱然不同，也產生了出人意外的後果。

低層機構：中共與毛澤東

三十年或四十年前無人曾預料中國之土地革命將造成一種新的低層機構，它的用處在使中國能在數目字上管理。當時對共產主義有極端信仰之人士亦不過含糊提及要在農村「將生產力解放」。其他人即以為經濟上的平等本身即是目的。這樣的看法顯然也是毛澤東的著眼，不然他日後不會再發起不合實用

的文化大革命。只是從文化大革命及內戰之後果看來，歷史在
長時間內所表現的合理性可能與組織這些情事者的初心相違。

　　這也不是說毛澤東在歷史上的成就應當小視。四十或五十
年前極少人能有長遠的眼光看透中國的前途將從一隻潛水艇夾
肉麵包的結構上改造著手。經濟上的建設應當注重最前進的部
門。與農民為伍，不無人道主義的吸引力；要假他們之手改造
中國的命運，聽來則不免荒唐。可是只因毛鍥而不舍，事實之
展開終如他之謀劃。他的運動既要勇氣，也要耐性；一方面出
於機巧的計略，一方面也靠好運高照。這些條件匯集，才有人
民解放軍的成功。此中也有一種命運上的錯安排：傳統傾向於
均一雷同，以爭取動員時的簡單，終能抵擋住對方使用科技的
優勢。這優勢不能全面分配，在戰場上反足為使用者之拖累
（雖然稍有出入，這基本戰略也被越共使用，日後使美軍的優
勢無法施展）。並且在內戰期間，毛之野戰軍有意避免高層機
構。中共統治之下極少有大城市。都市文化故意不要。大部隊
只用無線電聯絡。在戰場上軍事人員和政工人員暨經理人員一
般靈活互相調用。在雙方互予彼此極大之損害後，這農民軍的
鄉村性格使它元氣容易恢復，為國民黨軍隊所不及。

　　可是毛澤東的農村改造更有長遠影響。中國的農業問題在
戰前已由貝克（John Lossing Buck）、陶尼（Richard H.
Tawney）和費孝通等人提出。這問題的根源也可以從各種方
志上看出，總之是耕地短絀、人口過剩、農民負債。可是及至
詳細情形經過實地報告提出，當中問題之龐大與嚴重，仍足以

使從事工作者驚訝。佃農問題並非一切不平的所在。耕地有時分割得如房間大小，耕牛無從轉身。有時所謂地主與佃農只有大同小異，彼此距挨餓不過只兩三步。放高利貸已是千篇一律，及於放貸者的親戚與鄰舍。所謂剝削也包括僱人工作而給予低過生活費之工資。在這種情形之下，即是要劫富濟貧，也難劃分界線。這種種現實是歷史上遺留下來的事蹟：當初農村問題本已嚴重，最少近幾十年來又無人過問，只令之江河日下，況又內外煎逼，農村且還要承受戰爭與災荒的後果。

毛澤東乃是古今一大宣傳家，他認為「蔣介石與美帝」應對這情形負責。在他筆下，凡是中國傳統內之事物全可稱為「封建」。內戰期間，凡是青年男女受過教育或只有幾分教育的，都全部募來組織戰線後面的工作。中國既已有了整個年輕的一代對現狀不滿，中共不愁召集不到充足的幹部。

美國作家辛頓（William Hinton）已將山西省一個村莊裡土地革命的情形寫成專書《翻身》出版，也可視作一種古典型的紀錄。鬥爭以恐怖政策起頭。一批鄉間的流氓地痞先進入鄉村將這村莊制住，中共的幹部也用威脅利誘的手段鼓動村民。村民因為過去文教的束縛不願出頭，幾經慫恿才提到各人恩怨。等到情緒被激起，他們即將村中若干生活過得去者的家產沒收，也有好幾個過去為惡的人被當場打死。可是這一切也還不過是一段序幕。一到中共的控制隱定，整個地區也在掌握中，另有一批新幹部進入。過度的行為被檢點；對過去之事尋釁報仇也不再繼續。村民開始行使他們的選舉權，整個地區內共產黨員

的名單也開始露白。所有黨員都要一一在人民面前對帳，稱爲「過關」，凡是被村民否定者不得爲共產黨員，或也要改造學習。各幹部將馬克思的勞力價値說（一切價値出於勞力）教與村民。重新分配土地時固然視家庭內之需要，也顧及其已有之勞力。事無大小，共產黨員均不厭其詳的一一區分。其所作調查統計之細超過任何習慣之標準。用道德規勸的時候也貫穿各人良心。毛澤東與共產黨人執行土改革之精，確實令人驚訝。讀《翻身》，一個讀者可以體會到整個社會實際上已解散，一切重新做起。盧梭所謂「高尙的野人」在此時出現，也開始組織他們的「社會契約」。主要的行動全經過協定，詳細規劃，初步試驗、修訂，付之實施、重新檢討，到第二次修正才能算數。在村莊之外，地區工作人員檢討他們的工作時，其擴大會議可以糾集到幾百個代表討論上好幾個星期。辛頓提出，在1947年的一次會議，有一千七百個代表參加討論了八十五天。

這樣一來，中共與毛澤東替中國創造了一個新的低層機構。重分土地之後，不僅使以後組織農民合作社和公社相當容易，同時毛和中共也構成了一種發號施令之體制，由以萬計的村民大會一直向上結合而成。它們又有農民協會和貧農團體支持。某些單位等於選區。有了這樣的力量擺在他們後邊，中共從此對付國民黨的軍隊已無實質上的困難。國軍所轄疆土日蹙，防線也愈退近各市區的城垣。

1950年間的成功，加上與美軍作戰至少也打得一個平手，大爲增進了毛的威信。經濟方面的成功也不難道出：1949年以

前中國可謂有三個不同的經濟體系。在東北原來有「日滿鮮」
體系，東北的生產和分配只向日本與朝鮮的配合。沿海的城市
經濟大體向外，由國際力量支配。中國內地既為農民叢集之區，
一向被遺棄如孤兒。人民共和國成立後才三位一體，全部經過
共同管制。蘇聯援助數量極為有限，但是無耗費的放在有效之
處實施，也發揮了功用。農地集體化，除去了當中的阡陌，減
少了荒廢，也節省了人工。中國的工業本來就級位低，又受多
年戰爭損壞，所以經整頓培植，新狀態就和以前豁然不同。只
是以上的條件都只一次有效，而缺乏循環性。到1958年，所有
有利條件或已用盡，或無從繼續。

在這關頭，毛澤東1958年提出的的大躍進顯示他以為，只
要有意志力，任何問題都可解決。「後院鍊鋼」成為一時風尚。
當各種事業缺之資本的時候，毛認為，鼓足幹勁，筋肉上的額
外付出能創造資本。當經濟內服務性質的事業用到盡頭時，他
認為即地生產可以省除必要的交通，並規避科技之需要。這樣
一來他創造了一種新的原始經濟，凡他力所能及，所有因素都
超過限度做到極端。他力之不及，則雖必需亦令其付諸闕如。
自此，這些原始的細胞之間產生了各種不平衡，即使各自有成
也無法利用。這和現代經濟原則相違。後者抓住各地區和各因
素間之不平衡，將一種互為協定的辦法使一切整體化，而在更
大的地區及更高的層次取得平衡。大躍進的災害已經傳遍。可
是在這錯誤的後面仍有一種不同的人生哲學。1958年年底，劉
少奇指摘毛澤東時以為他已創造了無階級社會，平等取得日常

生活之必需品即是「各盡所能各取所需」。這樣就算得上共產主義，中國的社會也無須進入社會主義階段了。這一切，劉綜合稱爲「一個烏托邦的夢想」①。

　　經濟企劃失敗，加上蘇聯收手及收成無起色，毛澤東的命運跌至最低點。可是這「大舵手」不甘心被人支開。他以1966年的文化大革命再度出場。這次他不僅改變政策，而且利用機會作個人之報復。這看來也奇怪：如何一個人會有這樣的力量，完全不顧輿論，做得如此厲害？而事後全國都認爲這一切都是「錯誤」、「離奇謊言」、「恐怖空氣」？這樣，我們如何說明歷史上長期的合理性？

　　簡概說來，文革不能以參與者的言行解釋，甚至不能因在其近旁觀察者而獲得適當解釋。它在歷史上的意義可能尚在毛澤東本人理解之外。毛做農民運動前後四十年，也解決了歷來在中國歷史裡使每一代人都感棘手的大問題，他並作詩自爲炫耀。在其過程中，他也有兩弟一妹一妻一子慘死，他卻覺得他的權力足以保全他創下的運動。同時，不要高層機構著手的廣泛群眾運動也是他的一貫作風。他既有人之弱點，也可能在給

①這批判由中共中央1958年十二月十日的決議提出，原文載《人民日報》，英譯見（Dan N. Jacobs and Hans H. Baerwald, ed. Chinese Communism : Selected Documents (NY: Harper & Row, 1963), pp. 109-132 因爲兩人的立場既如此明顯，本書作者即直接指出此係劉少奇對毛澤東的批判。讀者也可參閱中共在1987年編印之《中共黨史大事年表》頁343 以下各節，內中對毛澤東主動與間接參與文革節有直率的批判。

新興官僚和一班文藝術家打擊時感到惡意的滿足。很少人提及，毛所創的低層機構從未與上端構成組織結構上的聯繫，而只因事情不能以固定的意識型態爲憑。一到實際的政治作風露出眞相時，毛澤東即想不出自己爲何必須放棄他做中國革命發言人的地位。這時候他只要和林彪聯絡，又動員紅衛兵，就完成了重新奪取領導權的一切準備。

毛澤東雖孜孜不倦讀史，卻想不到自己不過歷史的工具，他，毛澤東，一生事業也不過是中國革命過程中的一環。他已經掃除了農村內放債收租的陋習，過去這習慣如癌症般影響到鄉村裡每一個細胞的健康，阻擋中國的現代化。可是要把因此而產生的均平主義當作最終目的，從今之後一切都維持原狀，那他的土地革命也不過產生一種現代形式的「均田」。從過去的經驗看來，這種制度縱有政府下令保護，亦無從防制日後的侵蝕。毛好像不是對此毫不知情。他是否確曾囑咐江青不要搞「四人幫」，暫且不說。無可否認，最後幾年他已與林彪疏遠而決絕，而且讓周恩來與尼克森及季辛吉接觸。至此看來，他已經在尋覓另外的對策。

經濟成長與法制

只是中共如要和過去傳統上的朝代形式隔絕，那它應當使這新的下層機構成爲一個不受拖累，可能生長擴大的經濟基礎。因此經濟也務必要多元化，盡力將互相交換的條件提高，做到高度分工合作。如此，中國解剖學上的型式——一個潛水艇夾

肉麵包的模樣一一才可一去不復還。要是能做到這田地，則文革沒有白費。雖說十年離亂，它也供給了一個新改組的機會。況且它的摸索也產生不少教訓。文革也顯示中國在毛的布置之下雖執拗而不能穩定，她仍需要上下之間法制性的聯繫才能談得上革命最後成功。

歷史的經驗告訴我們，很多國家一經現代化，總是隨著有經濟上的生長擴充。當中的步驟不能全部預先籌措，大致上只能因內外壓力之逼而形成。只是一遇到突破階段，這運動已替它自己選擇了當前的大道。政府的扶助與督導仍然必要，卻已處於次要。多元化的社會（plural society）必因著經濟多元化而興起。一種自然而然的現象使這運動加速。也就是說其要點在掃除當中之障礙，不是預作理想上的答案去解決假設的問題。從一切的情形看來，中國已突破這駐點。

中國缺乏西方式法制，既有好處也有壞處。西方人士經常提及的一個印象是，內中有多數安分守己的善良中國人民，又有一群貪污枉法之官吏，不外我們所說潛水艇夾肉麵包之另一面，本書早已不厭再四提及。這是一個不合時代的體制。因為它的原故，中國上下在過去一百年內業蒙受重大犧牲。今日它被剷除，只有極少的人為它流淚。這樣的背景使我們想見今後幾十年內是從事中國法制生活人士的黃金時代。他們有極多機會接受挑戰，盡量創造。針對物質生活的新範圍，必有新法律產生。這種工作過去無從提前先做，有如汽車尚未發明之際無從預先構成高速的現代交通管制法案。英國十七世紀的經驗又

使我們體會到，起先看來互不相容之觀念，一旦被環境逼迫，到時也可能同時為法律容納而調和。即是立法程序不及，也仍可以利用司法機關審案的機會補救。

再回到上面提及的一個問題：是否中國已在實驗資本主義？我們看來，這問題的本身即應重新考慮。當一個十億人口的國家以超過一世紀的時間完成了一段前所未有的革命，則以前的名詞和詞彙都有重新審訂的必要。現在中國所產生的問題和她背景上幾百年甚至幾千年的生活條件攸關，因此也有不盡能由西方經驗所產生的語詞全部籠罩之事例。中國緣於地理上之要求，政治體系初期早熟，使各地方上之利益及地方上的組織無從充分發展先期構成多元社會，只好採用間架性的設計，構成中央集權的官僚體系。這種辦法貫穿了中國歷史。再則栽培扶植小自耕農，除了極少的例外情形，一直是君主時代君臣之一貫方針。施政缺乏縱深，也缺乏對一時一地一人一事之詳細掌握。總之就是民法無從展開，私人財產權的各種奧妙也不能在法律面前發揮。反面言之，資本主義之展開必待政府參預。因為將資金廣泛流通，僱用外界人士為經理，又構成交網通信和保險事業，無不需要信用，而信用需要法律保障才可能形成系統。中國傳統政府無此技術能力，也不願放棄其道德上的著眼為「為富不仁」的商人打算。所以，僅由它拒絕提供法律上的保障，就可以阻塞資本主義之展開了。這也就是以大陸的廣泛土地為背景的國家與歐美日本體系主要差別所在。中國農村裡的剩餘既無門徑遠走高飛作有益的投資，小自耕農般又胼手胝

足缺乏資本（小自耕農實際上也是小本生意人，春種秋收間的
生活費也是一種投資），則辛頓所敘「剝削」在客觀條件上已
無可避免。他們在親戚鄰舍間的抵當借貸有時只以口語爲憑，
不一定見文書，倒可以經鄉間的強人如保甲長及縉紳強制執行，
因爲不如此則關係地方治安。有時候尚用不著麻煩衙門裡的父
母官。

　　中共已把這癌症式的複雜情形大刀闊斧肅清。有了以後歷
史之發展，才使我們了解其眞意義在豁除社會組織上的含糊情
形，並非將私人之存積資本全部禁絕。在經濟發展的程序上講，
中國迄今在「原始存積資本階段」，大多數人民尚沒有享受到
機器時代的生活方式。如果眞的依從毛派狂熱分子之主張，將
私人財產整個不要，只能使全面貧窮更惡化。這錯誤既已被認
識，但在社會主義旗幟下廓清私人財產權仍無從避免，雖說這
行動已算是姍姍來遲而且在解釋其立場時中共已大爲感到邏輯
上之困難。

　　目前人民共和國的政策，以時下標語概括之，可謂「致富
是一種光榮」。這趨勢可以從兩方面說明：一方面是擴張國民
經濟的運動，其規模如此龐大，不能不招致私人參加。譬如，
即使美國的通用汽車公司全屬國營，它也需要無數零件供應者，
服務性質的行店更不可少，如賣汽車的特約經紀與加油站，更
有供應快速食品的餐館和車行取款的銀行櫃台，又有訓練女速
記員和汽車旅館經理的學校。說國家經濟計畫都能將各節籌辦
得完滿，不免是欺人之談。十九世紀中國的自強運動之所以失

敗，即是缺乏以上有縱深的準備。

招致私人企業也是承認個人財產權的辦法。此事之重要尚未盡爲人看出。這當中的關係有立法的意義。一種事業經過批准，其特權應當在法律面前有效。如政府不時將其撤銷，則授權者應有權要求賠償。在這種特權上存積之財富也不當受政治運動騷擾。如是，私人財產權逐漸鞏固，也是良好政府之基礎。

從王安石失敗的故事，我們也可以獲得當前的教訓：除非下層有法制上的保護，上端無限制抽稅的權力並非執政者之福。因爲全國財政並沒有實際上的結構，各級人員也各就自己的方式敷衍塞責，總之即無從考核。這樣也落入一種離奇的局面裡去，下端的人民感到稅重而喘不過氣來，上端國庫的收入則不足預期數量。這也可由最近的一個情形看出：

東北的鞍山鋼鐵廠有好幾十所廠房分散在一個廣大的地區上。在最近之前，北京的鋼鐵部只拚死要它增加生產的噸數。財政部則以爲它是一種財源。省政府與市政府也要求它將鋼材拿出來貢獻本地的建築。如是各方爭論不已。技術上的問題也可能牽扯一段思想上的問題和意識型態的問題。最後只有提出一段建議，這企業應當視爲一種國營事業，讓它自身決策牟利，不過同時向國家和遼寧省兩頭繳所得稅（可是本書出版之日是否照這建議辦理，不得而知）。增強私人財產的權利也無非同樣的將一切合理化，因之各人有了自衛的權力，影響所及，各選區也可就本地的特殊情形強調它們的本色，回頭作特殊的貢獻。假如不如此，則照王安石失敗的情形看來，中國只能仍然

當作一個龐大的農村看待，農民也仍只能集體驅使。此中關鍵是政治之自由化與經濟之擴充必互相提攜。要使中國能在數目字上管理，先就要提出真實的數字。世界上沒有所謂「叫化子的民主」（Beggars' democracy；由魏復古〔Karl A. Wittfogel〕提出，文字上帶諷刺之意）。

歷史家從本身的愛憎去褒貶一個現存的政權，與自己身分不符。可是他必須具備能力判斷這樣一個政權，尤其在它有一種群眾運動在後支持時，是否在長期的歷史意義裡與它前任的行動相啣接。在現在的情形下，我們沒有理由作否定的答覆。蔣介石、毛澤東和鄧小平在人身方面或者互相敵視，在宏觀歷史的角度看來卻代表著一種連續運動之三個段落。今日之人民共和國能自由行動之處，無非自它前任而得來。縱使功勞不加在領袖人物的個人頭上，至少也要歸功於他們所代表的群眾運動。

再從中國整個歷史看來，這長期革命的看法也和以前所分段落啣接。中國專制時代的第三帝國歷時五百四十三年，它的特點是內向而無競爭性格。它的體制既如此的與新時代大相逕庭，故改造起來不能避免極端的痛苦。這情形也和十七世紀的英國大致相似。

資本主義體制

再回頭提到中國是否已進入資本主義體制，我們必須鄭重再三聲明，這問題只能有條件的答覆。要是不加思索，也可以

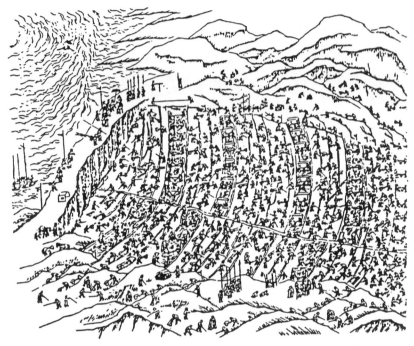

動用各類人力從事公共工程，是昔日常見的事

直率說正是如此。如果時裝廣告牌出現於人民大會堂不過一箭
之遙的地方，有冰箱和冷氣的高貴汽車供私人使用，而且新企
業以出售股票籌集資本，那就難於解說這些事物仍屬社會主義
疇範。可是從歷史上看來，「資本主義」這名詞從西方傳來，
到底有它歐洲之背景。如果將四周牽扯的事物一併拿來討論，
也可以從狹義的說資本主義只能由市民之特權（municipal
franchise）作基點產生。不論從內從外看去，資本主義總是和
自由城市結不解緣。因之市民階級（bourgeoisie）有了他們的

今日依舊如此。

絕對優先權。也因此，私人之資本總是在公眾生活中構成特殊影響。中國的革命，從毛澤東的故事看來，則主要的是由受過教育的年輕人領導農民發動。在後來建國過程之中，中國人發現西方和日本所創以貨幣為主的管制方式不能避免。從這一點上模倣過去，鄧小平影響下之中國才有了一種所謂資本主義色彩。可是這色彩與內容之間仍有極大區別，不僅方面多而且內容深。

　　雖有最近的放鬆管制，但人民共和國的政府從未宣布它將放棄在很多事業上的專利，這專利及於冶金、煉油及化學工業、

機械工程、造船業、交通事業、保險業、對外貿易、傳播事業甚至旅遊事業。這些事業是國民生產值中之極重要部分。目前的解放,仍只是管理的人員有行使職權之自由。私人企業還只限於小商店、食品供應零售業和若干政府本身不能生利的事業。並且很多事業尚且是撥歸私人辦理,不過是「承包到戶」,出之以合同的關係。此外公辦私營的範圍已擴大。人民公社可說是停止了本身的操作,因為食品生產已由農民自己作主。可是尚不能說公社已經廢除,因為它們仍是原則上的土地所有人,將土地租與個人。政府也仍在收購食物,管理其分配並釐定其價格。這些都是社會主義性格。接受私人資本和採用先進國家管理的技術,並無肅清中國大陸社會主義形態的趨向。

矛盾與解決

不過,從西方眼光看來,中國自相矛盾的情形極多。此中的混淆也由於某些人士過度渲染,他們好像將經濟合理化的運動牽扯到極端,不到局面破裂不止。另一方面,又有對意識型態死硬不肯放鬆的人,他們沒有把「馬克思主義」②當作革命過程中的一種工具,而是倚之為自身安全的保障,這樣一來糾紛才多了。

中國人的平等觀念和某些集體行動之性格有長久歷史根據(詳以上各節,尤其第二章所敘),因之由西方產生的原始型資本主義可說和中國文教傳統相違。這原始型色彩造成城市裡的無產階級,在海外建立殖民地,和參加商業戰爭等等,在二

十世紀已不能照辦；開頭如此的國家也早將這些辦法革除。要是中國還將它們之所遺棄當作出發點，也是不可思議了。

　　我們也可簡明的說，馬克思主義給中國的影響已至其盡端。現在看來，中國已將馬克思主義遏制，這種說法之提出不算過早。簡言之，階級鬥爭只在土地改革過程之初有用。而且其用至最殘暴之極，即參與的人也感到心悸。文革期間又將這觀念濫用，更令人反感。雖說沒有人能擔保，即人民共和國的主持人也不能擔保，中國不會再一次翻覆利用馬克思名義發難，可是我看來，歷史上有用的力量不會因燃燒至盡的運動而再度興起。今日之中國缺乏內部逼得無路可走的危機，外面也無不能

---

②馬克思主義之本身為由知識界所掀起的各種左傾思想組成的一大集團，缺乏固定輪廓。馬克思自己所作政治小冊子不如他經濟方面著述之詳盡。《共產主義者宣言》內中條列的各項步驟在十九世紀中期看來帶革命性格，以後卻供很多西方國採納，連美國在內。此外，《資本論》則由羅賓生教授（Joan　Robinson　）與熊彼德教授（Josegh　Schumpeter）指出，內中有不少不合實際的地方，如機器只能傳達價值，不能產生價值，如大學教授不事生產，只是社會上游手好閒的人物，如娼妓，如資本家承擔風險不能算是對社會或經濟的一種頁獻。殊不知現代高等科技如計算機等即全由他所不承認的三個因素產生。總之則二十世紀末期沒有人能說他全部遵守馬克思主義，更不用說整個國家。

人民共和國裡有一位書評家指出本書作者「不是馬克思主義者，觀點有可商之處」（見《讀書》1983年五月號）。這點我完全承認。可是另一方面，認為經濟之組織對法律和文教有決定性的影響，作者也和其他非馬克思主義的作家一樣無法否認受有馬氏的影響，刻下將歷史視作冗長、互相繼續而作梯度前進的觀察時尤然。

承受的壓力。再有最近之宗教信仰自由化，可見得馬克思主義之獨斷已有罅隙。

這樣看來，今後中國可能繼續保持其典型的矛盾而避免極端。這種辦法也是環境逼然。實際上，一方面既要扶植私人資本，一方面又要防制其過度發展，也是孫中山在《三民主義》裡揭櫫的宗旨，已在半個世紀之前宣布流傳。很可能這也是發展較遲的國家今後通用的辦法。只是在中國一切還未成定型之前，這種兩端討好的辦法免不了產生一種照片上雙重曝光的印象。以一個國家追求兩種「主義」，也使人猜想它們所代表的力量必將鬥爭得你死我活。

可是事實之發展顯示，任何國家在革命行程中通過突破後都有將兩種體系結合歸併的形勢。荷蘭民國即以聯邦制解決內陸部分與海洋部分之不同。英國即以司法審判的方式使兩種不同的法律觀念融合，亦即將衡平的觀念注入到習慣法裡去。其方法不同，而目的只在使全國能用數目字管理，能適用貨幣管制之方式。中國也無可例外。有了這種突破，我們可以斷言中國的歷史從此將和西方現代史匯合。亦如以前留下來的成例，過去官方所堅持的正統教條，不論是伊莉莎白以來的聖公會《祈禱書》，或者喀爾文派的定命論，或是馬列主義、《毛主席語錄》，都可以在背景裡退去，成為文教上的影響力量，而不致成為令人畏懼之鞭策。對中國人和世界，這是一段良好時光。數以百萬計觀光者就此也可以往西安始皇陵寢去看陶製兵馬俑，或在北京天安門廣場前散步，都可以體會到中國長期革

命之確實情形，而同時欣賞它之圓滿結束。

可是有思想的觀察者不會忽視當前問題之存在。耕地不足、人口過剩，以及如工業化和保護環境之衝突等基本問題絕不會因革命成功而掃除。自然之災害仍將不斷發生，雖說救災的能力已較前加強。中國經濟完全由貨幣操縱之後，先進國家繁榮及市場不景景氣之周期也會隨著發生。雖說在今後幾十年內中國應有一個極好機會在「已有的」和「尚無的」國家之間做和事佬，調節折衝，可是她也可能在兩方之間同被排擠。工業先進的國家可找到很多藉口抵擋人民共和國廉價而有技能之勞動力；而尚不能在數目上管理的國家，則用各種教條，指責北京之侵略性。這侵略性之趨向與中國文教傳統無關。從一個以農立國國家的觀點看來，一個以商業為主的經濟體系總好像是具侵略性的。

沒有人能縷敘其間之全部可能性。我們說中國已經過一種突破，不過指出先前若干無力伸展的地方今日已不存在，以前若干掣肘的障礙現已克服。一個新國家之行動自由必會展開一長列的可能機緣。一般而論，歷史家之職責限於敘述過去。習慣也要求他對現狀保持起碼的距離，以防備事體可能之逆轉。只是在這特殊情形之下，用宏觀的眼光看去，我們覺得這樣的謹慎已無必要。我們背後已有好幾十年從未間斷的運動邏輯，又有很多先進國家留下來的痕跡，其用途有如道路上的指路碑，則我們應當能下今日之結論了。如果我們寫歷史的人再含糊推諉，即是沒有盡到應盡的責任。

【第二十一章】

台灣、香港與澳門

台灣、香港、澳門與大陸的分合,是
中國大歷史未來發展的最大課題。
但人類的行動在大範圍內展開,只
循著若干因果關係,不能被各個人
的意願所左右,更難因著他道德上
的希望而遷就。

　　為了保存本書題材的完整，勢必再提到台灣香港與澳門的特別情形。理論上，今後臺灣的出處很可以改變上章的結論。今日海峽兩岸領導人對臺灣問題的專注，主要的也是由於這原因。

臺灣的成長

　　臺灣是中國之一省。島上的土著從來即未有充足之人數成為政治上或經濟上特別的問題。因為說福建或客家方言的移民來臨，臺灣產生了一種中國大陸文化的分枝，家族間之凝聚力強。日據時代，臺灣的農產品以向日本輸出稻米、蔗糖、茶葉、樟腦為大宗。可是農業生產未曾構成大規模農場，仍然有如大陸，一般以一家一室耕耘門前屋後的田土為主。只是地理上較為優越，島上從未有大陸般貧困的情形，例如中國之西北。

　　國民黨在對日勝利接收之後，已將臺灣佃農數大為減低。1953年的「耕者有其田」以麥克阿瑟在日本的土地改革為藍本，一家的所有地大致以中等地七英畝半為最高限額，多餘的由政府接收重新分配，其代價只有兩年半的收成數。實際的付出以百分之三十將自日本接收的工商業股票作數，其餘以農產證券用稻米甘薯付給，預計二十年償清，內帶百分之四的利息。這種強制接收、強制重新分配的辦法能夠執行，乃因當日臺灣仍在軍政時期，而大陸上中共軍隊來犯的威脅迄未解除。

　　工業緊隨著土地改革展開。有了充實之美援，臺灣的工業政策首先避免過度投資於有高度聲望卻無立即效用的企業，著

重於以勞力爲主體的產品，以出口著眼，因此這國民黨控制之地取得了第二次世界大戰後國際市場的便宜。當日工業先進國一意向最前進的部門發展，將很多次要商品之市場空前開放。臺灣的出口遇到極小的阻力。因著這政策之成功，美援自1965年停止。最近約十餘年內，臺灣才致力於鋼鐵的生產、高級科技及汽車之製造。

臺灣之獨立運動雖然吸引相當注意，但迄至最近不能算作有力左右臺灣今後出處的挑戰者。臺獨的倡導人也如過去在大陸提倡自由的人士一般，無法將其理想變成事實。他們既無從說服大多數受過育之人士，也不能爭取廣大群眾，因此臺獨成爲無結構而只帶著鄉土氣息的運動。可是這運動引出一個潛在有動力的問題，既有情緒上之煽動性，也在某些方面具有實質，如果處理不善，即不能擔保以上情形不會迅速改變。

雖說人民共和國不滿，但美國不能算是有意阻撓台灣與大陸間的統一。如果兩岸人民找到了適當的方式趨向統一，美國決不可能節外生枝提出異議，可是美國政府也沒有做中介人的義務去提前促成統一。

兩岸關係

說到意識形態，兩方間的差異並沒有一般想像之大。中國國民黨是孫中山的政黨，至今尚僱用大批人士編纂它自身的革命紀錄。官方文件裡並沒有認爲「社會主義」是一個不當的名詞。「天下爲公」的標語可在臺北很多的地方看到。在這島上，

政府也對銀行業和對外貿易有確實的掌握。它也經營鐵路與公共汽車。在教育和傳播媒體方面，政府的影響尤大。在這許多方面的結構及管理，臺灣與大陸中共並非如水火之不相容。

在文教方面，國民黨之政策行使已逾四十年，更不容分裂運動之展開。不僅兒童自幼受教爲中國人，而且博物館圖書館和各處之檔案處尤以大陸上之根源作號召。即使工程師與技術人員在受訓時也不覺得此生事業應當全在島上省內，教師與公務員更無論。最近幾年來已有「臺灣文學」出現，可是絕大多數出版品顯示一種廣泛的眼光，而且往往較大陸作家的範圍尤爲寬闊。

因內戰而在1945年及1949年來留下來的惡劣情緒亦不足爲永久的仇恨。中國國民黨和中共都曾與日本作戰，不僅兩方都已與日本採取和平方式，而且在很多方面兩方都已從事善意合作。寬大之美德，也爲兩方所重視。蔣介石生前即已原有一打以上和他作對的軍閥，毛澤東有一個兒子在韓戰中殞身，可是他開懷接待尼克森。如果年輕一代並未實際參戰，倒要將雙方的仇恨永久化，則是不可思議了。

可是因爲幾十年來的武裝對壘，雙方都以不承認對方之合法地位爲本身立足之邏輯。突然放棄這立場，可能引起內部爭執，也可能授柄於分裂運動。在本書成稿之日，有很多跡象顯示人民共和國的領導人準備給蔣介石恢復名譽。他在浙江之故居據說已經修整。一座抗戰史蹟博物館將開設於盧溝橋畔。在北京和漢口，街道已改用國民黨抗日殞身的將領爲名。黃埔軍

校校友會已成立，此中值得注意，這軍校只有蔣介石曾任校長，人民解放軍元帥徐向前則為現任校友會會長。這一連串事情，邏輯上的結論將是在歷史裡重新樹立蔣介石和國民黨的地位。

臺灣實際上的獨立在這幾十年內使這島上的省分與外國樹立了一種實用的外交關係，看來，這關係之繼續尚為她經濟發展所需。因為中國大陸刻下尚在奮鬥使整個國家能在數目字上管理，雙方保持現狀應為大陸之利，因為臺灣也可以為大陸提供一種貢獻，有如刻下香港之所提供。況且以今日兩岸人民生活程度之距離和社會及公眾生活之差異，即使其勉強在一個中心下治理，也是極端困難之事。

香港

香港是一個島嶼，連著九龍半島，更附有大陸上一片領土。以面積言，她的四百方哩不算極小（如與澳門的六方哩比較）。並且香港的摩天樓面對著石山作背景的自然港口，以她直立之價值超越她橫臥著的價值。多年以來這自由港口因物產薈萃，成為採辦中心和旅遊者下榻之勝地。即使懸英國旗，也替中國掙得不少外匯，近年來以本身經濟成長著稱，是亞洲地區成長最快的地區之一。

除了以銀行業和船舶業為世界上重要中心之一以外，香港也是紡織品和塑膠品、電氣設備、電子、機器與化學物品的製造場所。她的印刷業、食品處理和電影業也甚為稱著，這三項對海外華人特別有吸引力。

　　本書整備付印之前，作者得到一份香港特區的基本法草案。這文件使我得有機會證實我不久以前的想法：一個國家在現代經歷了一段主要的突破時，連國家這一觀念也可能變更，如四百年前荷蘭民國誕生時的情形。這基本法給我們一個機會想見1997年重返中國以後的情形。這特區將保持其獨特的稅收制度和貨幣制度。它將有特別的旗幟，它的行政首長將由選舉產生，他也和被選的立法員一樣，至少已在本地居留二十年。現有司法機關將全部保留。香港所立的法律將報告於北京的人民大會登記作爲紀錄，可是特區不隸屬中央政府任何機構之下。而且特區有權處理僅與本地有關的外交事宜。起草委員會完成了上述初稿，正在與諮詢委員會商議，兩者都在廣泛徵集公衆意見。工作表現地方自治的精神，將各處有價值的地方盡量保存，和對1984年中英兩國協定的尊重。這不是容易的工作，它的成功應當爲澳門造成前例。來日這動力之所致，不難渡過台灣海峽，使突破歷史的中國一統成爲事實。

本書命意

　　在結束本書時，我乘機解釋寫這書的哲學立場。初看之下，宏觀歷史好像與道德全不相關。人類之行動在大範圍內展開，只循著若干因果關係，不能由各個人意願左右，更難因著他道德上的希望而遷就。在寫作以上各章時，我更將前一時代所留下來的影響昭然指出，就和以前的史書不同。傳統的史學家通常將每朝代之初當作一段有創造性的時代，當日的人口和社會

都帶著可塑性，可以由一代偉人照著他的理想轉折成器。我自
信我的敘述比較近乎實情，可是也會造成一種定命的印象，亦
即注定將發生的事物總會發生，道德與否和事實之來往無關。
這樣無人性的立論很可能擾亂讀者的心情，更可能冒犯有些敏
感的讀者，然則這不是作者之本意。

　　下圖裡面，實線部分表示我想像中歷史之形成。它也是人
類不斷向前推進所留下來的紀錄。為簡明起見，我們以三個較
大的段落代表當中無數短程的進展。我們的路程連亘不斷，朝
以繼夕，有如印度思想家所謂「羯磨」（或因果報應，karma）
或如西方神學家所謂「定命」（predestination）。即從一個
讀史者的眼光看來，我們的自由，無論如何也只能始自我們祖
先撒手的地點。自此向空伸出的箭頭表示我們理想主義之傾向。
道德也在這時候成為一種有力量的因素。大凡人類全體性的動
作既有群眾運動之參與，必帶犧牲自我的決心，也包含著公平
合理的性格。可是和這種傾向作對的有向心的力量，以較短的
箭頭表示。後者或稱為「原罪」，或者如宋儒所提的「人慾」。
弧線上的歷史進程總是以上兩種力量之總和，也就是陰與陽之
合力。

　　歷史之總意義，也如這圖所示，在其整個的美感。人類整部歷史不過約一萬年，在宇宙的生命裡不過是極為短促的一部分。而我們所能理解的宇宙生命尚且可能是更大事物當中的又一小部分。如康德所說，「事物自身」（things in themselves 或 noumena）非人力可得而知。在弧線的前後，我以虛線畫出，此不過根據人類歷史，推想其來蹤去跡。如此看來，實線的真實性也靠虛線之陪襯而得，並且也只有相對的意義。

　　人類歷史之大塊文章，以長遠的距離視之，屬於神學領域。作者的經驗識量有限，只好像鸚鵡學舌一樣將大哲學家康德提出作為交代。除此之外我不能將我個人有限度的觀測去推論無可知之數。同時，歷史家的眼光總是以回顧為主，在廣大空間劃出幾條短線，並無預言的意義。

　　現在有不少教科書作者在敘述西方事物時，乘空插入一兩段有關中國瑣碎之事而稱之為世界史。在我看來，人類四分之一的生活歷程不容如是草率處理，尤其在我們已臨到一個緊要關頭之時。所以我提出中國歷史的全部歷程，注重它內部的節奏和特性，然後才提到它與現代西方衝突與接觸的全部經過。這樣的安排也確能使我們觀察世事時帶著一種前所未有的眼光。以前很多人認為中國人全不合情理之處即可因此冰釋。我們也可以從中看出地理環境在歷史上的重要，而人類長期忍耐力之偉大也因之而顯然。各人對以上的反應不同，可是能將一個古老國家的維新以及她重新振作的態勢筆之於書，作者已有一股愉快的感覺，並且希望讀者有此同感。

中國大歷史

1993年10月初版
2018年12月初版第六十五刷
有著作權・翻印必究
Printed in Taiwan.

定價：新臺幣280元

著　者　黃　仁　宇
插　畫　者　黃　仁　宇

出　版　者　聯經出版事業股份有限公司
地　　　址　新北市汐止區大同路一段369號1樓
台北聯經書房　台北市新生南路三段94號
　　　電話　（0 2）2 3 6 2 0 3 0 8
台中分公司　台中市北區崇德路一段198號
暨門市電話　（0 4）2 2 3 1 2 0 2 3
郵政劃撥帳戶第0 1 0 0 5 5 9 - 3號
郵　撥　電　話　（0 2）2 3 6 2 0 3 0 8
印　刷　者　世和印製企業有限公司
總　經　銷　聯合發行股份有限公司
發　行　所　新北市新店區寶橋路235巷6弄6號2F
　　　電話　（0 2）2 9 1 7 8 0 2 2

總　編　輯　胡　金　倫
總　經　理　陳　芝　宇
社　　　長　羅　國　俊
發　行　人　林　載　爵

行政院新聞局出版事業登記證局版臺業字第0130號

本書如有缺頁，破損，倒裝請寄回台北聯經書房更換。　ISBN　978-957-08-1078-3 (平裝)
聯經網址 http://www.linkingbooks.com.tw
電子信箱 e-mail:linking@udngroup.com

國家圖書館出版品預行編目資料

中國大歷史 / 黃仁宇著 .
--初版 . --新北市：聯經，1993年
384面；14.8×21公分 .
ISBN 978-957-08-1078-3(平裝)
[2018年12月初版第六十五刷]

1.中國-歷史

610 82007867